从NAFTA到USMCA投资争端解决机制

美国NAFTA争端解决胜诉案评析

伍穗龙 林惠玲 梅盛军◎编著

上海人民出版社

出版说明

本书是上海WTO事务咨询中心案例系列丛书之一。本书的出版得到了中心理事长王新奎先生、中心总裁黄鹏先生及其他相关领导的鼓励和支持。本书由伍穗龙、林惠玲、梅盛军共同编著，由伍穗龙统稿。特别感谢龚柏华教授及其他相关人员的指导和支持。

如对本书有任何建议、评论或批评，请通过以下电子邮件与编著者联系（电子邮件地址：wusl@sccwto.org）。

伍穗龙

上海WTO事务咨询中心

目　录

从 NAFTA 到 USMCA：投资争端解决机制（序）

基于政府对待外国人（投资者）财产权利之差异而起的冲突已存续数个世纪。这一冲突在 17 世纪随着现代国家诞生及重商主义竞争理念的萌芽而被激化。如果认为美国《杰伊条约》及其后的《友好通商航海条约》已经确立国家之间通过国家与国家争端解决机制以保护一国投资者的法律建制，《北美自由贸易协定》（下称 NAFTA）则是诸边层面国家首次全面引入投资者与国家争端解决机制以保护一国投资者的重要突破。但近几年来，随着全球价值链调整及经贸关系变化，批判投资者国家争端解决机制的呼声日高，质疑投资者国家争端解决机制在解决投资者国家投资纠纷中作用的氛围渐浓，《美国—墨西哥—加拿大协定》（下称 USMCA）在此背景下诞生。

2018 年 9 月 30 日，美国、墨西哥与加拿大就 NAFTA 重新谈判达成一致，并于 2019 年 11 月 30 日正式签署 USMCA，以取代 1994 年生效的 NAFTA。

作为贯彻美国总统特朗普“美国优先”理念的第一个重谈自由贸易协定，USMCA 在协定理念、目标与具体章节内容上均体现出较 NAFTA 的重大差别。其中，USMCA 第 14 章投资章节下的投资争端解决机制变化，更是一改 NAFTA 下偏重对投资者权利保护的市场主义精神，逐渐回归于 20 世纪 70 年代提出但近几年来在发达国家内部激辩的“国家规制主义”。其主要体现在以下两个方面：第一，投资者国家争端解决机制适用国别范围发生变化。USMCA 取消了 NAFTA 项下投资争端解决机制对三个缔约国统一适用的规定，代之以基于国别的“差异化”适用。通过协定第 14 章附件 14-C、14-D 以及 14-E 的相关规定，USMCA 明确了 NAFTA 项下的余留投资与未决诉请，仍可以在缔约三国间适用投资者国家争端解决机制，但同时明确，除上述余留投资与未决诉请外，投资者国家争端解决机制仅适用于美国投资者与墨西哥或者美国与墨西哥投资者之间的投资纠纷。第二，投资者国家争端解决机制的适用事项及适用条件发生变化。USMCA 通过提交仲裁的争端范围及仲裁前置程序性要求的严格限定改变 NAFTA 项下广泛的提交仲裁争端范围，同时加严仲裁前置程序性要求。即在 USMCA 项下，涉及美墨间的投资仲裁，只允许违反 USMCA 第 14 章有关国民待遇和最惠国待遇争端提交争端，且相关争端不包括关于投资的“设立”和“取得”方面的争端。另外，USMCA 也明确排除了“间接征收”可提交仲裁的可能，并对投资待遇中最为重要且争议最多的“公平公正待遇”的可提交仲裁性语焉不详。而对于仲裁前置程序要求，USMCA 对投资者提起仲裁设置了远高于 NAFTA 的程序性要求。要求投资者在提起仲裁之前必须在享有管辖权的东道国法院或行政法庭就东道国违反协定相关规定的争端提起诉讼，并且只可在上述国内诉讼终审结束之后或者在诉讼提起 30 个月后方可以提起仲裁，远较 NFATA 项下对投资争端适用“岔路口”条款的规定严苛。

毋庸置疑，USMCA 投资者国家争端解决机制在一定程度上反映的是国际投资法领域“卡尔沃主义”的回归，也充分尊重了美国、加拿大及墨西哥对投资者国家争端解决机制的当下态度。以规范范式观察，理论上，其能更好地平衡三国对于投资者利益保护与东道国规制权力，也能有助于三国更好地实现其远期政策目标。但实际效果仍有待观察。

“罗马并非一日建成”，USMCA 也并非“毕其功于一役”得以造就。在不排除 USMCA 的上述变化有其重要的经济与政治背景因素考虑基础上，应注意到，USMCA 并非“无源之水”，其仍然是在大量借鉴原有有关投资争端解决机制的建制与运行经验后方被最终制定而成的。为此，本书通过对 NAFTA 项下争端解决美国胜诉案的编撰与梳理，试图为读者深入理解 NAFTA 实体与程序条款之于 USMCA 的意义架设一道桥梁，让读者明晰诸如“公平公正待遇”“最低待遇标准”与投资仲裁最为密切相关的待遇究竟在 NAFTA 项下经历了什么，而导致 USMCA 对其价值判断发生了部分变化。我们希望本书能够加深读者对 NAFTA 投资章（第 11 章）中规定的实体与程序义务之理解。

当下，NAFTA 第 11 章项下以美国为被申请人的案件共有 11 个。① 已经结案的 11 个案件事实各不相同、各具特色、各有不同的行业重点与关注。但统一的则是均涉及 NAFTA 投资章也是国际投资法中的核心条款，诸如

① Cases filed Against the United States of America，https：//www.state.gov/s/l/c3741.htm.

国民待遇、最惠国待遇及公平公正待遇等。有的案件止步于管辖权阶段，而有的案件则要拖入实体阶段方见分晓。各个仲裁庭裁决各有特色，在基本参考之前案例裁决的前提下仲裁员均对同一条款之解读有自由发挥之余地。总体而言，11 个案件具有以下特点：

第一，案件涉及行业众多、案件事实纷繁复杂。奥贝泰克有限公司诉美国案、奥贝泰克控股公司及奥贝泰克公司诉美国案两个案件均涉及药企与美国政府之间的投资纠纷，蒙德弗国际有限公司诉美国案则涉及道路工程等基础设施建设合同违约，梅赛尼斯公司诉美国案则涉及甲醛行业的公平竞争问题。

第二，开创先河，众多案件开创 NAFTA 仲裁庭裁决的先例。例如梅赛尼斯公司案是第一个对法庭之友之身份与地位做出明确界定的仲裁案件。又如 Glamis 案，其在相当多的问题上较其他 NAFTA 项下的投资者—国家间争端做出细化及量化分析。该案中，申请人与被申请人就辛格矿井价值展开了讨论。同时，双方还就征收赔偿金额的计算展开讨论。

第三，案件就贸易与投资之间的边界问题最早做出了前沿的探讨。例如，ADF 集团有限公司诉美利坚合众国，奥贝泰克控股公司及奥贝泰克公司诉美国案以及 Canford、Terminal 和 Tembec 公司诉美国案等多个案件均对贸易与投资之间的边界问题展开了讨论。

奥贝泰克有限公司诉美国案

Apotex Inc.
v.
United States of America
（ICSID Case No. UNCT/10/2）
仲裁裁决 2013.6.14

本裁决是《北美自由贸易协定》仲裁庭根据《北美自由贸易协定》第 11 章以及 1976 年《联合国贸易法委员会仲裁规则》，就申请人加拿大奥贝泰克有限公司（Apotex Inc.，下称奥贝泰克制药）分别于 2008 年 12 月 10 日发出仲裁通知的案件［曲舍林（Sertraline）诉请］，以及 2009 年 6 月 4 日发出仲裁通知的案件［普伐他汀（Pravastatin）诉请］管辖权及可受理性所作出的裁决。本案中，两个案件当事方均同意，仲裁同时间进行，仲裁裁决统一反映在一个仲裁裁决中，① 但本仲裁并非合并仲裁。仲裁庭最终于 2013 年 6 月 14 日就本案管辖权及可受理性问题作出裁决。

一、案件事实

（一）总体介绍

仿制药（Generic Drugs），通常是指之前受专利保护而今不存在专利（当然通常也较具有专利保护期的药便宜）的先锋药，由于其价格低廉，给普罗大众带来了福音。

两个案件申请人均为奥贝泰克制药。其是一家根据加拿大法律注册及开展业务，首要营业地位于加拿大安大略省（150 Signet Drive，Weston，Ontario）的公司。该公司主要研发及生产仿制药品，包括胶囊及片剂。其业务主要包括：药物产品设计及研发；获取及生产药品活性成分；向美国食

① 之前双方在申请文书中就是否合并仲裁存有异议。

品药品监督管理局（Food and Drug Administration，下称 FDA）提出仿制药申请及与之相关准备；获得市场认可并在美国销售其药品产品，以及生产最终完成的销售药品。

被申请人均为美国，其是 1994 年 1 月 1 日生效的《北美自由贸易协定》缔约国。本仲裁中，两个案件均涉及奥贝泰克制药所生产的曲舍林（Sertraline）和普伐他汀（Pravastatin）两种药品在简略新药申请（Abbreviate New Drug Application，下称 ANDA）过程中美国政府、其行政机构及地方、联邦法院所给予的待遇。

（二）涉案美国国内法背景

由于本案争议措施主要围绕奥贝泰克制药在仿制药 ANDA 申请过程中所涉及的行政决定及法院判决或决定而展开，故作为一个背景材料，首先需着重说明与本仲裁相关美国国内法律法规相关规定，以明确仿制药申请流程及其衍生的相关专利解决程序。

在美国，新药及仿制药批准受《联邦食品、药品和化妆品法》（FDCA）以及分别于 1984 年以及 2003 年对其进行修订的《药品价格竞争和专利期恢复法》（Waxman-Hatch Act）和《医疗保险处方药、改进及现代化法》所调整。

就新药而言，根据美国《联邦食品、药品和化妆品法》（FDCA）规定，若一公司拟在市场上出售一种新药或是之前没有通过的药品，须向 FDA 提出新药申请（New Drug Application，下称 NDA）。NDA 十分实质性，申请内容需包含药品成分技术数据、生产工艺及方法、安全性及有效性实验室结果等。①

就仿制药而言，在 1984 年《药品价格竞争和专利期恢复法（Waxman-Hatch Act）》和 2003 年《医疗保险处方药、改进及现代化法》出台以前，仿制药公司须等待药品专利保护期期满后方可启动繁琐耗时的 NDA 申请。可以认为，上述法律出台以前，美国仿制药申请流程繁琐，对仿制药测试耗时费力；相关药品专利过期后专利持有者及获得该专利的品牌药厂仍能在市场上占据支配地位，不利于国民以低廉价格购买相关专利药品。因此，1984 年以及 2003 年对其进行修订的《药品价格竞争和专利期恢复法（Waxman-Hatch Act）》和《医疗保险处方药、改进及现代化法》引入了 ANDA 程序。

---

① See 21 U.S.Cξ355（b）（1）.

根据1984年《药品价格竞争和专利期恢复法（Waxman-Hatch Act）》以及2003年《医疗保险处方药、改进及现代化法》的规定，拟向FDA提出ANDA的药品，应为已被FDA批准上市，且在《经治疗等同性评价批准的药品》（简称《橙皮书》）中收载并指定参比制剂（Reference Listed Drug）的药品。同时，拟提出ANDA的药品，必须与参比制剂具有生物等效性，还同时必须按照美国联邦管理法CFR 21的规定，①执行药品生产管理规范控制生产过程。如申请人拟仿制在《橙皮书》中收载但并未制定参比制剂的药品，须先提交《公民请愿书》请求FDA将该药品指定为参比制剂。拟提出ANDA的药品，其活性成分、剂型、规格、给药途径、适应症必须与参比制剂相同，若拟提出ANDA的药品的上述条件与参比制剂不同，则需先递交《公民请愿书》，获得FDA批准之后，方能提出ANDA。

另外，根据上述两法律规定，ANDA需要解决专利问题。专利问题本质上是通过快速渠道解决仿制药与新药之间专利问题的过程。上述两部法律为ANDA申请衍生的专利解决问题做出了详细的规定，与本案相关及实践中应用最为广泛的整个流程及相关法律要点可概括如下：首先，ANDA申请人需向FDA提出仿制药ANDA。尔后，FDA要求ANDA申请人就《橙皮书》中刊载的药品专利与药品专利持有人解决专利问题，在此，又将根据ANDA申请者所申请的申明模式（对原专利之不同挑战）分为两种情况②：如果ANDA申请人采用《药品价格竞争和专利期恢复法》（Waxman-Hatch Act）第三段申明模式，即不对已有专利是否有效提出挑战，ANDA申请者默许等待原专利人的药品专利过期后再把仿制药投放市场③；而若采用《药品价格竞争和专利期恢复法》（Waxman-Hatch Act）第四段申明模式，则ANDA申请者认为已有专利无效或是申请人提出的ANDA申请涉及的仿制药品并无侵犯原专利人的专利，并因此希望仿制药品尽快投放市场。为鼓励ANDA申请者对之前专利提出挑战，美国立法规定，第一个提出第四段申明申请模式的ANDA申请者可享受180天市场独占期，在此期间，FDA不得批准后续其他ANDA。而根据相应法律规定，180天的市场独占期，可以由第一个提出ANDA的申请者通过包括以下两种方式获得：（1）尽快将药品市场化（市场投放启动）；（2）寻求法院作出宣告判决

① Code of Federal Regulations，Title 21 Food and Drugs（CFR21）.

② 另外两种申明模式分别是：模式一，ANDA申请者证明其申请并不涉及专利问题；模式二，ANDA申请者证明原专利已经过期。但本案主要涉及模式三和四，故正文中不详细解释。

③ 21 U.S.C § 355（j）（2）（A）（vii）（III）.

（declaratory judgement）（法院决定启动）。[①] 在第二种方式情况下，如果原专利持有人的该专利过期或被法院认定为无效，则第一个提出 ANDA 的申请者就可获得 180 天市场独占期。

而对于除第一个 ANDA 申请者外的后续 ANDA 申请者而言，美国国内法相关法律规定也为其积极进行 ANDA，排除第一个 ANDA 申请者所获得的 180 天市场独占期权利做出明确，以便尽快让仿制药品惠及普罗大众。根据美国国内法相关规定，除第一个 ANDA 申请者外的后续 ANDA 申请者，在满足以下三个条件时，可以就该药品专利寻求法院作出宣告判决，确认 NDA 申请者及权利人的专利未被侵犯，从而排除所谓的 180 天市场独占期，以使自身 ANDA 药品尽快投放市场：（1）专利所有人和 NDA 持有人自收到第四段申明书通知以来已过 45 天；（2）专利所有人和 NDA 持有人均未在 45 天内提起侵犯专利诉讼；（3）NDA 持有人或专利所有人已被授予对 ANDA 的机密接触权。

但值得注意，在寻求法院作出宣告判决过程中，为保证专利所有人或品牌公司利益，如果母公司在 45 日内针对诉请就专利问题与仿制药申请人展开诉讼，此过程中法律规定 FDA 在 30 个月内不可通过新的 ANDA。

最后，应该明确，在 ANDA 期间的申请者可以就同一个药品的不同专利采取不同模式的申明方式，不同模式的申明可以并存，在此情况下，需等待第三段申明所指向的专利申请时间届满后，依据第四段申明而获得的市场独占期方可启动。

至此，一个完整、既保护专利人专利、又鼓励创新及降低专利药品费用之制度得以构建：ANDA 申请核心在于保证天平两端得以平衡，一端为需要保护专利所有人对该药品的知识产权；而另一端则为鼓励仿制药生产商研发仿制药。解决的是效率与公平之间的平衡问题。

（三）两个案件具体情况

在曲舍林案中，涉案措施是美国联邦法院就奥贝泰克制药所生产“左洛复（Zoloft）”药品尝试通过 FDA 的 ANDA 申请所作出的三个法庭裁决。2003 年 10 月 27 日，奥贝泰克制药向 FDA 提交了“左洛复”ANDA。奥贝泰克制药认为，其已经为该药 25 毫克、50 毫克以及 100 毫克规格片剂的仿

① 第四段申请（Four Paragraph Submission），其立法目的在于，既保护了 180 天的专利排他性专属期，又充分肯定了专利所有人的权利。其核心在于鼓励市场创新与为消费者带来廉价药品之间的动态平衡。

制药研究及开发投入数百万美元。由于"左洛复"的原专利所有者为Pfizer药厂，根据前述美国国内法规定，奥贝泰克制药需要与Pfizer药厂解决后者在该药品上的专利问题。随后，Pfizer药厂向FDA提交了"左洛复"相关信息，表明该药品在《橙皮书》中的相应专利，分别为美国专利号第4356518（简称"518专利"）以及5248699（简称"699专利"）。

其实历史上，早在1999年，另一家仿制药生产公司，即奥贝泰克制药的竞争对手Ivax公司，已成为第一个就上述专利（"699"专利）提交含有第四段申明"佐洛复"ANDA的申请者。该申请使Ivax公司可在其他专利到期后作为第一个享有180天市场独占期权利获得者而占领市场。此外，由于Ivax公司的ANDA可能是侵权行为，这又为Pfizer药厂起诉Ivax公司侵犯"699专利"提供必要的标的管辖权条件。在1999年Ivax公司的ANDA后不久，2000年1月，Pfizer药厂对Ivax公司提起诉讼，令Ivax公司获得了该专利180天市场独占期权利。

作为后来ANDA申请者的奥贝泰克制药，其以与Ivax公司相同方式，于2003年10月27日，就"699专利"提交第四段申明申请，并就"518专利"提交第三段申明申请。为便于自己的药品早日投放市场，其作为后续ANDA申请者希望尽早触发Ivax公司所获得的180天市场独占期权利。奥贝泰克制药认为，根据前述美国国内法相关规定，其提交的第四段申明申请已经构成一项侵权行为，满足美国国内法院对案件的管辖权要件，以解决有关"699专利"侵权和有效性的任何问题。但是，奥贝泰克制药声称，Pfizer药厂有意延迟起诉奥贝泰克制药（针对所有其他后续ANDA申请者），以避免触发法院判决，因为Pfizer公司的起诉会触发其之前ANDA申请人Ivax公司对该药品的市场独占期。

鉴于Pfizer药厂所采取的拖延策略，奥贝泰克制药在2004年1月寻求美国纽约南区联邦地区法院作出宣告判决，希望法院的宣告判决启动180天的市场独占期。但美国纽约南区联邦地区法院驳回了奥贝泰克制药诉讼请求。法院认为其对该诉求无管辖权。随后，奥贝泰克制药向美国联邦巡回上诉法院提起上诉。2005年12月12日，美国联邦巡回上诉法院重申纽约南区联邦地区法院裁决，但无给予任何解释。[①]奥贝泰克制药不服，继续向美国联邦最高法院申请复审，美国联邦最高法院仍驳回奥贝泰克制药的诉请，同样没有给予任何解释。在本案中，奥贝泰克制药认为，美国法院错

① Apotex，Inc. v. Pfizer Inc.，159 F. App'x 1013，2005 WL 3457408.

误地解释联邦法律，该错误解释行为耽误奥贝泰克制药仿制药的上市，对其造成损失。

而在普伐他汀案中，涉案措施包括 FDA 一个决定，以及美国联邦法院就此作出的两个判决。2001 年 12 月 21 日，奥贝泰克制药向 FDA 提交了普萘酚（Pravachol）仿制药版本 ANDA。在奥贝泰克制药提交其 ANDA 申请时，普萘酚专利持有者 BMS 公司已经在 FDA《橙皮书》中列出所提交的四种专利信息，分别为专利 4，346，227（“227 专利”）；专利 5，030，447（“447 专利”）；专利 5，180，589（“589 专利”）；和专利 5，622，985（“985 专利”）。同样，奥贝泰克制药认为，通过在《橙皮书》中列举上述四个专利，BMS 药厂合理地享有任何在上述药品专利过期前起诉制造仿制药品生产者（例如奥贝泰克制药）的权利。

但是值得注意的是，历史上，作为第一个就普萘酚进行 ANDA 的 Teva 药厂，其已经就普萘酚 10 毫克、20 毫克和 40 毫克规格片剂向 FDA 提交了第四段申明；而 Ranbaxy 实验室有限公司（下称 Ranbaxy 实验室）则是第一个就普萘酚 180 毫克规格片剂向 FDA 提交第四段申明的 ANDA 申请者。因此，如之前对美国相关国内法介绍，Teva 药厂和 Ranbaxy 实验室分别享有该药品相关规格药片 180 天市场独占期。同时，Teva 药厂和 Ranbaxy 实验室均就“227 号专利”向 FDA 提交了 ANDA 第三段申明，并且表明在该专利过期前（2006 年 4 月 20 日），两者都不会就该制药寻求 FDA 最终批准。

因此，虽然 BMS 药厂享有就相应专利起诉上述两家公司的权利，但事实是 BMS 药厂并没有起诉任何一家公司。鉴于 BMS 药厂和上述两家分别作为不同剂量药品 ANDA 申请人的经验，奥贝泰克制药亦就该药品“447 专利”“589 专利”“985 专利”和“227 专利”分别向 FDA 提交了第四段及第三段申明。与之前对待 Teva 药厂和 Ranbaxy 实验室两家公司的做法一致，BMS 药厂也并无就专利争议起诉奥贝泰克制药。但是，与 Teva 药厂和 Ranbaxy 实验室两家公司情况不同，奥贝泰克制药并非第一家就相关药品进行 ANDA 的公司，因此并不享有 180 天的市场独占期，且其不能通过把其产品投放市场获得相应的市场独占期。根据之前提及的美国国内法相关规定，奥贝泰克制药所能努力的就是寻求法院作出宣告判决或与 BMS 药厂明确其不会就奥贝泰克制药向 FDA 提起的相关三个专利药品的 ANDA 起诉奥贝泰克制药。这样做一方面解决了其与 BMS 药厂的专利争议，一方面又触发了之前 Teva 药厂和 Ranbaxy 实验室两家公司就不同规格的药品的市场独占期，以便于自身药品早日投放市场。因此，在没有得到BMS药厂明确回复其不会就相关专利问题起诉奥贝泰克制药后，奥贝泰克制药向纽约南区联邦地区法院提起宣告判决诉讼，以试图获得具有法律约束力的法院命令，以获得一个"完美的"排他性效果，即在商业层面推出其奥贝泰克制药的ANDA产品时确保不被BMS药厂起诉。但BMS药厂向法院辩称，奥贝泰克制药寻求法院作出宣告判决之举由于缺乏"合理理由"（BMS药厂确认不会就奥贝泰克制药ANDA的相应专利问题向奥贝泰克制药提起诉讼）使法院没有诉讼标的管辖权，因此法院应对该诉求予以驳回。随后，虽然纽约南区联邦地区法院没有就BMS药厂的理由做出解释，但是法院基于BMS药厂已经明确不会对奥贝泰克制药提起诉讼，驳回了奥贝泰克制药的宣告判决请求，且该命令为终裁不可上诉。鉴于法院的命令，2004年9月7日，奥贝泰克制药致信FDA，要求FDA确认驳回其对BMS药厂的宣告判决诉讼触发了将被授予普萘酚的排他性专属期，通过使之前两个公司的一般排他性专属期提前。在2006年4月到期日前，奥贝泰克制药自己的ANDA仿制药将有资格获得全面和最终批准。2005年6月28日，FDA对奥贝泰克制药的信函作出回应，在2006年4月到期日前，奥贝泰克制药自己的ANDA仿制药将有资格获得全面和最终批准。但是FDA的该回函与决定遭到了Teva药厂的质疑，Teva药厂在哥伦比亚特区联邦地区法院，起诉要求法院判决"纽约南区联邦地区法院的命令并不能触发其根据美国国内法对普萘酚相应规格药品仿制药品申请所享有的一般排他性专属期"。2005年10月21日，哥伦比亚特区联邦地区法院支持了Teva药厂的请求。随后，FDA又根据法院的判决发出命令，推翻了之前其在2005年6月28日所做出的决定，认同哥伦比亚特区联邦地区法院的意见。其后，奥贝泰克制药向哥伦比亚特区联邦地区法院就FDA上述修正决定提起诉讼，但法院在2006年4月19日驳回了奥贝泰克制药的诉讼请求。奥贝泰克制药不满，继续上诉，2006年6月6日，哥伦比亚特区联邦巡回法院重申确认了地区法院的判决，继续驳回了奥贝泰克制药的诉讼请求。之后，奥贝泰克制药尝试要求重审，但是该请求于2006年8月17日继续被驳回。至此，考虑到Teva药厂就普萘酚规格的ANDA的市场独占期到期日可能在奥贝泰克制药解决上述争议前到期，奥贝泰克制药自愿放弃了向美国联邦最高法院提起重审的申请。

同样，在该案中，奥贝泰克制药认为，美国哥伦比亚特区联邦地区法院、哥伦比亚特区联邦巡回法院的判决和命令、FDA的决定均错误地解释了联邦法律，是不公平、不公正的，该一连串错误行为耽误了奥贝泰克制药仿制药的上市，对其造成了损失。

在两个案件的诉请中，申请人奥贝泰克制药均声称美国违反了其根据《北美自由贸易协定》A 部分所承担的义务，具体为：(1) 第 1102 条：国民待遇；(2) 第 1105 条：最低待遇标准；(3) 第 1110 条：征收。

申请人的诉请遭到了美国的反对。美国列举了三个反对答辩：(1) 两个仲裁案件中是否存在《北美自由贸易协定》第 11 章中所规定的适格的"投资"以及"投资者"；(2) 美国法院的司法行为是否最终行为；(3) 普伐他汀案中是否存在超过仲裁时效的问题。最终，仲裁庭于 2013 年 6 月 14 日作出裁决，认为其对该案并无管辖权，驳回了申请人的仲裁请求。

（四）案件仲裁程序主要进程

2010 年 7 月 17 日，仲裁庭成立，并于 2010 年 11 月 30 日举行第一次程序性会议。2010 年 12 月 16 日，仲裁庭发布第一个程序性命令，就整个案件双方诉状及答辩状提交、听证举行时间以及费用分担等程序性问题做出裁定。本案中，仲裁庭拒绝"可持续金融研究中心"作为第三方参与仲裁的请求。仲裁庭认为根据北美自由贸易委员会于 2003 年 10 月 7 日就第三方参与仲裁所作出的要件指示，本案中"可持续金融研究中心"并不满足该指示中所列要件要求，且仲裁庭在 2012 年 10 月 11 日做出的第二号程序性命令中已就此作了充分说明和论证。

二、法律争议推理过程

如前述，被申请人美国列举三个反对答辩：(1) 两个仲裁案件中是否存在《北美自由贸易协定》第 11 章中所规定的适格"投资"以及"投资者"；(2) 美国法院司法行为是否为最终行为；(3) 普伐他汀案是否存在超过仲裁时效之问题。由于本仲裁并非合并仲裁，仲裁庭仅针对被申请人就申请人诉请所提出的三点反对意见，进行详细法律推理，而且第二点及第三点反对意见仅适用于普伐他汀案。

（一）不存在"投资"或"投资者"

是否存在适格"投资"或"投资者"是本案仲裁庭管辖权审查中的关键。仲裁庭认为首先需要判断是否存在"投资"，若"投资"不存在，则适格投资者无从谈起。

仲裁庭认为,《北美自由贸易协定》中与本问题相关条款是第 1139 条、第 1116 条和第 1101 条。三者之间关系是:《北美自由贸易协定》第 1101 条就第 11 章适用范围作出明确。进而,第 1139 条对"投资"及"投资者"做出明确。最后,第 1116 条要求根据该章提出仲裁申请的申请人需为上述条款所规定的"投资者"。

就该问题,申请人、奥贝泰克制药主张仲裁庭对该争议享有管辖权,原因在于曲舍林及普伐他汀诉请完全满足《北美自由贸易协定》第 11 章相关规定。简单而言,奥贝泰克制药主张:(1)《北美自由贸易协定》第 11 章第 1139 条对投资采取广泛定义。(2)奥贝泰克制药对仿制药品研发及根据美国法律及管理规定为获得 ANDA 所作出的准备已经投入百万美元,上述行为均是以在美国获得经济利益为最终目的。(3)奥贝泰克制药研发新药及为获得 FDA 批准而提交的 ANDA 唯一目的在于获得 FDA 认可,从而使其仿制药品得以在美国境内实现商业化。(4)为使新药获得通过所作出 ANDA(以及所有为其所作的准备)是而且显然是对美投资。(5)奥贝泰克制药已经为此在美国境内作出实体性投资并做出调拨其他资源的实质性承诺,此承诺包括从位于美国供应商处购买制造其仿制药品的原材料等。(6)奥贝泰克制药同时也在美国设立了美国分支机构以及分销机构奥贝泰克美国公司(Apotex Corp.),作为其根据美国法律应对 FDA 的代理。(7)奥贝泰克制药在美国设立了专门处理服务流程的受理点。因此,上述举措都足以显示其在美国投资之商业性。

由此,根据《北美自由贸易协定》的相关条款文义,奥贝泰克制药是一个"在其他缔约国境内……投资"的"投资者",因此强烈要求仲裁庭对其实质性诉请享有管辖权。

被申请人美国则主张仲裁庭对奥贝泰克制药诉请无管辖权。因为奥贝泰克制药诉请超出《北美自由贸易协定》范围和内容。美国主张:(1)作为申请人,奥贝泰克制药负有在管辖权阶段提供必要的、能证明仲裁庭对本争议具有管辖权的证据,当中应该包括其所主张的奥贝泰克制药是一个进行了"适格""投资"的投资者,然而奥贝泰克制药并无上述作为。(2)奥贝泰克制药是一个在美国没有任何相关商业存在或商业往来的实体。(3)就奥贝泰克制药实际研发及生产的仿制药而言,其所有与曲舍林及普伐他汀产品相关的商业行为均发生在美国以外(包括特别是上述两种药品的研发、生产、加工试验、包装以及贴牌)。(4)奥贝泰克制药产品,一旦在美国境外生产，均由奥贝泰克制药出口给位于美国的经销商。(5) 就奥贝泰克制药为获得新药简略申请所作出的准备行为而言，该行为亦发生在美国境外。(6) 最终，奥贝泰克制药充其量只是一个向美国出口产品的出口商，其任何行为均无法构成《北美自由贸易协定》项下的投资行为。因此，美国认为仲裁庭应该全面驳回申请人奥贝泰克制药的仲裁请求。

考虑双方就"投资"来回论证后，仲裁庭认为本案中并不存在满足《北美自由贸易协定》第 1139 条项下"投资"定义的投资。具体分析中，仲裁庭认为：要解决"投资"是否存在这一问题，仲裁庭需要确定投资所在的位置以及为《北美自由贸易协定》1139 条之目的，奥贝泰克制药进行"投资"行为的性质或曰属性。另外，仲裁庭认为，在举证责任分配上，为了在这方面确立仲裁庭的管辖权，奥贝泰克制药（作为申请人）承担对事实要素的举证责任是必要的。其后，仲裁庭依次考察了申请人奥贝泰克制药所指称的本案中几种形式的投资。

1. "所谓的投资"

仲裁庭认为，出于《北美自由贸易协定》第 1139 条目的，在本案情况下精准确定奥贝泰克制药的"投资"，显然有一些难度。在分析了申请人奥贝泰克制药提交的仲裁申请材料及经过庭审提问后，仲裁庭总结奥贝泰克制药主张本案中存在三种不同形式的"投资"：(1) 研发、开发和制造批准在美国销售的仿制药品。(2) 在美国进行 ANDA 所需的成本，包括所有为通过 FDA 仿制药申请所做出的努力和相应的支出；当然也包括作为专利权所有的 ANDA 自身。(3) 在美国境内获得的其他显著的投资，其中特别包括利用其在美国子公司所进行的原材料、配料采购以及相应在美国国内法院中进行诉讼的支出。

在该情况下，经过对所有相关材料的考察后，仲裁庭认为，显然，勿论对上述三种"投资"作单独或共同考虑，奥贝泰克制药并不能明确其所称的"投资"满足《北美自由贸易协定》第 1139 条下投资的要件。其后，仲裁庭对奥贝泰克制药的主张一一进行了分析并驳回。

A. 产品的研发和制造

奥贝泰克制药主张的第一个"投资"形式是其所从事的"配制、开发和制造"药品之行为。仲裁庭认为，该行为并不符合《北美自由贸易协定》第 11 章立法目的。本案中两种药品的生产和制造均发生在加拿大，而不是在美国领土。奥贝泰克制药及其所从事的活动均发生在美国境外，仅仅简单的出口活动并不构成第 1139 条项下的"投资"。仲裁庭进而详细分析了奥贝泰克制药的情况及其所从事的活动情况。

首先，就奥贝泰克制药而言，正如其在公司网站及相关官方介绍中指出的，其是一家根据加拿大法律注册及开展业务的公司，其在美国并无营业地。同时，仲裁庭也注意到在本仲裁中，奥贝泰克制药并没有援引《北美自由贸易协定》第1107条“一缔约方投资者以企业的名义提出的诉求”。换句话说，奥贝泰克制药是以自己名义在本仲裁庭中提出仲裁主张，其没有提及其在美国的其他任何投资公司（例如奥贝泰克美国公司），同样，其也并无提及其对任何美国公司拥有股份或享有债权，其也并无在美国雇佣有任何雇员或购买有任何财产。仲裁庭认为，至少就本案而言，其就是一家不折不扣的加拿大公司，且与美国没有任何投资往来。

其次，关于奥贝泰克制药的生产活动，仲裁庭采纳了美国的主张，奥贝泰克制药开发的医药产品主要服务于加拿大国内市场，同时也出口到许多其他国家，包括美国。事实上，根据其网站上的信息，其在加拿大境内一共有三个负责药品研发及生产的附属设施，分别是Etobicoke、Signet以及Richmond Hill三个地方的工厂，但根据奥贝泰克制药所提交的证据及相关证明材料，奥贝泰克制药仅仅在上述三个附属设施中开展药品的研发与生产。同时，正如之前事实部分所提及的，提出ANDA申请的申请人必须将所申请药品的详细信息提供给FDA。但仲裁庭考察了奥贝泰克制药在ANDA申请中对两种药品的描述信息后，发现奥贝泰克制药已经明确指出其仅作为在加拿大的生产商和制造商把上述药品出口至美国，再由美国的公司进行分销。

因此，仲裁庭认为奥贝泰克制药关于投资的第一种情况主张不成立，原因在于与药品相关的所有上述活动均发生在美国境外。从奥贝泰克制药自己的管理规则也可以看出，关于上述两种药品的研发、生产以及包装、测试等均发生在美国境外，只是在完成全部流程后被出口至美国。

B. 仿制药ANDA

奥贝泰克制药所主张的第二个“投资”的形式则是其所谓的进行ANDA本身。其主张有两个重要而不同的构成要件：(a)在美国准备ANDA活动；(b)ANDA本身，作为一种“财产”。

同样，仲裁庭认为，上述两个构成要件均不构成《北美自由贸易协定》下的“适格”“投资”。仲裁庭对上述两个所谓的投资进行了分析。

a. 准备仿制药申请的活动

仲裁庭注意到，申请人奥贝泰克制药另一个主张是其准备仿制药申请的活动也构成《北美自由贸易协定》第 1139 条项下的投资。仲裁庭也注意到奥贝泰克制药在其申请中对 ANDA 以及为准备 ANDA 所付出的巨大努力及投入施以浓重笔墨。

例如，在其申请书中，奥贝泰克制药特别指出 ANDA 批准的法律和监管要求。奥贝泰克制药指出，上述法律和监管要求不仅范围广泛，而且仅限定于美国（即不同于其他国家的要求）。为了在美国销售产品，ANDA 申请者必须符合 FDA 所谓的“成品药品当前良好生产规范”（Current Good Manufacturing Practice for finished Pharmaceuticals），该规定详细细化了对 ANDA 的测试、制造和标签的严格要求，上述要求包括但又不仅限于特殊实验室控制；稳定性测试程序；批生产和过程控制；过程控制采样；存储；处理；采样；测试和批准药品、部件和容器。由于上述要求仅限于美国，因此奥贝泰克制药认为上述规定要求奥贝泰克制药需要单独为相关仿制药品的研发、生产与制造投放相应的资金及其他资源。因此，就此层面而言，奥贝泰克制药认为其为符合 ANDA 所进行的所有投入是《北美自由贸易协定》第 1139 条定义的“投资”。申请人奥贝泰克制药进一步解释，若没有 ANDA 及相关针对 ANDA 申请的美国国内法规定，则奥贝泰克制药并不需要承担上述费用。

仲裁庭驳回了申请人的上述主张。仲裁庭认为，奥贝泰克制药所罗列的在准备 ANDA 中花费的成本和努力并不能构成或证明其符合《北美自由贸易协定》第 11 章下在美国的“投资”。仲裁庭认为这有如下几个原因：

第一，尽管 ANDA 是在美国境内提交的，但实际上所有的准备活动均是奥贝泰克制药在美国以外的地区（加拿大）进行的。

第二，任何寻求在美国销售其产品的仿制药品制造商都必须提交 ANDA 是个合乎常理的要求。不管该制造商是在美国进行投资抑或是只把产品出口到美国，这一要求并无发生变化。因此，为 ANDA 作准备本身并不能表明仿制药品制造商是在向美国进行投资，而并非向美国出口产品。

第三，仲裁庭认为奥贝泰克制药对所援引的 Grand River① 和 Bayview② 案相关裁决的解读是错误的。仲裁庭注意到奥贝泰克制药援引了 Grand

① Grand River Enterprises Six Nations, Ltd., et al. v. United States of America, NAFTA/UNCITRAL, Award, 12. Jan. 2011.

② Bayview Irrigation District et al. v. United Mexican States, ICSID Case No. ARB (AF) /05/1, Award, 19. Jun. 2007.

River 和 Bayview 两个仲裁案的相关仲裁裁决中所指出的“投资的其中一个要件是必须服从于东道国的法律而并非投资者母国的法律”这一观点。仲裁庭认为，Grand River 案和 Bayview 案明确表示的是，东道国的法律只是以确定投入是否符合《北美自由贸易协定》第 1139 条下的“投资”一个“必要”因素。其本身不是一个充要条件。因此，如被申请人美国所辩称的，仅对奥贝泰克制药的国外产品（无论是否广泛）的监管并不能将这些产品的开发看作是在美国的投资所产生的成本。

第四，即使奥贝泰克制药是在美国由于上述监管产生成本，在准备和提交 ANDA 产生的支出，充其量也只不过是为符合监管批准的行动，当然不应属于《北美自由贸易协定》第 1139 条的范围。它们也不改变寻求许可的活动的固有性质。

总之，仲裁庭最后指出，正如被申请人美国所指出的，事实上，如果根据第 1139 条准备 ANDA 可能构成“投资”，则任何需要美国监管批准的加拿大或墨西哥出口商为在美国第三方出售货物而带来的投资都可基于《北美自由贸易协定》第 11 章提出赔偿请求，只要出口商认为上述批准被错误地拒绝或推迟。无论出口商是在美国进行投资还是在美国之外进行投资，这都是如此。因此，仲裁庭支持被申请人美国的意见，认为允许纯粹向美国出口货物以引起第 11 章项下的“投资”索赔的申请，将不符合《北美自由贸易协定》的投资章节的核心目标。

b. ANDA 提交的“财产”

奥贝泰克制药提交此申请的第二种方式是将实际的 ANDA 本身称为《北美自由贸易协定》第 1139（g）条的目的“用于经济利益目的或其他业务目的而期望获得的财产”。申请人奥贝泰克制药采取了一系列分析步骤拟说服仲裁庭其主张。

第一，奥贝泰克制药声称，出于《北美自由贸易协定》第 1139（g）条之目的，它必须确定两个单独的要素：(i)“财产”，(ii)“用于经济利益目的其他业务目的而期望获得”。

第二，关于要素（i），申请人声称，ANDA 及当中包含的机密数据和信息均构成 ANDA 申请者的“财产”。奥贝泰克制药认为，一旦在美国向 FDA 提交 ANDA，就只有“申请人可以转让其申请的所有权”。此外，申请人认为，ANDA 可以像所有其他财产一样，对其做购买和出售处分，并且，由于其属于财产，故 ANDA 申请者对其拥有所有、使用和享受 ANDA 以及根据其批准的产品的专有权。

第三，关于《北美自由贸易协定》第 1139（g）条中的第二个要素，申请人奥贝泰克制药认为，其对每个 ANDA 的所有投资均是以在美国用于经济利益目的其他业务目的而期望获得的。

总之，奥贝泰克制药认为，ANDA 不仅仅像进口许可证或其他证书一般。针对药品的投资，不仅需要产品进入美国，而且要使该种产品实现这种投资的商业价值。简而言之，奥贝泰克制药认为，若没有 ANDA，则没有相关产品在美国的商业化。

仲裁庭认真审议了所有方面及其所依据的证据。但是，在仲裁庭看来，奥贝泰克制药所主张的曲舍林及普伐他汀中的 ANDA 被定性为财产并非合适。仲裁庭不支持奥贝泰克制药所谓的认定 ANDA 本身为《北美自由贸易协定》第 1139（g）条的目的“用于经济利益目的其他业务目的而期望获得的财产”。奥贝泰克制药提交的证据并不足以把该公司从一个出口货物到美国的生产商转变为一个美国投资商。

第一，虽然 ANDA 的特征可能含有“财产”的某些目的，但仲裁庭不认为 ANDA 的性质属于《北美自由贸易协定》第 1139（g）条的预期范围，因为该条款应在参考《北美自由贸易协定》第 11 章的目的和宗旨基础上，作为一个整体进行解读。尽管 ANDA 非常实质性，其研发也需要时间和成本，但最终，ANDA 充其量仍然不过是为出口美国并在美国销售的产品的可撤销许可申请而已。正如被申请人所主张，如果这只是支持跨境销售，财产就不是一个“投资”。

第二，正如被申请人美国所强调的，在申请人所指称的被申请人违反《北美自由贸易协定》相关义务时间内，曲舍林案和普伐他汀案中 ANDA 仅为暂时被 FDA 批准。因此，在相关时间内，出于《北美自由贸易协定》第 1139（g）和（b）条的目的，ANDA 尚未“预期获得或用于经济利益或其他商业目的”，因此并不构成“投资”。

第三，仲裁庭认为，奥贝泰克制药关于 ANDA 不能等同于出口或进口许可证的申请，这也是不能令仲裁庭信服的。

第四，仲裁庭不认可出于《北美自由贸易协定》第 1139（g）条目的，ANDA 因为包含有“机密数据和信息”则必须被称为“财产”。在此，仲裁庭赞成被申请人观点，根据美国法律规定，虽然 FDA 有义务保证就奥贝泰克制药向 FDA 披露的内容保密，但并没有任何依据规定可以将 ANDA 本身的固有性质从一种本质上属于商品出口到美国的许可申请转变为《北美自由贸易协定》第 1139（g）条范围内某种形式的投资。

第五，奥贝泰克制药主张ANDA“可以像所有其他财产一样被买卖”，但仲裁庭认为，应当铭记于心的是，暂时批准的ANDA不允许将仿制药出口到美国出售。此外，由于奥贝泰克制药本身明确表示：“ANDA从未被批准，产品永远不会被出售，这样的ANDA基本上是毫无价值的。因此，奥贝泰克制药将ANDA视作财产的观点难以自圆其说。”

第六，奥贝泰克制药声称ANDA申请人拥有“拥有、使用和占有ANDA及其批准产品的专有权利”。但是仲裁庭认为，即使奥贝泰克制药对ANDA拥有独家权利，这也不能改变ANDA本身的固有性质。(换句话说，将出口仿制药品进入美国的申请不会为《北美自由贸易协定》第11章的目的转变为“投资”，因为申请的持有人拥有专有权。)

出于上述六个原因，仲裁庭得出结论认为，奥贝泰克制药关于“财产”(根据“布莱克法律词典”)的概念和一般特征的陈述，在划入《北美自由贸易协定》第1139(g)条方面只能给予优先的参考。管辖权问题在这里讨论相关ANDA的固有性质，而不是奥贝泰克制药对它们权利的性质问题。如上所述，即使假设ANDA是奥贝泰克制药独家“财产”，它们仍然只是(在这种情况下)出口的申请，因此既不属于《北美自由贸易协定》第1139(g)条下，也不构成《北美自由贸易协定》第11章更广泛意义上的“投资”。

c. 在美国的其他投资

申请人奥贝泰克制药主张，其所谓第三种“投资”是在美国境内的属于《北美自由贸易协定》第1139(h)条范围内的“其他重要”投资。申请人奥贝泰克制药在其仲裁申请中声称，它已经为在美国准备，提交和维护其曲舍林和普伐他汀的ANDA申请和产品以及由于这些ANDA产生的美国专利诉讼投放了大量的资金和资源。当中包括为进行ANDA申请及为仿制药品分销所做的投入，如指定奥贝泰克美国公司作为美国代理；利用奥贝泰克制药作为美国分销商；在美国购买原材料；同意美国管辖或法律费用；等等。

仲裁庭认为，根据《北美自由贸易协定》第1139(h)条确定的任何项目均不构成《北美自由贸易协定》第11章中的“投资”，无论是单独审议还是共同审议，均不改变《北美自由贸易协定》第1139(g)条下的分析。仲裁庭认为第1139(h)条必须与第1139(i)条和第1139(j)条合并解读。

因此，正如被申请人所强调的，《北美自由贸易协定》第1139(h)条重点关注的是东道国承诺对在该领土内资本的经济活动产生的利益，而简单的跨境贸易利益并不符合上述条文相关规定所明确的投资内涵。

（二）投资者

仲裁庭认为，既然得出结论认为奥贝泰克制药在美国境内没有任何“投资”，其必然得出奥贝泰克制药本身没有资格作为一个符合上述目的的“投资者”，从而认为其是《北美自由贸易协定》第 11 章的范围之内的投资者。

（三）曲舍林案及普伐他汀案的司法终局性

解决双方关于第 1101 条的管辖权争议后，仲裁庭转向解决美国所提出的第二个管辖权异议主张。即曲舍林案及普伐他汀案的司法终局性问题。

1. 被申请人主张

就曲舍林案而言，美国主张奥贝泰克制药已经向联邦最高法院就下级法院对其寻求法院作出宣告判决诉求所做出的不利判决提起过重审请求，但联邦最高法院在没有解释情况下驳回了其请求。因此，被申请人认为，奥贝泰克制药在本案中针对美国法院的相关司法救济行为，已经用尽美国司法体系内所有的救济途径。

就普伐他汀案而言，美国主张，是奥贝泰克制药主动放弃潜在的通过美国国内法院进行救济的权利。特别是，奥贝泰克制药放弃就 2006 年 4 月 19 日及 2006 年 6 月 6 日，哥伦比亚特区联邦地区法院及联邦巡回法院均支持 FDA 的决定上诉至美国联邦最高法院的权利。总之，美国认为不管在初审阶段还是上诉阶段，奥贝泰克制药均没有完全用尽相应的司法救济途径。因此申请人不能基于司法终局这一理由寻求《北美自由贸易协定》第 11 章下的相关救济。

2. 申请人主张

申请人奥贝泰克制药不认同美国的上述主张，其认为在普伐他汀案中，其已经满足了司法终局的相关标准。

奥贝泰克制药指出，对于美国而言，其可能认为 2006 年 6 月 6 日哥伦比亚特区联邦巡回法院判决对于奥贝泰克制药来说，是“显然徒劳的”。但是，情况并非如此。奥贝泰克制药主张，由于其要求美国联邦最高法院进行复审的申请是在 2006 年 8 月 17 日被驳回的，考虑到之前 6 月 6 日哥伦比亚特区地区联邦巡回法院的判决，同时考虑到 Teva 药厂就普萘酚规格的 ANDA 申请的市场独占期到期日可能在奥贝泰克制药解决上述争议前，奥贝泰克制药方自愿放弃了向美国联邦最高法院提起重审的申请。

3. 仲裁庭的分析

仲裁庭首先就本管辖权异议的本质作了厘清：仲裁庭指出，双方争辩的前提是基于对如下基本原则的共识：任何基于一司法行为而根据《北美自由贸易协定》提出的仲裁申请，均应满足用尽东道国所有司法救济。换言之，双方均认同一个共同假设：首先，在东道国国内法院内必须首先实现“司法终局”；其次，除非上述救济“显属徒劳”。

就曲舍林诉请而言，由于申请人已经穷尽了所有的国内司法救济可能，所以，本案中不存在所谓的司法终局争议。

而就普伐他汀案而言，很显然，美国司法系统中有两个进一步的渠道可以提供给奥贝泰克制药，但是奥贝泰克制药却选择放弃该途径以对自身权利进行救济。仲裁庭强调，此结论可从以下两个事实中得出：

第一，奥贝泰克制药从未在美国联邦最高法院层面要求对上诉法院就普伐他汀案的判决决定做出重审。虽然奥贝泰克制药主张美国在普伐他汀案中的相关司法行为违反了美国在《北美自由贸易协定》项下的承担的义务，但其并无在美国司法系统中穷尽有效的救济和审查可能。

第二，如同第一点所描述的，仲裁庭对普伐他汀案相关的国内救济过程作了一遍回顾后认为，奥贝泰克制药在其普伐他汀申请中所实施的行为在美国司法系统中并不表现为正式的“最终”表现，因为奥贝泰克制药在美国国内仍然有其他可同其选择救济其权利的途径。

因此，本问题的核心在于讨论奥贝泰克制药继续通过救济以捍卫自身权利的做法是否“显属徒劳”。

仲裁庭在回顾案情基础上指出，虽然仲裁庭同情奥贝泰克制药主张，认为其主张出于人道主义解释可容易地为大众所理解，即在判断向美国联邦最高法院所提出的上诉不太可能期望获得救济的时候，其主动放弃了后续救济。但是，仲裁庭认可被申请人的意见，认为根据既定原则，未能获得司法终局性的行为并非本质上属于可以以“显属徒劳”为借口的问题，其不能因为不能得到较高司法机关救济的可能而主动放弃。

与此同时，奥贝泰克制药选择放弃通过美国联邦最高法院纠正美国方面一切所谓的错误和违法行为的可能而要求本仲裁庭实际上替代美国联邦最高法院，并作为超国家上诉法院，审查美国下级法院的司法裁决。仲裁庭认为这样做是极不适当的，当中原因有三：

第一，作为一般性建议，根据《北美自由贸易协定》第 11 章设立的国际仲裁法庭不能代替美国联邦最高法院或作为超国家上诉法院行事，这并非国际司法机构合适的作用和地位。

第二，与此相关，“明显徒劳”的标准相当高。这也必然遵循它是例外规则的性质。因此，仲裁庭指出“由于对未来诉讼结果缺乏成功的合理前景与其或仅仅觉得成功的不可能性，这都不是严格的得以满足该标准的结果”。

第三，根据本案的事实，即使本案中，美国联邦最高法院通过重审以支持奥贝泰克制药主张的机会渺茫，但是补救办法的可用性是肯定的。根据美国国内法[①]的规定，奥贝泰克制药可以根据哥伦比亚特区联邦巡回上诉法院关于禁令救济的决定，即使其请求重新审理申请被联邦最高法院拒绝，其也可以要求联邦最高法院尽快对该拒绝决定进行审查。

（四）《北美自由贸易协定》中的权利诉请请求期限

《北美自由贸易协定》第 1116 条第 2 款规定：“如果自投资者首次或获悉应当首次获悉据称的违反义务以及投资者遭受损失或损害之日起，时间已经超过三年，一投资者不得提出索赔请求。”

就本仲裁而言，美国认为，由于其分别是在 2008 年 12 月 11 日以及 2009 年 6 月 5 日收到奥贝泰克制药关于曲舍林案及普伐他汀案诉请的仲裁通知。而美国食品药品监督管理局是于 2006 年 4 月 11 日发出决定通知的，因此美国认为上述条款已经排除了申请人可基于美国食品药品监督管理局于 2006 年 4 月 11 日发出的决定通知，认为其违反《北美自由贸易协定》第 1102 条、第 1105 条以及第 1110 条的权利，因为三年到期日应为 2009 年 4 月 11 日。[②]

由于就曲舍林案而言，被申请人后来撤回了相关的仲裁时效反驳，因此仲裁时效的焦点集中在普伐他汀案上。

就普伐他汀案而言，美国列出了两点超过仲裁时效的主张：首先，简要而言，被申请人认为该条款所规定的时间限制排除并剥夺了奥贝泰克制药根据 FDA 在 2006 年 4 月 11 日所作出的决定（确定的 180 天独占期尚未触发）本身就构成违反《北美自由贸易协定》第 1102 条、1105 条和 1110 条的权利。其次，FDA 的决定本质上是行政性的，因此不需满足用尽当地司法救济的要求。最为重要的是，其在奥贝泰克制药根据《北美自由贸易协定》

---

① 28 U.S.C. § 1254（1）.

② Pravastatin Notice of Arbitration，para. 67.

提出普伐他汀诉请前三年多发生，已经超过了仲裁时效。

申请人奥贝泰克制药则主张普伐他汀诉请是在正确时间内提出的，并就此问题提出了三点反对意见，其认为：(a) 与被申请人的分析相反，《北美自由贸易协定》并没有“绝对、明确”的截止日期，因此必须完全忽略之前出现的任何问题。(b)《北美自由贸易协定》第 1116 条第 (2) 款的对仲裁时效的限制规则包括两个独立且不同的部分：知晓对相关条款的违反；和投资者知道已经蒙受损失或损害。三年期间只有在满足这两个要求之后才开始运行。(c) 如美国所声称的那样：根据国际法，受损害方仍然需要将其受害行为上诉至国内法院，完成司法终局，除非这种对权利之救济显然是徒劳的。奥贝泰克制药认为，其情况完全符合上面所提出的理由。其已经是在判断认为“显属徒劳”的情况下放弃了后续的寻求国内救济可能，且在规定的时间内提出了仲裁请求。

仲裁庭对该问题做出了分析。首先，仲裁庭对本条款的具体含义作出了明晰。仲裁庭认为，在 Feldman 诉墨西哥案 [①] 中，该案仲裁庭对上述条款中的“提出索赔请求”术语做出了明确：其指的是“明确启动仲裁程序”。因此，根据《联合国国际贸易法委员会仲裁规则》所提起的索赔请求的相关规定，《北美自由贸易协定》第 1137 条第 1 款第 3 项把相关的时间确定为“争议方接收仲裁通知的时间”。另外，值得指出的是，《北美自由贸易协定》第 11 章描述了三年的时效期间为“明确的和僵化的”抗辩，仲裁庭指出，时间的限制是“没有受到任何中止，延长或其他资格”。因此，在普伐他汀申请中，相关截止日期是 2006 年 6 月 5 日（即奥贝泰克制药于 2009 年 6 月 5 日提交相关仲裁申请，提交仲裁通知之前的三年）。

如其仲裁申请书中所述，奥贝泰克制药的普伐他汀诉请产生于：(a) FDA 于 2006 年 4 月 11 日作出的决定；(b) 随后拒绝紧急禁令救济，试图于 2006 年 4 月 19 日推翻哥伦比亚特区联邦地区法院的该项决定；(c) 2006 年 6 月 6 日哥伦比亚特区联邦巡回上诉法院确驳回奥贝泰克制药的再审请求；(d) 2006 年 8 月 17 日哥伦比亚特区联邦巡回上诉法院否决重审请求。

进而，为解决这一问题，仲裁庭认为，必须区分以下两种导致不同结果的诉讼情形：根据 FDA 的决定本身的要求和基于 6 月 6 日和 2006 年 8 月 17 日哥伦比亚特区联邦巡回上诉法院决定。仲裁庭认为，之所以要对此两

---

① Marvin Roy Feldman Karpa v. United Mexican States，ICSID Case No. ARB（AF）/99/1，Interim Decision on Preliminary Jurisdictional Issues，para. 44（6. Dec. 2000）.

种诉讼进行比较，原因在于此两种类型的索赔申请基于的国家行为是不同的，因此在分析上也是不同的。一项是由于 FDA（行政）裁决，违反了相关法律及规定，声称遭受到了损害，并且，由于奥贝泰克制药对专利所有人的确权式判决行动的放弃不构成“法院裁决触发”，2006 年 4 月 11 日又造成了损失。另一项则是由于上诉法院的（司法）决定，截至 2006 年 6 月 6 日或 2006 年 8 月 17 日，由于上诉法院的（司法）裁决违反了相关的法律，并造成了损失。

1. 基于 FDA 决定行为的诉请

奥贝泰克制药致力于根据 2006 年 4 月 11 日的 FDA 决定提出任何索赔，这显然不属于《北美自由贸易协定》三年期限，因此受到仲裁时效限制。具体而言，仲裁庭认为，奥贝泰克制药提交仲裁申请的时间是有所迟延的，其直至 2009 年 6 月 5 日方提交其普伐他汀仲裁通知。仲裁庭认为，奥贝泰克制药的上述做法并无充分理由，以支持奥贝泰克制药不能及时就 FDA 的决定提出申请或仲裁请求。仲裁庭指出，FDA 的决定是在 2006 年 4 月做出的。而所有美国对该措施的诉讼于 2006 年 8 月结束，早在 2006 年 4 月前，奥贝泰克制药已经知道了 FDA 措施及其对其权利造成的损害，是奥贝泰克制药没有及时采取措施，是其自愿在 2006 年 10 月撤回了与该措施相关的所有声明。然后，奥贝泰克制药其实是有足够的时间将《北美自由贸易协定》声明提交给 FDA 决定。事实上，如果奥贝泰克制药于 2008 年 12 月 11 日提出了曲舍林以及普伐他汀仲裁申请，奥贝泰克制药是不会超过仲裁时效的。

因此，仲裁庭接受被申请人的意见，即根据《北美自由贸易协定》第 1116（2）条，所有基于 2006 年 4 月 11 日 FDA 决定的声明都已经超过仲裁时效，因此必须对申请人的诉求予以驳回。

2. 基于哥伦比亚特区联邦巡回法院分别于 2006 年 6 月 6 日和 2006 年 8 月 17 日做出的判决

如前述，仲裁庭认为，必须明确指出的是，2006 年 6 月 6 日和 2006 年 8 月 17 日哥伦比亚特区联邦巡回上诉法院的判决并没有导致奥贝泰克制药的诉讼请求在时间上有任何法律障碍。显然，申请人任何所谓的声称上述司法判决构成违反《北美自由贸易协定》的行为，都是在没有充分考虑到先前的行政和司法决定的情况下做出的，因为在两个法庭裁决之前，申请人已经知晓其权利遭受损失或者损害。仲裁庭强调，是申请人奥贝泰克制药自愿放弃在有效仲裁时间内提起仲裁请求。

因此，仲裁庭接受被申请人的意见，即根据《北美自由贸易协定》第1116（2）条，所有基于2006年6月6日和2006年8月17日的哥伦比亚特区联邦巡回法院的判决都是受到之前FDA行政决定的仲裁时效限制的，因此必须对申请人的诉求予以驳回。

三、仲裁庭裁决

经过双方一系列书面材料来往以及仲裁庭辩论后，仲裁庭就本案管辖权及可受理性的核心争议做出了裁决：

（1）认为在美国进行了“投资”的奥贝泰克制药作为《北美自由贸易协定》第1116条及第1139条项下的“投资者”并不适格，因此全部驳回曲舍林及普伐他汀两个案件申请人的全部诉请。原因在于仲裁庭对上述两个案件不具有管辖权。

（2）即使奥贝泰克制药满足投资者要件，并出于第1116条及第1139条目的在美国进行了投资，但是：

（a）就普伐他汀诉请而言，奥贝泰克制药仍未能用尽当地救济，以至于其所指控的哥伦比亚特区联邦地区法院以及哥伦比亚特区联邦巡回法院的司法行为违反《北美自由贸易协定》第1102条、第1105条以及第1110条的主张不成立。上述诉请因仲裁庭不具备相应的属事管辖权而被驳回或是上述诉请不能被采纳。

（b）仲裁庭基于缺乏属时管辖权驳回奥贝泰克关于美国食品药品监督管理局于2006年4月11日做出的书面决定本身违反《北美自由贸易协定》第1102条、第1105条以及第1110条的请求。

（3）根据《联合国贸易法委员会仲裁规则》第40（1）条以及第40（2）条的规定，奥贝泰克制药应承担本次仲裁的费用，且应在如下列支中补偿被申请人的相关费用：（a）就被申请人雇用的法律服务及协助服务525814美元；及（b）承担本仲裁庭及国际投资争端解决中心所有费用开销以及花费的50%，仲裁庭会在本仲裁裁决作出后的90天内通知申请人。

四、案件简评

自2010年以来，基于药品专利问题而诉诸投资者—国家争端解决机制的案件有渐进增多之趋势。通过投资者—国家争端解决机制解决涉及知识产权的国际投资争端案件数量急剧回升。

本案是《北美自由贸易协定》自 1994 年生效以来涉及知识产权及专利纠纷的第一个案件。本案相较于之前及之后在《北美自由贸易协定》项下审理的其他案件，有如下几个特点：

第一，本案表明总部位于美国、加拿大及墨西哥，并在其他《北美自由贸易协定》国内拥有投资的公司要想在《北美自由贸易协定》投资者—国家争端解决机制下起诉东道国，门槛变得越来越高。因为本案仲裁庭观点表明在美国境内的投资者，应该保证在美国境内必须用尽当地救济，即一定要上诉至美国联邦最高法院后，方可启动投资者—国家争端解决机制。

第二，该案仲裁庭管辖权的扩张势头并不明显，显然异于之后的奥贝泰克控股公司及奥贝泰克公司（Apotex Holdings and Apotex Inc.）诉美国案①。例如就本案中 ANDA 是否构成投资，仲裁庭指出如果根据《北美自由贸易协定》第 1139 条，准备 ANDA 可能构成"投资"，则任何需要美国监管批准的加拿大或墨西哥出口商为在美国第三方出售货物而带来的投资均可基于《北美自由贸易协定》第 11 章提出赔偿请求，只要出口商认为上述批准被错误地拒绝或推迟，而无论该出口商是在美国进行投资还是在美国之外进行投资，因此，仲裁庭支持被申请人美国的意见，认为允许纯粹向美国出口货物以引起第 11 章下的"投资"索赔的申请，并不符合《北美自由贸易协定》投资章节的核心目标。

而在后案中，仲裁庭管辖权的扩张势头明显。

在奥贝泰克控股公司及奥贝泰克公司诉美国案中，仲裁庭在对"与（投资或投资者）相关"及"待遇"措辞进行自由解读（肆意发挥）的背景下认为：就如何理解"与（投资或投资者）相关"措辞的核心标准"重要的法律联系"问题上，不应只对《北美自由贸易协定》相关措辞作狭义解释，此种"重要的法律联系"，依据仲裁庭观点，就是奥贝泰克美国公司最为直接地受到美国"进口警告"措施的影响，即便美国的措施仅仅针对的是位于加拿大的两个生产厂（Etobicoke 及 Signet），且奥贝泰克美国公司亦并非只从位于加拿大的两个生产厂（Etobicoke 及 Signet）获得相关产品。换言之，仲

① Apotex Holding Inc. and Apotex Inc. v. United States of America，ICSID Case No. ARB（AF）/2/1，25. Aug. 2014.

裁庭把“重要的法律联系”所确认的范围理解得相当具弹性。[①]

因此，如同里斯（Lise Johnson）教授所指，循后案仲裁庭的观点，若《北美自由贸易协定》缔约国意在寻求该协定投资章对其出口产品提供保护，一个简单的方法就是在其他缔约国中设立一个分销该产品的投资。但此举的弊端显而易见，仲裁庭的这一裁决混淆了贸易与投资的界限，使该协定投资章的适用范围比当初制定该协定时远为广泛，扩大了仲裁庭对投资问题的管辖权。可以预见，在奥贝泰克控股公司及奥贝泰克公司诉美国案后，可能有很多类似的诉请得以被提出，这亦增加了美国在此类诉讼中的败诉风险。[②]但此案仲裁裁决先于奥贝泰克控股公司及奥贝泰克公司诉美国案几乎一年零两个月，此时该趋势并不明显。两个案件仲裁庭对自身管辖权限的理解和自由裁量有着较为不同分野。

第三，行政行为、司法行为，用尽当地救济以及司法终局性间的关系之维。根据《北美自由贸易协定》规定，并非所有由一国行政、立法或司法机关所实施的措施均可被视为满足第1101条中对“措施”内涵与外延的界定。部分原因出于《北美自由贸易协定》第1126条已对用尽当地救济的除外性做出了明确的规定。简而言之，行政行为并非需要用尽当地救济即可是受诉“措施”，而“司法行为”则必须用尽当地救济，即司法终局性后方可被视为是国家行为，符合“措施”之内涵与外延所指。正如美国认为，这早在美国—墨西哥仲裁庭的实践中已经被重复强调认可。同时，在现有的中美双边投资协定谈判，或以后的中欧投资协定谈判中，要重视当地救济的运用，明确“用尽当地救济原则”的具体内涵，启动条件或限制条件。因为《解决国家与投资者争端公约》(《ICSID公约》)第26条规定：“除非另有规定，双方同意根据公约交付仲裁，应视为同意排除任何其他补救办法而交付上述仲裁。缔约国可以要求用适当的各种行政或司法补救方法，作为其同意根据公约交付仲裁的一个条件。”[③]该条款涉及了国际法上的“用尽当地救济原则”问题。就关于“用尽当地救济原则”必须是东道国的明示规定还是可以默示推定的问题上，一直以来，发展中国家和发达国家始终存在

---

① See Lise Johnson，New Weakness：Despite a Major Win，Arbitration Decision in 2014 Increase the U.S's Future Exposure to Litigation and Liability，Jan. 2015，available at http://ccsi.columbia.edu，last visited on 3. Apr. 2015.

② See Lise Johnson，New Weakness：Despite a Major Win，Arbitration Decision in 2014 Increase the U.S's Future Exposure to Litigation and Liability，Jan，2015，available at http://ccsi.columbia.edu，last visited on 3. Apr. 2015.

③ 参见《解决国家与投资者争端公约》第26条。

深刻分歧。发展中国家主张“用尽当地救济原则”是东道国司法主权的重要组成部分。除非东道国明示放弃这一权利，否则外国投资者都必须用尽东道国当地救济于将投资争端提交国际仲裁前。仲裁所具有的排他性只表明它排除其他形式的管辖，而并不能排除当地救济，在东道国的主权利益与外国投资者利益之间，国家主权原则应该绝对优先。而发达国家则认为在一国与他国订有仲裁条款的情况下，只要国家在相关的国际条约中对用尽当地救济保持缄默，则发生争议时无需用尽当地救济就可直接提交国际仲裁。①

第四，作为《北美自由贸易协定》裁决中最为新近的严格恪守管辖权文义解释的案件，该案件值得关注。②其实，相类似的严格恪守管辖权文义解释的案件在《北美自由贸易协定》已有裁决中并不鲜见。在 Bayview 诉墨西哥案中，美国投资者指控墨西哥不合法剥夺其从流入美国的里奥格兰德河获得资源的权利。仲裁庭驳回了申请人的仲裁请求，理由是申请人仅仅是得克萨斯州的投资者，其并非对墨西哥友人和投资。③在另一个案件 Canadian Cattleman 诉美国案④中，申请人针对美国处于疯牛症而关闭边境禁止加拿大生产的公牛进口美国市场的做法违反国民待遇的指控同样被仲裁庭以没有管辖权为由驳回，仲裁庭同样指出，申请人对公牛的投资仅局限于加拿大而并非美国，故不构成《北美自由贸易协定》中投资的内涵与外延。

就奥贝泰克制药而言，出于特定原因，其并无就管辖权问题选择对其更为有利的仲裁策略。首先，奥贝泰克制药在裁决中仅仅强调其已经在美国进行的投资，而并非强调其在该国将要或意欲进行的投资。由于奥贝泰克制药意欲将新药在 FDA 批准后在美国市场化的尝试可能被解释为“设立”、“获得”或者“扩大”投资，故奥贝泰克制药固守其已经在美国所进行

① 参见刘天姿：《析 2004 年美国 BIT 范本对仲裁管辖权的规定——兼论我国在 BIT 中设置 ICSID 管辖权之策》，《2008 年全国博士生学术论坛（国际法）论文集：国际经济法、国际环境法分册》，2008 年。

② Ronald J. Bettauer，Introductory Note to Apotex *v.* United States：Award on Jurisdiction and Admissibility，2013，52 International Law Materials，p.905.

③ Bayview Irrigation District and Others v. United Mexican States，ICSID Case No. ARB（AF）/05/01，Award，Jun. 19. 2007，para.104.

④ The Canadian Cattlement for Fair Frade v. United States of America，Award on Jurisdiction，Jan 1. 2008.

的投资这一诉讼策略令人确实匪夷所思。[①]其次，作为申请人，奥贝泰克制药亦可主张其在美国所从事的活动符合《北美自由贸易协定》第 1139 条中对于投资一词所确定的内涵与外延。根据《北美自由贸易协定》第 1102 条第一款以及第 1103 条第一款中的规定，其明确对“投资协定”中“投资”以及“投资者”提供同样保护，即不但保护投资者还保护其投资。因此，奥贝泰克制药可主张其在美国销售仿制药的行为与在美国寻求进行投资的投资者所从事的行为无异。再次，申请人奥贝泰克制药可主张最惠国条款扩大适用。应当承认，虽然对最惠国条款的扩大适用问题存在着相反的意见，但是其仍可主张美国应适用其与其他非《北美自由贸易协定》缔约国所签订的双边投资协定中对投资的定义据以扩大本案中投资的范围。

① 参见《北美自由贸易协定》第 1102 条第 2 款。

蒙德弗国际有限公司诉美国案

Mondev International Ltd.

v.

United States of America

（ICSID Case No.ARB（AF）/99/2）

仲裁裁决 2002.10.11

一、案件事实

本案申请人为蒙德弗国际有限公司（Mondev International Ltd.，下称 Mondev 公司），其是一家依据加拿大法注册的公司。被申请人为美国。1978 年 12 月 22 日，美国波士顿市政府、波士顿再发展局（Boston Redevelopment Authority，下称 BRA）和拉菲特地方合作公司（Lafayette Place Associates，下称 LPA）三方签订了一份关于商业地产开发的合同。上述三方中，LPA 是位于马萨诸塞州的一家有限合伙企业，由 Mondev 公司拥有。这份合同主要是约定了 LPA 承揽波士顿市区土地的建筑工程。合同中有一项内容是关于 LPA 对名为 Hayward Parcel 的土地在 1989 年 1 月 1 日前享有购买选择权，且价格按合同中规定的公式计算。而如果市政府或者 BRA 与开发商在设计的审核过程中未能善意行事，该选择权仍然有效，并不终止。波士顿新市长上任后，认为该不动产买卖的价格过低不合理，阻挠合同履行。在市长的阻挠下，LPA 未能购得该块土地，蒙受损失。为此，LPA 于 1992 年向马萨诸塞州高等法院起诉波士顿市政府和 BRA，指其没有按照约定履行合同。案件在 1994 年进行了审理，陪审团裁定 LPA 胜诉。高等法院法官虽然支持陪审团对波士顿市违反三方协定的裁定，但认为根据该州法律，BRA 对该合同的故意侵权享有豁免权。波士顿市政府和 LPA 都对此判决进行了上诉。马萨诸塞州最高法院（Massachusetts Supreme Judicial Court）肯定了高等法院的判决，确认了 BRA 的豁免权，同时支持波士顿市政府所提出的有关合同的上诉请求，LPA 因此败诉。LPA

请求马萨诸塞州最高法院重审所有诉讼请求，并向美国联邦最高法院寻求复审令。由于LPA的所有诉讼请求都被拒绝，最终LPA还是败诉。随后，作为LPA的自然人股东，Mondev公司以自身名义，根据《北美自由贸易协定》第11章第1116条和《国际投资争端解决中心附属便利规则》第27条向国际投资争端解决中心（ICSID）提起仲裁，认为基于马萨诸塞州最高法院的判决和波士顿市政府和BRA的行为，被申请人美国已经违反了《北美自由贸易协定》第11章A部分的义务，特别是违反了《北美自由贸易协定》第1102条（国民待遇）、第1105条（最低待遇标准）和第1110条（征收和补偿），加上利息和费用，向美国索要不少于5000万美元的赔偿。

二、法律争议推理过程

本案中，仲裁庭审理了程序和实体方面的法律争议。

（一）有关仲裁庭管辖权的争议

1. 被申请人的主张

在仲裁庭组成和仲裁程序开始后，美国政府就仲裁庭对本案的管辖权提出了一系列异议，主要理由为：

（1）美国认为其与LPA之间的争议多发生在1985年到1991年间，而《北美自由贸易协定》于1994年方缔结生效。根据《北美自由贸易协定》第11章第1116条第（1）款（a）项和第1117条第（1）款（a）项的规定，仲裁庭管辖权仅限于在《北美自由贸易协定》生效后所产生的违反《北美自由贸易协定》项下义务的行为。本案争议发生在《北美自由贸易协定》生效之前，因此仲裁庭对本争议不享有管辖权。

（2）美国认为，根据《北美自由贸易协定》第1116条第（2）款和第1117条第（2）款的规定，“如果投资者自首次知道或者应当知道所声称的上述违反及其因此造成投资者损失或损害之日起超过三年，则投资者不得提出索赔”。因此，美国认为即使申请人提出的美国违反《北美自由贸易协定》第11章第1102条、第1105条和第1110条的指控可以成立，但因申请人的仲裁申请已超过时效，其主张不应该获得支持。

（3）美国没有所谓违反条约的行为，因为在申请人主张的所谓“违反”行为发生之时，申请人与被申请人间并不存在生效的条约。

（4）遭受损失的是LPA，其是一家企业，申请人应依据《北美自由贸易协定》第 1117 条规定代表企业提出申请，而不是以自己名义提出申请。但申请人提交的仲裁意向通知并未提到第 1117 条，且未包括企业地址，因此仲裁申请应被视为是依据第 1116 条提出。同时，美国不认为申请人遭受了第 1116（2）条意义上的损失或损害。

（5）美国认为申请人和 LPA 在该项目上的利益，作为一个整体，已经在 1991 年丧失抵押赎回权时消亡，因此在《北美自由贸易协定》生效时，申请人已不是第 1139 条定义的投资者，LPA 也不再是该条所定义的企业或投资。

2. 申请人的主张

对于被申请人美国政府的管辖权异议，申请人反驳称：

（1）在美国法院依据马萨诸塞州法对 LPA 的起诉作出判决前，波士顿政府及 BRA 违反条约的行为就不能算已经完成。波士顿政府和 BRA 于 1994 年之前的行为是错误的，依据国际投资法中的最低待遇标准或马萨诸塞州法或两者，该错误行为造成了一种持续的状态，依据《北美自由贸易协定》第 1105 条规定，美国是有责任对该状态予以补救的。

（2）对于《北美自由贸易协定》第 1116 条第（1）款和第 1117 条第（1）款，申请人强调，其对该项目做了投资且间接控制该投资。《北美自由贸易协定》的规定适用于现存的投资。《北美自由贸易协定》第 1139 条规定的"一缔约方投资者的投资"定义中"直接或间接拥有或控制"的表述，排除了直接投资的限制性定义，如果需要其依据第 1117 条代表 LPA 提出仲裁申请，也是完全可以做到的。第 1119 条所要求而申请人未提供的仅有信息是 LPA 的地址，这一缺陷随后可以很快纠正。

（3）对于三年的仲裁时效限制，申请人认为，在美国法院作出最终判决不对其给予任何救济前，不算发生违约。此外，在最终判决前，申请人不能确定其是否遭到实质损害。因此，直到作出这些判决，申请人才"首次知道或者应当知道其因此造成损失或损害"。因此，其并没有超过提起仲裁申请的三年时效规定。

（4）关于申请人的利益，申请人指出，在 1994 年 1 月 1 日，LPA 及其通过 LPA，在该项目和在三方协议中具有持续的利益，这种利益是《北美自由贸易协定》应该给予保护的。

3. 仲裁庭的分析推理

对于上述双方当事人就仲裁庭的管辖权争议，仲裁庭分别从美国提出的属时管辖异议，基于《北美自由贸易协定》第 1116 条第 1 款及 1117 条第

1 款提出的诉请问题，三年仲裁时效问题以及仲裁申请的权利归属及抵押问题四方面进行分析。

A. 美国提出的属时管辖异议

仲裁庭认为双方都承认争议发生于《北美自由贸易协定》生效之前，且《北美自由贸易协定》没有溯及力。双方也承认在某些情况下，条约生效前的行为可能在生效日后会继续，并带来这样一种结果，即：条约可能提供一个判断该持续行为违法性的基础。但双方对于“一个持续行为的概念”是否及如何适用于本案的情况意见不一。仲裁庭强调，一个持续性行为和一个已完成的行为之间是有区别的，构成违约的行为是否具有持续性，取决于事实和所违反的义务性质之不同。上述不同，也直接决定相应所谓的违约行为在本案情况下是否有持续性，从而符合属时管辖标准。仲裁庭后续首先对申请人就征收的诉请的属时管辖问题进行分析，再分析申请人关于1102 条及 1105 条诉请的属时管辖问题。

仲裁庭指出，申请人有关《北美自由贸易协定》第 1110 条征收的主张可从三个方面来看。首先，申请人认为波士顿市政府阻挠 LPA 行使 Hayward Parcel 地块选择权的行为等于是美国有效征收了该选择权的价值；其次，由于波士顿市政府和 BRA 的一系列行为，美国有效征收了企业的价值；第三，通过法院的决定，美国有效征收了获得救济权利的价值。

首先，关于 Hayward Parcel 地块的选择权问题。仲裁庭指出，假设 LPA 对 Hayward Parcel 地块的选择权确实被所指控的行为征收，但是按合同条件该选择权也应于 1989 年 1 月 1 日到期。如果存在对该权利的征收，则在 1989 年 1 月 1 日，相关行为也算是完成。但是，未能补偿该被征收权利的问题却在此后从未被提出。

第二，关于 LPA 的损失和申请人在该项目的权利问题。其作为一个整体发生在丧失抵押权的日期，且该日期是最终日期。如果确实存在任何征收，该征收发生的日期应不迟于 1991 年。但本案中，很难得出在该日期后对该项目的整体上存在持续性的征收行为。因此，仲裁庭指出，本案留下的问题其实是：LPA 因项目失败而对波士顿市政府和 BRA 提起违反合同或侵权之诉。由于这些诉讼请求是依据马萨诸塞州法提起，美国法院未能依照马萨诸塞州裁判这些案件，或根据《北美自由贸易协定》第 1105 条采取行动，不可能涉及对上述权利的征收。因此，仲裁庭认为不必讨论任何归因或因果关系问题，或合同权利损失等同于违反第 1110 条的情形。

就申请人指控被申请人违反第 1102 条的诉请而言，尽管申请人不满波士顿市政府和 BRA 当局官员的某些评论有对加拿大的敌意，但美国认为这些评论是无关紧要的，对纠纷的解决结果并无影响。申请人也否认其在《北美自由贸易协定》生效后的美国法院决定中受到歧视。至于波士顿市政府和 BRA 采取立场的理由与第 1102 条目的无关，无论这些理由是否不光彩，或是否涉及有意违反合同或有助于违反合同。仲裁庭不认为上述措施是歧视性的。在这种情况下，所谓违反第 1102 条的指控实质上并不成立，他们与 1994 年 1 月 1 日后有关美国行为或疏忽违反《北美自由贸易协定》的任何指控无关。

就申请人指控被申请人违反第 1105 条的诉请而言，其涵盖《北美自由贸易协定》生效前和生效后的行为。申请人指出，1993 年底的情况是其就波士顿市政府和 BRA 的行为有未获得救济的诉讼请求，该行为是对第 1105 条第 1 款保护标准的违反。美国法院此后未能就该持续的情况提供任何救济，这本身就是违反第 1105 条第 1 款规定，这种违反在美国法院最终拒绝申请人的所有请求时成立。美国不同意 1994 年 1 月 1 日前发生的任何行为可被认为是对《北美自由贸易协定》持续的违反，认为 1994 年前波士顿市政府和 BRA 行为不能假定涉及任何对《北美自由贸易协定》义务的持续违反。

仲裁庭认为，国际法中一个基本原则是国家仅对违反条约的义务负责，如果对该国在所称的违反时存在这种义务。该原则在《维也纳条约法公约》和联合国国际法委员会国家责任条款中得到阐述，并得到国际仲裁庭的持续确认。对被诉国而言，义务生效前的行为或事件，可能与决定该国是否因此违反该义务有关。在本案中，可能构成违反《北美自由贸易协定》第 11 章规定的行为是马萨诸塞州最高法院和美国联邦最高法院的决定，这些决定结束了 LPA 依据马萨诸塞州的诉讼请求。除非这些决定本身与可适用的第 11 章规定不一致，否则其与 1994 年之前可能违反《北美自由贸易协定》义务的行为有关这一事实并不能支持申请人的相关诉求。

另外，仲裁庭指出，赔偿责任作为一个合法征收的条件，并不要求赔偿的决定须在征收时同时作出。但要使征收符合《北美自由贸易协定》第 1110 条规定，至少赔偿责任须为征收国在征收时承认，或在征收时存在这样一个程序，申请人可以据此有效和迅速启动以确保赔偿。对财产合法征收的赔偿和对财产非法占有的赔偿不一样。第 1110 条规定国有化或征收须依该条第 2 至 6 款规定支付赔偿，这意味着在征收时明确将提供赔偿支付，或对征收的赔偿通过现存的程序是可以做到的。但本案事实并非如此。

对于 LPA 的权益，在《北美自由贸易协定》生效后不存在违反第 1110 条的持续错误行为。剩下的仅是这种可能性，即此后法院在依马萨诸塞州法处理 LPA 诉讼请求的行为，可能违反《北美自由贸易协定》的规定。

基于上述原因，仲裁庭认为申请人根据《北美自由贸易协定》提出的诉请，仅有可争论的是有关美国法院驳回 LPA 诉讼请求的行为。并且，第 1105 条第 1 款规定是对该行为进行质疑的仅有法律基础。

B. 基于《北美自由贸易协定》第 1116 条第 1 款及第 1117 条第 1 款提出诉请问题

美国认为申请人在 1994 年 1 月 1 日对该项目没有持续存在的投资。该项目在丧失抵押赎回权时已经结束。因为在那时已没有投资，申请人不能被认为是那时的缔约方投资者。美国同时指出 Mondev 公司应该根据《北美自由贸易协定》第 11 章第 1117 条代表企业的利益提出诉求，美国指出，依据《北美自由贸易协定》第 11 章第 1117 条提出诉求与依据第 1116 条提出诉求的区别在于是基于代表企业的利益还是代表其自身的利益。对于此争议的另一个核心问题是赔偿问题，如果是基于第 1117 条提出的申请，美国政府应该赔偿给企业而不是投资者。美国政府这一观点是依据第 1135 条提出的。第 1135 条规定："……2. 根据第 1 款，当一项索赔要求是根据第 1117 条第 1 款提起时：(a) 返还财产之裁决，应当写明返还的对象为企业；(b) 金钱赔偿和任何适当利息之裁决，应当写明赔偿的对象为企业……"此外，如果该项仲裁请求是依据第 1117 条提出，投资者和企业都必须放弃启动现有的程序或者继续当地程序，因此美国政府认为 Mondev 公司不享有当事人的资格。

申请人则辩称，通过 LPA，其对该项目有持续存在的实质利益，因此其有投资者的身份。特别是申请人强调第 1139 条"一缔约方投资者的投资"定义为"一缔约方投资者的投资指该缔约方投资者直接或间接拥有或控制的投资"。美国在本案中寻求所做的，既不符合该条表述，也不符合其目标和宗旨。

仲裁庭注意到《北美自由贸易协定》第 11 章通过一系列详细的规定，特别是第 1139 条"企业""投资""一缔约方投资者的投资""一缔约方投资"的定义来处理身份和适用范围问题。《北美自由贸易协定》也区分了投资者代表自己（第 1116 条）和代表企业（第 1117 条）提出的申请。根据第 1116 条，Mondev 公司可以自己的名义代替企业来提出仲裁申请，但根据第 1117 条第 4 款规定，企业明确被禁止代表自己索赔。面对这种具体的问题，似乎不存在适用任何国际法“揭开公司面纱”规则的空间。

在本案中，仲裁庭认为申请人的申请涉及 1994 年 1 月 1 日在“一缔约方境内经济活动中资本或其他资源的投入产生的利益”。这些投入承诺并没有被排除在第 j 项关于“投资”的定义之外，因为其涉及“从 a—h 项规定的利益种类”，属于《北美自由贸易协定》规定的“协定生效日现行的投资”，因此其受《北美自由贸易协定》保护，而即便产生争议的企业破产了。基于上述理由，仲裁庭认为 Mondev 公司对于美国法院的判决，可以依据《北美自由贸易协定》第 1116 条规定及第 1139 条“投资”定义提出其仲裁申请。

C. 三年仲裁时效问题

关于三年时效的规定，仲裁庭指出，因为仲裁庭的管辖权限于依照第 1105 条提出的质疑美国法院决定的申请，因此不存在时间限制问题。目前的程序于法院最后的判决结束三年内开始。仲裁庭指出，如果时效有关系，则仲裁庭就不会接受申请人的这种主张：申请人对于在法院判决前不知道其因为波士顿市政府和 BRA 的行为遭受损失。申请人可以知道其遭受损失或损害，即便损失或损害的程度不清楚。在 1994 年 1 月 1 日，申请人应该知道，并非其所有损失会因 LPA 在马萨诸塞州开始诉讼而得到补偿。无论如何，“损失或损害”指的是投资者因为缔约方违反规定而遭受损失或损害。法院判决赔偿也是以遭受损失为依据，这也是《北美自由贸易协定》第 11 章第 1116 条和第 1117 条中“损失或损害”这一术语的通常含义。因此，如果 Mondev 公司对于波士顿市政府和 BRA 行为的仲裁请求在 1994 年 1 月 1 日已是正在进行的《北美自由贸易协定》仲裁请求，这些仲裁请求现在将超过仲裁时效。这是把仲裁庭对实质性申请的考虑限制在与美国法院判决相关事项的进一步理由。

D. 仲裁申请的权利归属及抵押问题

关于仲裁申请的权利归属和抵押问题，美国认为申请人在 1991 年丧失抵押赎回权时，工程也以失败告终，所有与项目有关的权利（包括申请人在马萨诸塞州法院提出索赔的权利）已归属抵押权人，即一家纽约公司。所以依据《北美自由贸易协定》第 1139 条对于投资者的定义，Mondev 公司不满足投资者的条件，Mondev 公司不享有投资者的权利。Mondev 公司则辩称根据第 1139 条的“投资者”系直接或间接拥有或控制投资的人，其通过 LPA，对该项工程享有现存的实质性利益，其满足第 1139 条对于投资者的规定，所以，可以作为投资者提起仲裁申请。

然而，仲裁庭认为无需决定上述问题。首先，美国没有质疑 LPA（Mondev 公司完全拥有的子公司）事实上以其自己的名义和涉及自己权利的理由在美国法院提起和进行诉讼。没有证据显示抵押权人对此有异议，或宣称其拥有这种诉讼权利。在本案的情况下，仲裁庭认为没有理由怀疑 LPA 的法律权益。其次，第 1105 条，甚至第 1110 条常在争议的投资失败后适用。在大多情况下，提交仲裁的争端涉及的是对该投资失败的责任问题。要求申请人在仲裁开始时持续维持一个作为东道国法律中投资者的地位与《北美自由贸易协定》第 11 章的目的不符。第 11 章是为投资者提供保护以对付非法行为的，包括对其投资未补偿的征收。这种保护涵盖投资的全生命周期，包括其设立、并购、扩大、经营、运营、销售及投资的其他处置方面。基于此，仲裁庭认为《北美自由贸易协定》应宽泛解释以涵盖第 1139 条所定义投资之处理引起的任何法律诉请，无论该投资在处理时是否继续存在。

基于上述理由，仲裁庭认为其对申请人依据第 1116 条和第 1122 条提起的该仲裁申请，仅在美国法院判决违反第 1105 条第 1 款相关的主张上具有管辖权。

（二）实体问题争议

在解决仲裁庭的管辖权问题之后，双方当事人及仲裁庭开始转向对本案实体问题的辩论和审理。由于仲裁庭认为其对美国法院判决违反第 1105 条第 1 款规定的主张有管辖权，因此本案实体问题的核心是《北美自由贸易协定》第 1105 条的解释及其对本案的适用问题。仲裁庭首先对第 1105 条的解释作出明晰，而原考察分析了美国的举措是否与 1105 条不符。

1.《北美自由贸易协定》第 1105 条的解释

（1）有关 2001 年 7 月 31 日《北美自由贸易协定》自由贸易委员会（Free Trade Commission，下称 FTC）对《北美自由贸易协定》条款的解释。仲裁庭在适用《北美自由贸易协定》第 11 章第 1105 条仲裁之前，首先要考虑有关对第 1105 条的解释。对于第 1105 条之前就有激烈争论，包括对《北美自由贸易协定》FTC 于 2001 年 7 月 31 日就 1105 条所作解释的争论。第 1105 条标题为《最低待遇标准》，其规定：“各缔约方应根据国际法，给予另一缔约方投资者投资相应的待遇，包括公平公正待遇与全面保护和安全。”

本案主要涉及第 1105 条第 1 款的规定。这在两个方面非常重要。首先，根据《北美自由贸易协定》第 11 章规定，投资者可以自己决定是否直接提起仲裁请求。因为在《北美自由贸易协定》规定中，公平公正待遇与用尽当地司法救济并非相互联结和不可分离。其次，在本案，Mondev 公司确实通过 LPA 在美国法院提起救济之诉，而当时尚未有《北美自由贸易协定》的救济，因为当时《北美自由贸易协定》还未生效。由于仲裁庭对《北美自由贸易协定》实施前发生的波士顿市政府或 BRA 的行为无管辖权，因此其仅需考虑第 1105 条第 1 款中所谓的拒绝司法方面，也就是说该条款中可适用于东道国法院或裁判庭决定之外国人待遇标准问题。

在此问题上，仲裁庭注意到，被申请人主张第 1105 条不保护无形财产，例如 LPA 对 Hayward Parcel 地块的选择权。仲裁庭认为这个观点不能成立，许多被当事人引用的相关决定其范围都包括无形财产和合同索赔问题。在第 1110 条中对于征收的保护也延伸至无形财产，所以，仲裁庭认为没有理由对 1105 条第 1 款作出限制解释。对于 1105 条第 1 款的解释，在双方当事人的争议中，主要是对于 FTC 解释的作用的争议。

FTC 的一个功能是解决《北美自由贸易协定》在解释和适用时的争议问题。《北美自由贸易协定》第 11 章第 1131 条规定了以下内容："1. 根据本节组成的仲裁庭，应当依据本协定和可适用的国际法规则对争端事项进行裁决。2. 委员会对本协定某一条款的解释对根据本节组成的仲裁庭具有约束力。"

2001 年 7 月 31 日，《北美自由贸易协定》FTC 对最低待遇标准解释为："1. 第 1105 条第 1 款规定习惯国际法外国人最低待遇标准作为另一缔约方投资者投资的最低待遇标准；2. '公平和公正待遇与全面保护和安全' 的概念并不要求给予超出习惯国际法下外国人最低待遇标准的额外待遇；3. 违反《北美自由贸易协定》其他条款或者另一项单独的国际协定的认定并不能证明对本章第 1105 条第 1 款的违反"。

FTC 认为，《北美自由贸易协定》第 1105 条规定的"公平公正待遇"和"全面保护与安全"条文并没有要求超过国际法中对外国人的最低待遇标准。解释的副本由美国政府递交给仲裁庭，随后申请人与被申请人各自说明观点。

申请人认为，FTC 的解释使得他们"有些迷惑"。在申请人看来，是东道国"在案件仲裁当中改变了规定，而这些规定在该案当中是起到很大作用的"。申请人对美国政府的该做法是否为善意持怀疑态度。申请人认为 FTC 对《北美自由贸易协定》的解释更像是修改了《北美自由贸易协定》的规定，而不是对其进行解释。申请人认为 2001 年 7 月 31 日的解释在第

1105 条中虽然增加了“习惯”这个词，但却把“公平公正待遇”和“全面保护与安全”视为冗词赘句。根据该解释，即使违背国际条约的待遇也可能符合国际法规定。FTC 的解释并没有体现“公平公正待遇”和“全面保护与安全”原则。而且，FTC 的解释与以前作出的裁决当中所说的“公正的寻求条文的含义”相冲突。

被申请人则认为，第 1105 条的含义已经通过 FTC 作了最终解释，这些语言明确揭示了当事人在订立条约时的最初目的。第 1105 条第 1 款的义务在缔约之初就有意地限定在习惯国际法的义务当中，“公平与公正待遇”和“全面保护与安全”是被包含在最低待遇标准当中的，以前的仲裁庭曲解了第 1105 条的本意。第 1131 条也规定了成员国在发现对条文的理解有误时，有必要保证成员国的本意为大家所知晓，所以对于申请人认为 FTC 解释其实是对《北美自由贸易协定》的修改这种说法是毫无根据的。

在 2002 年 7 月 8 日提交的仲裁材料中，美国批判了 Pope & Talbot① 案仲裁庭对于该案不受 FTC 解释约束的观点。美国认为，在《北美自由贸易协定》中没有任何规定支持这样的观点，即 FTC 解释需要受依据第 11 章规定组成的临时仲裁庭审查。在任何情况下 FTC 是坚守条约解释原则的，即使是允许引用双边投资协定的其他部分内容去解释第 1105 条。另一方面，Pope & Talbot 案中的仲裁庭自动把习惯国际法等同于双边投资协定的内容，而没考虑任何法律确信问题，这是错误的。尤其是，仲裁庭依据的是 ELSI 案② 中判决，而 ELSI 案并没有建立国际法相关的标准。

申请人则认为其并没有主张忽略 FTC 对于第 1105 条的解释，但其认为把 ELSI 案的仲裁庭意见限于适用于该案的特定 FCN 条约是不正确的。

美国承认第 1105 条第 1 款试图提供真正的投资保护措施，因为语言特征和国际法本身的发展特点，使其有着变化发展的可能。同时《北美自由贸易协定》中并没有赋予仲裁庭对于“公平公正待遇”在具体案件中的自由裁量权，其不可能仅仅通过内心对于“公平公正待遇”的理解而不参考任何确定的法律渊源。根据 FTC 的解释，在任何情况下，很明显第 1105 条试图终止关于国际法中是否真正存在最低标准待遇条款的争论，通过参照国际法中涉及对于外国投资者最低待遇的规定，其进一步明确待遇的标准包括“公平公正待遇”和“全面保护和安全”原则。对此，FTC 澄清了两个方

① Pope & Talbot Inc.，v. Government of Canada，interim award，7. Aug. 2000.

② Elettronica Sicula S. P. A.（ELSI）（United States of America v. Italy），ICJ Reports 1989.

面的目的。首先，FTC 的解释明确了第 1105 条涉及国际法中现存的标准，而不是三个成员国创设的标准。其次，FTC 的解释使得第 1105 条规定的“公平公正待遇”和“全面保护和安全”原则更为明确，这种解释参照国际法中相关的要件而没有加入新的要件，这些要件都包含在国际法中对于待遇标准规定中，第 1105 条并没有试图补充或提高该标准。

仲裁庭认为出于本裁决目的，其无需解决有关 FTC 解释的所有争议。从其角度来看，毫无疑问，通过第 1105 条第 1 款来确认习惯国际法外国人最低待遇标准作为《北美自由贸易协定》另一缔约方投资者投资的最低待遇标准，其中“习惯国际法”这一术语并不局限于 19 世纪甚至 20 世纪上半叶的国际法，即使这期间的一些决定与其相关。FTC 的解释纳入了当前的国际法，其内容受两千多个双边投资条约和许多友好通商条约影响。这些条约几乎一致地为外国投资者及其投资规定了“公平公正待遇”和“全面保护和安全”。

（2）有关拒绝司法的适用标准。仲裁庭认为，根据第 1105 条第 1 款提出的仲裁申请，必须考虑特定的案件背景。在适用国际最低标准时，区分不同案件的事实和法律背景是极为重要的。处理当地司法未救济行为是一回事，事后评价一个国家最高法院的决定是另一回事。根据《北美自由贸易协定》规定，当事人可以选择当地救济，但如果该选择不奏效，其不能将国际仲裁庭视为上诉法院。

一个《北美自由贸易协定》仲裁庭在 Azinian 诉墨西哥案①中指出：拒绝司法是可抗辩的，如果其表现为拒绝诉诸法院，不当拖延审理，或以严重不当的方式执法。此外还有一种拒绝司法行为是明显恶意地滥用法律。这种行为与“形式伪装”的概念相似，是为掩盖对国际法的违反。仲裁庭同时指出，鉴于申请人没有指出墨西哥法院存在恶意的行为，仲裁庭不支持其仲裁请求。

在 ELSI 案中，法院把“有意忽视正当法律程序……并对司法适当的观念造成冲击或惊诧”的行为视为武断行为。该案的仲裁庭认为法院的标准在拒绝司法语境中是有用的，并在该语境中使用。但仲裁庭强调，“惊诧”并不会孤立发生。其标准并非一个特定结果是让人惊诧的，而是对一个公正的仲裁庭而言，这种冲击或惊诧使得对司法适当性的关注变得合理。最

---

① Azinian et al v. United Mexican States ICSID Case No. ARB（AF）/97/2，ICSID Review-FILJ, at. 567.

后，问题在于在国际层面并考虑普遍接受的司法行政标准后，一个仲裁庭是否可以根据现有事实确定一个受指责的决定是不合适的和不可信的。由此可以说，关于拒绝司法的适用标准，这在某种程度上是个开放的标准，实践上没有更精确的公式可以确定其可能性的范围。

2.《北美自由贸易协定》第 1105 条第 1 款对本案的适用

关于《北美自由贸易协定》第 1105 条第 1 款对本案的适用问题（即被申请人相关行为是否与《北美自由贸易协定》第 1105 条第 1 款不符），申请人和被申请人及仲裁庭主要围绕四个方面的问题展开辩论和分析。

第一是美国法院驳回 LPA 对波士顿市政府的违反合同之诉。这个问题上，马萨诸塞州最高法院首先要解决的是合同是否有效，波士顿市政府是否违约。因为这个合同中包含有公式和程序性规定以处理未决问题，包括 Hayward Parcel 地块的价格计算问题。如果这些公式和程序没有包含进去，则该合同可能缺少必要的要件，出于同样的原因，如果合同一方当事人不遵守程序则不能说另一方当事人违反合同规定。马萨诸塞州最高法院认为，确实有足够的证据证明该合同有效，但同样清楚的是，LPA 没有依照三方协议规定的步骤行动，致使波士顿市政府违反合同。马萨诸塞州最高法院引用了其在 1954 年对 Leigh 案[①] 的审理标准，认为在本案中 LPA 的履约证据不足，不能达到在 Leigh 案中确立的标准，因此从法律上不能说波士顿市政府违反合同约定。LPA 提出波士顿政府拒绝延长行使选择权的到期日是恶意的，法院认为波士顿政府没有合同责任去延长该日期。Mondev 公司认为马萨诸塞州最高法院的决定严重背离了其之前的法律审判规则，马萨诸塞州最高法院没有考虑该项规定是否适用于本案，在这种情形下马萨诸塞州最高法院驳回 LPA 的诉讼请求可以说是任意的、非常不公平的。被申请人认为马萨诸塞州最高法院的行为符合现行的法律规则，在本案中不需要考虑任何新的法律或其溯及力的问题。

仲裁庭考虑了 Leigh 案中确立的基本规则和在其他合同法体系中呈现的规则，认为转让房地产协议是否有效及该协议约定的条件是否满足，是所有法律体系必须面对的问题。仲裁庭认为，在适用 Leigh 案中确立的原则时，马萨诸塞州最高法院是否创造了新的法律规则是有待考量的，即使如此，其决定也属于普通法裁决范围内。

总的来说，根据大法官霍姆斯在一个税收案件而不是合同案件中提出

① Leigh v. Rule，331 Mass. 664. 668（1954）.

的“方角规则”(square corners)，政府也应像私人当事方一样该遵守合同责任的同样规则。仲裁庭认为马萨诸塞州最高法院的判决是据马萨诸塞州的法律，且马萨诸塞州最高法院也明确否认其企图免除美国政府履行合同的责任。

第二是关于马萨诸塞州最高法院未能把合同发回重审。Mondev 公司认为一旦马萨诸塞州最高法院得出合同需要履行，其就应该将事实问题发回重审，尤其是 Mondev 公司是否愿意并且能够继续执行合同，或波士顿政府是否有意不履行合同。被申请人认为依据马萨诸塞州的法律和实践，由马萨诸塞州最高法院作出是否发回重审的决定，按照《北美自由贸易协定》第 1105 条第 1 款对这样的决定进行质疑是没有根据的。在这点上，仲裁庭同意美国的观点，认为在上诉中查明事实问题是典型的地方程序事务。除在极端情况下，仲裁庭并不了解诸如发回重审这样的地方程序规则，其适用是否可能违反体现在第 1105 条第 1 款中的标准。申请人采取的办法是，把《北美自由贸易协定》仲裁庭变为上诉法院，但这不是仲裁庭应扮演的角色。在本案中，LPA 有权申请重审，然后向美国最高法院寻求复审令（certiorari）。在这种情况下，不能说存在拒绝司法的迹象。

第三是马萨诸塞州最高法院未能考虑是否其追溯性适用新规则。申请人认为，马萨诸塞州最高法院未能考虑其适用于政府合同的被指控的新规则是否应追溯性适用，因此违反了其自身司法造法的标准。但仲裁庭注意到，法院关于马萨诸塞州合同法的决定属于美国法院行使造法权能范围。无论如何，地方法院决定是否及在什么情况下追溯性适用新的判例法是很正常的事情。

第四是关于 BRA 的免责权。仲裁庭认为，依据《马萨诸塞州侵权法》（Massachusetts Tort Claims Act）第 10（c）节规定，主审法官否定陪审团对 BRA 的裁定，认为 BRA 属于侵权法规定的“公共雇主”从而享有豁免权，这个判决得到马萨诸塞州最高法院认可，其也未在向美国最高法院申请的复审令中被质疑。在本案中，Mondev 公司并未质疑判决作为一个马萨诸塞州法律问题的正确性，但 Mondev 公司认为一个《北美自由贸易协定》缔约方授权其一个公共当局免于影响投资的错误行为的诉讼，这本身就是未能为投资提供全面保护和安全，这是违反第 1105 条第 1 款规定的。对此，美国政府认为第 1105 条第 1 款并不排除有限的侵权行为免责权，在国际实践中政府当局是否和私人承担一样的责任尚未达成共识。因为缺乏让政府当局普通承担侵权责任的习惯国际法或持续的国际实践，所以不能说 BRA 的侵权豁免权违反第 1105 条第 1 款规定。

美国提出两方面证据：第一，是从立法的历史和立法的原理角度而言的；第二，通过对法律的比较，当今国际并不存在达成一致的对于政府豁免程度的规定。对于第一点美国政府提出，政府的侵权豁免权已经普遍存在多年。1946 年美国《联邦侵权索赔法》废除美国自身的豁免，但是有各种不同的例外，包括对合同权利的干预。1978 年后马萨诸塞州法律有了同样的变化。在其他普通法领域，政府有时通过起诉官员个人的行为而得以免责，但是这并不影响未经其同意政府不能被起诉的原则。政府在故意侵权方面的某些免责是广为知晓的，而不是在国际情形下的一种例外性规定。对此，申请人认为政府的任何免于合同或侵权诉讼的责任，已日渐被视为反常，至少是在寻求的仅有救济是损坏赔偿的情况下是如此，并且这是与第 1105 条第 1 款规定中对于“充分保护和安全”的规定不符的。

仲裁庭认为，本案情况可被认为是给予公共当局影响《北美自由贸易协定》投资的行为免于诉讼的豁免，其可能等同于违反《北美自由贸易协定》第 1105 条第 1 款。但符合或违反《北美自由贸易协定》第 1105 条第 1 款行为之间的区别，与侵权行为和违反合同行为之间的区别相比，不是同样宽泛的。如马萨诸塞州立法使公共当局免于承担实施攻击和殴打行为的责任，但投资者当地雇员如在工作中被警察攻击，则其完全可以诉称未给予其投资“依照国际法的待遇，包括……全面保护和安全”。在这种情况下，指控单个警官侵权的诉讼，可能不足以作为未违反第 1105 条第 1 款的基础。但仲裁庭的职责不是考虑假设的情况。在仔细考虑各种证据和双方的辩论后，仲裁庭认为在本案中，把有限豁免原则延伸至法定当局从而使其免于干预合同关系之诉，并不等于违反《北美自由贸易协定》第 1105 条第 1 款。

三、仲裁庭裁决

基于前述的推理分析，仲裁庭全面驳回了 Mondev 公司的仲裁申请。

四、案件简评

本案是有关《北美自由贸易协定》缔约方是否需要为《北美自由贸易协定》成立之前的行为承担责任的问题。尽管本案申请人的诉求被仲裁庭驳回（只有关于《北美自由贸易协定》第 1105 条的诉求进入了实体阶段，但也被驳回），但申请人提出的一些问题却值得进一步关注。

第一，《北美自由贸易协定》成立之前的行为是否可以构成对《北美自由贸易协定》的违反。美国政府认为其与申请人的争议发生在《北美自由贸易协定》成立之前，根据《北美自由贸易协定》第 11 章第 1116 条第（1）款（a）项和第 1117 条第（1）款（a）项的规定，管辖权仅限于在《北美自由贸易协定》生效后所产生的违反《北美自由贸易协定》规定的义务的行为，因此仲裁庭对此项争议不享有管辖权。但申请人认为，美国在《北美自由贸易协定》成立之前的错误行为构成了一种持续的状态，这种状态持续到《北美自由贸易协定》成立之后，因而构成了违约。尽管仲裁庭最后不认为美国的行为违约，但却认可了申请人《北美自由贸易协定》成立前的行为可以构成对《北美自由贸易协定》义务的违反这样一种观点。本案就在投资争端提出了一个有意思问题：《北美自由贸易协定》成立之前的行为，在哪些情况下可以被认为是一种持续到《北美自由贸易协定》成立时的状态呢？本质而言，这与一行为发生及其损害结果持续能否得到国际法的相关救济这一问题如出一辙。

第二，有关提出仲裁申请的时效问题。该问题与《北美自由贸易协定》成立之前行为是否处于持续状态的认定相关。美国政府认为，依据《北美自由贸易协定》第 1116 条第（2）款和第 1117 条第（2）款的规定，"如果投资者自首次知道或者应当首次知道所声称的上述违反及其因此造成投资者损失或损害之日起超过三年，投资者不得提出索赔"。因此，美国政府认为申请人的仲裁申请已超过三年时效，其主张不应该获得支持。但申请人认为，在美国法院依据马萨诸塞州法对 LPA 的起诉作出判决前，违反条约的行为就不算完成。在时效问题上，仲裁庭认同了申请人的主张。如果在时效问题上，仲裁庭不认可申请人的主张，则案件就不会推进到实体审理阶段。可见在仲裁申请中，时效问题相当重要。

第三，关于国际仲裁庭能否作为国际上诉法庭的问题。本案一出，众多批评者认为，本案构建的国际仲裁庭可能作为国际上诉法庭的先例，影响十分恶劣。[①] 这主要源于本案中 Mondev 公司认为仲裁庭就美国司法体

① 相当多学者均以此案作为批判《北美自由贸易协定》第 11 章所设立之仲裁庭异化为国际上诉法庭之示范。Howard Mann & Konrad von Moltke，*NAFTA's Chapter 11 and the Enviornment*：*Addrdssing the Impacts of the Investor-State Process on the Environment*，International Institute for Sustainable Development，1999，at http://www.iisd.org/trade/chapter.11.htm；last visited on 13. Dec. 2016；Alvarez & Park & William W. Park，The New Face of Investment Arbitration：NAFTA Chapter 11，18 Yale Journal of International Law，Vol. 365，2005.

系对其拒绝司法的行为做出相应审查。但事实是，本案仲裁庭做出了一个非常好的示范与先例，因为在仲裁裁决中，仲裁庭的逻辑十分清晰。仲裁庭指出：“缔约方选择寻求国内救济，并在实体问题上败诉，这并不能作为《北美自由贸易协定》仲裁庭充当上诉法庭角色的原因。”同时，仲裁庭采用了一种崭新的审查相关措施以判断是否构成“拒绝司法”的标准，该标准既不会干涉国内司法进程及制度，但同时又能保证对投资者的诉求给予公平公正的考量。例如，仲裁庭认为“处理当地警察司法的未救济行为是一回事，事后评价一个国家最高法院的决定是另一回事。根据《北美自由贸易协定》规定，当事人可以选择当地救济，如果他们这样做后败诉，则不能将国际仲裁庭视为上诉法院”。具体问题具体分析，而并非千篇一律地囿于学界或实务界对仲裁庭对“拒绝司法”审查的批判而就具体案件作出合乎逻辑的判断，是本仲裁庭采用这一标准所达到的最为符合预期的结果。

第四，关于本案中对国家主权侵蚀或威胁的问题。长久以来，对《北美自由贸易协定》第 11 章（投资章）对投资者保护及相应仲裁条款之设定均被认为是对国家主权的侵蚀或威胁。之前，学术界普遍视《北美自由贸易协定》第 11 章的规定为对东道国国家主权的威胁。①《北美自由贸易协定》所具有的准宪法性体系及对投资者保护的承诺为经济发展注入信心，但同时也剔除了投资东道国相应的部分规制权力。但是本案明确排除了学界对于第 11 章会对国家主权威胁的关注。

第五，本案对于国家豁免理论之挑战。本案中，Mondev 公司认为马萨诸塞州最高法院做出的关于 BRA 享有的侵权豁免决定，以及《马萨诸塞州侵权法》所规定的政府机构享有侵权豁免之规定与《北美自由贸易协定》保护投资者利益的精神不相符。本质是一种国内法与《北美自由贸易协定》的冲突与矛盾。但是本案仲裁庭对美国国内法体系内政府侵权行为的豁免与对投资者之保护的界限做出了较为合理的界分。如同本案仲裁庭所强调的，符合或违反《北美自由贸易协定》第 1105 条第 1 款行为之间的区别，与侵权行为和违反合同行为之间的区别相比，不是同样宽泛的。把有限豁

① 全面的批评与关注，参见 Howard Mann & Konrad von Moltke，*NAFTA's Chapter 11 and the Enviornment*：*Addrdssing the Impacts of the Investor-State Process on the Environment*，International Institute for Sustainable Development，1999，at http://www.iisd.org/trade/chapter.11.htm；last visited on 13. Dec. 2016；Alvarez & Park & William W. Park，The New Face of Investment Arbitration：NAFTA Chapter 11，18 Yale Journal of International Law，Vol. 365，2005；David A. Gantz，Reconciling Environmental Protection and Investor Rights Under Chapter 11 of NAFTA，31。

免原则延伸至法定当局从而使其免于干预合同关系之诉，这不等于违反第 1105 条第 1 款。仲裁庭的这一判断其实与 1999 年美国最高法院在 Alden 诉 Maine 案[①]中以五票比四票最终做出的主权国家豁免判决殊途同归——均强调对主权国家豁免之尊重。Alden 诉 Maine 案中，肯尼迪大法官就指出："主权国家在其领土范围内的法院中的豁免通常均被理解为是一国主权国家范围内能决定之事。"肯尼迪在该案中强调："若非这样，政府将要对由于不受条件限制的主权豁免诉讼花费大量的金钱与精力。"[②]

① 527 U.S. 706，1999.

② 527 U.S. 706，1999，at 769—772.

Canford、Terminal 和 Tembec 等公司诉美国案

Canford Corporation
v.
United States of America
and
Terminal Forest Products Ltd.
v.
United States of America
先决问题仲裁裁决 2006.6.6

一、案件事实

（一）案件背景情况

本案源于美国和加拿大之间旷日持久的软木争端。美加之间的软木争端最早起源于 20 世纪 80 年代。1982 年 8 月 16 日，代表美国锯木厂、软木工人和林地所有者的美国公平加拿大软木进口联合会（以下简称联合会）向美国商务部进口贸易管理署（以下简称 ITA）和国际贸易委员会提起反补贴税申请，认为从加拿大进口的若干软木产品得到了加拿大联邦或省政府层面的补贴。由于 ITA 认定加拿大没有补贴其国内软木产业，因此 1982 年的反补贴税申请被驳回。1986 年，联合会再次提起反补贴税申请。同年，ITA 发布初裁，认定加拿大若干软木产品得到了加拿大联邦或省政府层面的补贴，并且软木项目构成了具有专向性的补贴。ITA 计划在 1986 年 12 月 30 日作出终裁，但是美加在当天达成了谅解备忘录，备忘录规定 ITA 终止反补贴税调查，加拿大政府对出口到美国的软木产品征收 15% 的出口税。此外，备忘录还规定，由于应美国政府请求对加拿大省级政府、尤其是不列颠哥伦比亚省和魁北克省这两个主要的出口省份采取“替代措施”，加

拿大的出口税可以逐笔削减至零，同时任一方可在做出通知 30 天后终止该备忘录。美国商务部专门成立了进口处来监督该备忘录的执行。1991 年 9 月 3 日，加拿大通知美国，其将在 1991 年 10 月 4 日终止该备忘录。就在加拿大终止备忘录的同一天，美国商务部根据美国贸易代表办公室的调查结果，即备忘录的终止是不合理的且会对美国商业造成限制，因此必须对从加拿大进口的软木征收保证金。1991 年 10 月 23 日，ITA 主动发起反补贴税调查，并于 1992 年 5 月 28 日做出终裁，认定存在补贴并征收 6.51% 的反补贴税。1992 年 7 月 5 日美国国际贸易委员会做出裁决，认为加拿大进口软木产品对美国国内产业造成实质性损害，据此，美国商务部发布反补贴税令，对除“大西洋省份”进口以外的加拿大进口软木产品征收 6.51% 的反补贴税。

根据《北美自由贸易协定》第 19 章的规定，如果一缔约方对其他缔约进口方的反倾销和反补贴税终裁有异议，可以提请成立一个两国专家组（以下称《北美自由贸易协定》第 19 章专家组），专家组根据《北美自由贸易协定》附件 1911 和被质疑进口方的国内法院一般法律标准对该终裁进行审查。加拿大请求成立了两个《北美自由贸易协定》第 19 章专家组，审查前述美国商务部和美国国际贸易委员会所做出的裁决。这两个专家组都否定了前述美国商务部和美国国际贸易委员会的裁决及这两个主管机关随后对裁决的相应修改。1994 年 8 月 16 日，美国商务部发布通知，正式撤销反补贴税令，停止对加拿大进口的软木征收任何额外关税。1994 年 12 月，为进一步理顺《马拉喀什建立世界贸易组织协定》与美国国内法及行政行为的关系，美国实施了《乌拉圭回合协定法》，加拿大认为该法降低了世界贸易组织（WTO）《补贴与反补贴措施协定》关于补贴的认定标准。1995 年至 1996 年期间，美国和加拿大继续就软木争端进行谈判，最终于 1996 年 5 月 29 日达成了《软木协议》（Softwood Lumber Agreement, SLA）。根据该协议，一定数量的加拿大软木将在 5 年内零关税进入美国，此后加拿大将按比例征收出口税，同时两国政府同意在《软木协议》存续期间（即至 2001 年 4 月 1 日）不得采取针对软木的贸易行动。2000 年 10 月 28 日，美国生效了《2000 年持续倾销和补贴抵消法》（简称《伯德修正案》），规定根据反倾销税或反补贴税令征收的关税将分配给受影响的国内生产商。

2001 年 4 月 2 日，即《软木协议》期满后第二天，联合会和其他组织再次向美国商务部和美国国际贸易委员会提起反倾销和反补贴税申请，2002

年 3 月 22 日美国商务部发布反补贴税调查终裁，裁定 19.34% 的反补贴税率，5 月 22 日美国商务部又将该税率修改为 18.79% 的从价税税率；2002 年 3 月 26 日，美国商务部发布反倾销税调查终裁，裁定 5.96% 的个别公司税率和 9.67% 的全国统一税率，后又修改为 2.18%—12.44% 的个别公司税率和 8.43% 的加权平均税率。2002 年 5 月 16 日，美国国际贸易委员会发布损害终裁，认定加拿大进口软木不仅损害了美国的软木产业，还对它们造成实质损害威胁①。

根据美国商务部上述反补贴税令和反倾销税令，加拿大木材生产商 Canford 公司、Tembec 公司和 Terminal 公司或者其子公司需为出口到美国的软木缴纳一定的关税。

（二）案件程序

2002 年至 2004 年，Canford 公司代表自己，Tembec 公司代表自己及其直接或间接拥有的美国企业 Tembec Investments USA Inc.、Tembec Woodsville Inc. 、Temboard Sales Inc. 和 Tembec USA LLC（简称为 Tembec 公司）、Terminal 公司代表自己先后向国际投资争端解决中心（ICSID）提起申请，请求仲裁庭根据《北美自由贸易协定》第 11 章和《联合国国际贸易法委员会仲裁规则》，就它们与美国之间的争端作出裁决（见下表）。

申请人	被申请人	提交仲裁通知	仲　裁　请　求
Canford	美国政府	2002 年 7 月 9 日	美国没有给予其国民待遇或最惠国待遇，违反《北美自由贸易协定》第 1102 条和第 1103 条；没有给予符合国际法的待遇，违反《北美自由贸易协定》第 1105 条，征收其投资而未给予其补偿，违反《北美自由贸易协定》第 1110 条，请求不低于 2.5 亿美元的赔偿。

① 2005 年 12 月 5 日美国商务部发布第二次年度复审决定，认定复审期间（2003 年 4 月 1 日至 2004 年 3 月 31 日）8.7% 的全国统一反补贴税税率以及 2.11% 的全国统一反倾销税税率和一些个别公司税率。除了前述 1993 年的两个《北美自由贸易协定》第 19 章专家组外，加拿大此后还针对美国商务部和美国国际贸易委员会的反倾销反补贴税裁决提起了多个《北美自由贸易协定》第 19 章专家组审查请求，截至 2005 年共有 6 个《北美自由贸易协定》第 19 章专家组程序同时进行，这些程序最终都是分阶段地、部分地减少对加拿大出口产品征收的反倾销和反补贴税。此外，美加之间的软木争端还引起数个 WTO 争端解决程序，分别为 DS221、DS234、DS236、DS247、DS257、DS264、DS277、DS311。

（续表）

申请人	被申请人	提交仲裁通知	仲 裁 请 求
Tembec	美国政府	2003年12月3日	美国没有给予其国民待遇或最惠国待遇，违反《北美自由贸易协定》第1102条和第1103条；没有给予符合国际法的待遇，违反《北美自由贸易协定》第1105条，征收其投资而未给予其补偿，违反《北美自由贸易协定》第1110条，请求不低于2亿美元的赔偿。
Terminal	美国政府	2004年3月31日	美国没有给予其国民待遇或最惠国待遇，违反《北美自由贸易协定》第1102条和第1103条；没有给予符合国际法的待遇，违反《北美自由贸易协定》第1105条，征收其投资而未给予其补偿，违反《北美自由贸易协定》第1110条，请求不低于9千万美元的赔偿。

在三个案件的仲裁请求中，各申请人均对前述美国商务部和美国国际贸易委员会在2001—2002年的反倾销和反补贴税调查中的做法提出质疑，主要是质疑美国调查机关在反补贴税调查中对出口补贴的认定、出口数量的计算方法，以及反倾销调查中归零等倾销计算方法和分别税率计算方法等。此外，申请人还认为《伯德修正案》的做法使申请人及其投资受一个高成本的、武断的和歧视性的法律程序约束，导致对它们征收禁止性的税收，增加了它们竞争对手的优势。各申请人认为美国对加拿大软木采取反倾销反补贴税的行为和《伯德修正案》违反了《北美自由贸易协定》第1102、1103、1105和1110条。

2005年3月7日，美国请求仲裁庭根据《北美自由贸易协定》第1126（5）条将这三个案件合并审理。2005年9月7日，一个新的《北美自由贸易协定》合并仲裁庭（以下简称合并仲裁庭），合并审理这三个案件。

然而，Tembec公司在2005年12月5日向美国哥伦比亚特区联邦地区法院提起要求仲裁裁决无效的申请（简称第一次申请）。该申请质疑：（1）合并仲裁庭在2005年9月作出关于合并三个案件的命令；（2）合并仲裁庭仲裁员的选择；（3）合并仲裁庭对Tembec公司在《北美自由贸易协定》项下请求的管辖权。2005年12月7日合并仲裁庭暂停中止对Tembec公司的仲裁程序，2006年1月10日合并仲裁庭正式终止对Tembec公司的仲裁程序。

2006年9月12日，美国和加拿大再次签订《软木协定》（Softwood Lumber Agreement，SLA），以解决正在进行的关于软木关税的争端，同时美国政府与 Tembec 公司就撤回第一次申请进行谈判。2006 年 10 月 12 日，Tembec 公司向美国法院提出申请，同意根据 2006 年《软木协议》的条件撤回第一次申请，无权另案起诉。在法院批准双方该申请的第二天，美国向合并仲裁庭提出 Tembec 公司应当承担其在《北美自由贸易协定》下提起请求的所有费用，包括美国的律师费和其他费用。Tembec 公司因此要求哥伦比亚特区联邦地区法院宣布双方要求撤回第一次申请的申请书无效，但遭到法院拒绝。2007 年 7 月 19 日，合并仲裁庭做出裁决，要求 Tembec 公司承担美国的律师费和其他费用共计 27.184424 万美元，并向 Canford 公司和 Terminal 公司支付 3.262815 万美元的费用。2007 年 10 月 19 日，Tembec 公司第二次向美国哥伦比亚特区联邦地区法院提起要求认定关于仲裁费用分担的仲裁裁决无效的申请（简称第二次申请）。2008 年 8 月 14 日，美国哥伦比亚特区联邦地区法院基于既判案件和间接禁止反言两个理由驳回了 Tembec 公司的第二次申请。

合并仲裁庭在 2006 年 6 月 6 日裁定对于《伯德修正案》以外的请求没有管辖权。Canford 公司在 2006 年 10 月 12 日通知合并仲裁庭，其已与美国政府达成和解，撤回根据《北美自由贸易协定》第 11 章向美国政府提出的仲裁申请，请求仲裁庭签发终止关于 Canford 公司程序的命令。2007 年 1 月 22 日，Terminal 公司也向仲裁庭提出了类似的申请。在 Canford 公司诉美国和 Terminal 公司诉美国这两个仲裁程序中，争议双方都同意各自承担自己的仲裁费用，不对另一方提出要求承担在程序中所产生费用的请求。

以下内容将着重介绍合并仲裁庭在 2006 年 6 月 6 日做出的有关管辖权的先决问题裁定[①]。由于 2006 年 1 月 10 日合并仲裁庭已正式终止对

① 美国先后根据《北美自由贸易协定》第 1901（3）条和 1101（1）条提起管辖权异议。合并仲裁庭在 2005 年 12 月 17 日发布第一号程序令，裁定美国基于《北美自由贸易协定》第 1901（3）条提出的管辖权异议应在程序的开始阶段单独解决，其他管辖权异议留待案件实质审理阶段解决。合并仲裁庭在此将第一类管辖权异议称为先决问题，即《北美自由贸易协定》第 1901（3）条是否阻止申请方将有关美国反倾销和反补贴税法的请求提交《北美自由贸易协定》第 11 章下的仲裁。

《北美自由贸易协定》第 1901 条规定：

第 1901 条：总则

1. 第 1904 条仅适用进口缔约方调查主管机构在对特定案件的事实适用进口缔约方反倾销或发补贴税法时判定属于另一缔约方的货物。

2. 对第 1903 条与第 1904 条而言，应根据附件 901.2 的规定建立小组。

3. 除第 2203 条（生效）之外，本协定中任何其他各章的规定，不得解释为对一缔约方施加关于该缔约方反倾销或反补贴税法的义务。

Tembec 公司的仲裁程序，因此 Tembec 公司不再是合并仲裁程序的当事方，该先决问题裁定只适用于 Canford 公司、Terminal 公司（以下称为申请人）以及美国政府（被申请人），下文也将讨论这两个仲裁当事方的争论以及合并仲裁庭的裁决。

二、法律争议推理过程

（一）先决问题（管辖权异议）的解决方法

在对先决问题进行审理之前，合并仲裁庭首先结合仲裁当事双方的主张对如何解决先决问题进行了讨论。涉及第 1901（3）条是否为管辖权条款，举证责任以及条约解释原则三方面。

1. 申请人的主张

申请人认为它们有初步证据证明合并仲裁庭具有管辖权，因为它们能证明存在仲裁同意。在听证会中，申请人建议将其申请中的某些部分是否在《北美自由贸易协定》第 1901（3）条范围之内这个问题延后至案件实质审理阶段中处理。

申请人认为《北美自由贸易协定》第 1901（3）条并非一个管辖权条款，因为美国没有从属物管辖（ratione materiae）、属时管辖（ratione temporis）和属人管辖（ratione personae）三个方面提出管辖权异议，因此在 Methanex 案①、UPS 案②和石油平台案③等案中所讨论的确定管辖权的法律标准并不能直接适用于本案。即使第 1901（3）条是管辖权条款，申请人关于延后审理的请求与仲裁庭需要做出某些事实认定的事项相关。申请人进一步主张，被申请人提及的国际法院在 Fisheries 案④所解释的条款与本案无关，该案是关于一个具体的保留，有关“引起争议的或相关的保留和管理措施”，而 1901（3）条没有包含一个等同于保留的条款。

---

① Methanex Corporation v. United States of America，Preliminary Award on Jurisdiction and Admissibility，7. August. 2002，NAFTA（UNCITRAL），available at：http://ita.law.uvic.ca/documents/Methanex-1stPartial.pdf.

② United Parcel Service Inc. v. Canada，Award on Jurisdiction，22. November. 2002，NAFTA（UNCITRAL），available at：http://ita.law.uvic.ca/documents/UPS-Jurisdiction.pdf.

③ Case Concerning Oil Platforms（Islamic Republic of Iran v. United States of America），Judgment on Preliminary Objection，12. December. 1996，1996 I.C.J. Reports（II），803 at 810.

④ ICJ，Judgment，4. December. 1998，Spain v. Canada，1998 I.C.J. Reports 432，487 at ¶ 4.

举证责任方面，申请人认为美国有义务证明第 1901（3）条是管辖权条款，并且每个请求都在合并仲裁庭管辖权之外。

2. 被申请人美国的主张

美国认为应该由合并仲裁庭来认定申请人的请求是否为试图苛以美国关于反倾销或反补贴法的义务，并因此在仲裁庭管辖权之外。合并仲裁庭的任务是就相关管辖权条款做肯定性解释，同时考虑相关请求是否在仲裁庭管辖范围内。

美国反对将第 1901（3）条问题延后到实质审理阶段。美国认为，在 Fisheries 案中，Koroma 法官的独立意见与本案很相关："仲裁庭是否有管辖权取决于争议事项，而非适用的法律，或者声称被违反的法律。一旦认定有关争议事项的争端被排除在保留之外，那么仲裁庭对此就没有管辖权，而无论声称的被违反法律的范围。"① 美国认为 Koroma 法官的上述标准特别适合于本案。在美国看来，一旦仲裁庭认定申请人的请求对美国苛以了贸易救济法方面的任何义务，仲裁庭就应该以缺乏管辖权为由驳回该案。美国主张，由于其管辖权异议是基于一个排除性的规定，本案仲裁庭应该做出一个关于该规定范围和效果的肯定性裁决，并确定申请人的请求是否因此被排除。

3. 合并仲裁庭的分析

合并仲裁庭首先假设先决问题是一个管辖权问题，其回顾了石油平台案、Methanex 案和 UPS 案对此类问题的解决方法②，并据此总结出《北美自由贸易协定》第 11 章仲裁庭在处理被申请缔约方管辖权异议的时候至少需要考虑的四个要素：

首先，仅凭申请人主张仲裁庭具有管辖权这点本身并不足以确立仲裁庭的管辖权。仲裁庭必须决定管辖权的要求是否得到满足。

其次，在做出上述决定的时候，仲裁庭应解释和适用包括《北美自由贸易协定》相关程序条款在内的管辖权条款规定，即：第 1101 条要求是否得到满足；申请人投资者是否根据第 1116 条或者第 1117 条提起请求；以及第 1118 条至第 1121 条规定的所有前提条件和形式是否都得到了满足。

第三，就确定管辖权而言，申请人所主张的事实必需是在目前看来是真实的。

---

① ICJ，Judgment，4. December. 1998，Spain v. Canada，1998 I.C.J. Reports 432，487 at ¶ 4.

② 石油平台案裁决第 15—16 段，Methanex 案裁决第 119—121 段，UPS 案裁决第 33—37 段。

第四，仲裁庭必须决定申请人所指控的事实是否表面上能证明被申请人对《北美自由贸易协定》项下相关实体义务的违反。

合并仲裁庭认为，本案的问题是美国引用第 1901（3）条是否满足上述体系。申请人认为该条是一项无关管辖权的解释性条款，前述三个案件所使用的标准无需被适用。但美国认为，该条款是管辖权条款，只是提出一个不同于上述三个案件适用标准的标准（即 Fisheries 案法官的标准）。争端双方在此问题上的分歧似乎源于它们对该条应如何被解释的分析。而这恰恰是先决问题的对象。合并仲裁庭因此认为需要先解释该条规定，然后基于该解释，审查美国提出的管辖权异议是否能够通过上述四个标准。由于当事方已经充分地就先决问题进行了抗辩，合并仲裁庭拒绝将此问题延后审理。

最后，关于举证责任，合并仲裁庭认为申请人有义务证明其满足第 1101 条的要求，即申请人投资者根据第 1116 条或者第 1117 条提起请求；第 1118—1121 条规定的所有前提条件和形式都得到满足。然而，如果被申请缔约方引用《北美自由贸易协定》中的某项规定，认为该规定阻止仲裁庭考虑请求的是非曲直，则该被申请缔约方应承担该条款的举证责任。这意味着在本案中美国要证明第 1901（3）条阻止申请人根据第 11 章提出关于反倾销和反补贴法的仲裁请求。

由于合并仲裁庭认为自身的职责是先解释相关《北美自由贸易协定》规定，因此接下来合并仲裁庭阐述了几条解释条约的原则：

第一，根据条文的通常含义来解释《北美自由贸易协定》规定，尤其是《北美自由贸易协定》第 1901（3）条的规定。根据《北美自由贸易协定》第 1131（1）条的规定，仲裁庭应该使用“本协定和可适用的国际法”。因此，合并仲裁庭将适用 1969 年《维也纳条约法公约》第 31 条和第 32 条所规定的条约解释规则。虽然该条约对三个《北美自由贸易协定》成员方不生效，但是第 31 条和第 32 条被认为已确立了习惯国际法。根据《北美自由贸易协定》第 1131（1）条的规定，本案中美国和申请人之间适用习惯国际法。因此，合并仲裁庭应该根据条文的通常含义来解释，尤其是《北美自由贸易协定》第 1901（3）条的规定。

第二，合并仲裁庭不能抽象地进行解释，必须结合条文的上下文，根据它们的目标解释条文的通常含义。但是《北美自由贸易协定》的目标不能凌驾于某一个特定条款之上，或取代它。

第三，合并仲裁庭认为善意原则是条约解释的基本原则之一。《维也纳条约法公约》第 31 条花了大量的篇幅对其进行阐述。善意原则也是缔约方履行条约的基本原则之一。《维也纳条约法公约》第 26 条和相关国际法院的判决 ① 都有规定和说明。《北美自由贸易协定》一般原则的存在并不排除重要的或特殊情况下的例外。这些例外包括在条文中、每一章的定义、附件或者规定例外的条文，更为重要的是五个包括祖父条款或计划的减让表中，这些在《北美自由贸易协定》全部 22 章的文本中占据了大量篇幅。

第四，协定所有部分必须服从于强制争端解决，该要求作为解释《北美自由贸易协定》的一般原则，十分重要。《北美自由贸易协定》第 20 章有一个默认程序（国家对国家仲裁），其原则上涵盖了《北美自由贸易协定》任一章节（第 19 章除外）的争端。但第 11、14 和 19 章也规定了一系列特殊的争端解决程序。这些特殊争端解决程序还提到了 1989 年《加拿大—美国自由贸易协定》和 GATT/WTO 的争端解决程序，以及仲裁和国内法程序。对于一些非常有限的议题，例如竞争法、个人服务提供者的临时入境和税收等，协定还规定了排除争端解决机制的例外。此外，《北美自由贸易协定》还规定了对该协定某些部分限制适用某些争端解决程序。

第五，国际法律文件中的例外规定的解释方式。本案合并仲裁庭引用了加拿大—冰淇淋和酸奶进口限制案 GATT 专家组的观点 ②，认为应该对例外进行狭义解释。

（二）先决问题的审理与分析

而后，合并仲裁庭将美国的管辖权异议分为有关美国商务部和美国国际贸易委员会裁决仲裁请求的管辖权异议和有关《伯德修正案》的管辖权异议，在解释《北美自由贸易协定》相关条文的基础之上结合双方主张进行分析并作出决定。

1. 有关美国商务部和美国国际贸易委员会裁决仲裁请求的管辖权异议

就该管辖权异议，美国认为《北美自由贸易协定》第 1901（3）条明确禁止根据第 11 章将有关反倾销和反补贴法的请求提交仲裁，其提出了四个

① ICJ，Judgment，20. December. 1988，Border and Transborder Armed Actions（Nicaragua v. Honduras），1988 I.C.J. Reports 69，105 at ¶ 94.

② Canada—Import Restrictions on Ice Cream and Yoghurt，Report of the Panel adopted at the Forty-fifth Session of the Contracting Parties on 5. December. 1989（L/6568-36S/68），27 September 1989，at ¶ 59. See also Tariffs Applied by Canada to Certain U.S.-Origin Agricultural Products，CDA-95-2008-01，2. December. 1996，at ¶ 122：“Exceptions to obligations to trade liberalization must perforce be viewed with caution.”

主张，申请人也相应进行了回应，合并仲裁庭对美国的这四个主张逐一进行了审查。

（1）第1901（3）条的通常含义证明美国不同意申请人根据《北美自由贸易协定》第11章提出的请求

A. 美国的主张

美国认为该条的"通常含义"和效果十分明显，除了第19章和第2203条明确规定的内容以外，美国在反倾销和反补贴法方面并无《北美自由贸易协定》项下的义务。第19章设定了一个处理敏感和复杂的反倾销反补贴税仲裁请求的独特的、自身体系完整的机制。美国认为，本案中申请人的主张完全是基于《北美自由贸易协定》第11章下的义务，但是其请求又完全是关于"美国反倾销和反补贴税法"方面的义务，针对的是美国商务部和美国国际贸易委员会对法律法规的解释，特别是美国商务部适用的方法和程序，这恰恰是《北美自由贸易协定》第19章专家组应该审理的内容。

美国还针对申请人主张第1901（3）条规定了第19章仲裁庭管辖权的例外，试图对美国施加反倾销反补贴法方面的义务作出回应。美国认为申请人所主张的措施是关于美国的反倾销反补贴税法，申请人对于"关于"一词的解释没有依据，因为Waste案仲裁庭对"关于"这词做宽泛而非狭义的解释；《北美自由贸易协定》交替使用"with respect to"和"concerning"两词；第1121（1）(b）条要求投资者放弃自身启动或继续关于（with respect to）措施的任何程序的权力。此外，申请人就质疑法律实体内容和质疑其适用进行区分也是没有依据的，第1901（3）条排除根据第11章对反倾销和反补贴税法决定进行质疑的机会。

B. 申请人的主张

但申请人称，第1901（3）条不是一个管辖权条款，而是一个解释性条款，用以指导缔约方解释第19章以外的所有义务。第1901（3）条的通常含义和确定本案管辖权的第11章相关规定没有施加关于国内反倾销和反补贴税法的国家责任，因此不能限制投资者（即申请人）的请求。

申请人认为，对第1901（3）条的正确解释是确保《北美自由贸易协定》的任何其他规定不会导致改变或修改国内法的要求。需要特别强调的是"关于"(with respect to）这一介词，第1901（3）条的排除（本协定中任何其他各章的规定不得解释为）及其适用的措施［第1902（1）条规定的"缔约方反倾销或反补贴税法"］受"关于"这个介词的支配。其他仲裁庭已经认定"关于"一词将宾语限于句子主语所适用的内容，并且只有条款中明确指明的内容适用于它[①]。在本案中，美国违反第 11 章对投资者义务的行为在很大程度上是由于“反倾销和反补贴税法”的适用引起的。这不是“关于”美国此类法律的义务。第 1902（1）条对于反倾销和反补贴税法的定义也支持了这一假设。换言之，它规定的是缔约方的主管机关适用的反倾销和反补贴税法，而不是主管机关在个案中适用这些法律的行为。申请人还补充道，如果《北美自由贸易协定》有意限制自身的适用范围，其会进行明示规定，例如第 1101、1108、2103、1501、1138 条。总之，申请人认为第 1901（3）条并非意在阻止第 11 章 B 节的适用，而是防止美国被苛以修改其国内反倾销和反补贴税法的义务。

C. 仲裁庭的分析

在对当事双方的主张进行审查之前，合并仲裁庭回顾了第 19 章产生的背景及其内容和框架结构。第 19 章涉及“反倾销和反补贴事项的审查和争端解决”，该章的产生，源起于《北美自由贸易协定》缔约方对各自的反倾销和反补贴税法无法达成一致标准，因此作为缔约方的妥协，同意由一个两国专家组机制来审查国内反倾销和反补贴税的终裁（这也是 1989 年《加拿大—美国自由贸易协定》采用的做法）。第 19 章的机制由此建立。第 1902 条确立了若干原则，即一缔约方有权维持自己的反倾销和反补贴税法，有权修改法律，但是在修改反倾销或反补贴税法规（statute）时，缔约方必须遵守一定的条件，包括在修改生效之前向其他缔约方通知此类修改。第 1903 条规定，如果一缔约方认为另一个缔约方修改反倾销或反补贴税法的行为不符合《北美自由贸易协定》的规定，其可以诉诸一个两国专家组予以解决。第 1904 条规定了两国专家组对国内调查机关作出的反倾销和反补贴税终裁的审查。第 1905 条保障了该国内法专家组审查机制的可能影响。第 19 章其余条款规定了对前述条款的若干详细说明。第 19 章的第 1 条名为“一般规定”。第 1901（1）条规定了第 19 章的适用范围。第 1901（2）条规定了附件 1901（2）规范第 1903 和 1904 条专家组的成立。第 1901（3）条规定：“除第 2203 条（生效）之外，本协定中任何其他各章的规定，都不应被解释为对一缔约方施加关于该缔约方反倾销或反补贴税法的

---

① 申请人引用以下仲裁员的意见：the dissenting opinion by arbitrator Highet in Waste Management Inc. v. Mexico，Arbitral Award，2. June. 2002，Case No. ARB（AF）/98/2，http://ita.law.uvic.ca/documents/WastMgmt-Jurisdiction-Sp.pdf，at ¶¶ 25-26，and to the ICJ，Fisheries Jurisdiction Case，1998 ICJ Reports p.96 at ¶ 62；Aegean Sea Continental Shelf Case，1976-1978 ICJ Reports pp.34-36 at ¶¶ 81-88。

义务”。

合并仲裁庭认为，考虑到第 19 章的这一框架结构，本案的问题是第 1901（3）条的规定如何适用其中，第 1901（3）条应以符合其所被赋予的通常含义，结合上下文并根据其目的的方式来进行解释。接下来合并仲裁庭对该条用语的含义逐个进行分析。

第一个分析的短语是“本协定中任何其他各章的规定都不”。一个单独的短语可能会涉及《北美自由贸易协定》的所有规定。合并仲裁庭认为，特别是“任何其他各章”（any other chapter）的用语，尤其是“任何”（any）一词，似乎表明有必要包括第 11 章。

第二个短语是“应被解释为”。它们的通常含义是其他规定被解释的方式。结合第 1901（3）条中用的否定语态的“任何规定都不”，条约的起草者将这个表达方式和“不应适用于”（shall not apply to）这种表达方式交替使用，用来说明《北美自由贸易协定》其他规定中所包含的限制和例外。

第三个短语是“对缔约方施加……义务”。该用语涉及《北美自由贸易协定》对一个缔约方施加了某项义务的规定。申请人否认第 11 章第 B 节的仲裁协议构成第 1901（3）条下的“义务”，因为申请人并没有质疑反倾销或反补贴税法本身的有效性，因此申请人的请求并没有美国施加义务，使美国将其反倾销或反补贴税法提交给第 11 章争端解决。合并仲裁庭认为申请人的立场是基于一个主张，即第 1901（3）条是一个解释性规定，对仲裁庭做出下列指导，即除了第 2203 条，《北美自由贸易协定》任何其他各章的规定不得引起修改那些法律的义务。既然《北美自由贸易协定》中的“义务”一词是相关的，合并仲裁庭同意美国的观点，认为申请人的解释是不正确的。仲裁协议确实会对该协议的双方产生义务，因此对作为国家的一方也会产生义务。申请人认为：“义务”一词在《北美自由贸易协定》的其他地方被作为一种描述性的用语来使用，提到了协定本身的实体或程序性要求。因此，1901（3）条中的“义务”一词从表面上看包括了第 11 章第 B 节下的仲裁。合并仲裁庭认为这里的问题是该义务是不是“关于成员方的反倾销法或反补贴税法”。

第四个要分析的用语就是“关于”（with respect to）这个介词短语。合并仲裁庭认为“关于”一词的含义对先决问题至关重要。对其，应做广义解释。条约起草者在许多情况下交替使用介词短语。例如第 1607 条规定：“本章任何规定不得被解释为对任一缔约方施加关于（regarding）其移民措施方面的义务”。而且，Waste 案中多数仲裁员没有对“关于”一词进行狭义解释。

第五个分析的用语是“缔约方反倾销或反补贴税法”这一短语。合并仲裁庭认为争端方对这些用语，特别是“法”一词有着根本分歧。因此就三个方面的争议点进行了分析。

首先，对于“缔约方反倾销或反补贴税法”这一短语，合并仲裁庭应该采用哪种定义。第 19 章有一个基本前提，即每一缔约方保留自己国内的反倾销和反补贴税法，而非要规定关于反倾销和反补贴税事项的国际规则（但对国内法的修改不能违反 WTO 法和《北美自由贸易协定》以及第 19 章的目标）。第 1902 条“对国内反倾销和反补贴税法的保留”规定了上述前提。第 1902（1）条第一句话为缔约方保留了“对来自任何其他缔约方境内进口的货物适用其反倾销或反补贴税法的权利”。第 1902（1）条第二句话接着给出定义：反倾销或反补贴税法视各缔约方的具体情况，包括相关成文法、立法史、法规、行政措施和司法判例。

合并仲裁庭认为，结合其上下文，并根据《北美自由贸易协定》的总体目标和第 19 章的特定目标，第 1901（3）条中的“缔约方反倾销或反补贴税法”这一短语的通常含义应该是，该词的解释由上述第 1902（1）条中引用的定义来确定。正如前面注意到的，第 19 章的基本前提是保留反倾销法和反补贴税法，缔约方有机会修改法律，只要根据第 1902（2）条规定的条件，并接受第 1903 条的审查。第 1901（3）条规定在第 19 章的第一条“一般规定”中。第 1902（1）条中规定的定义没有明确的限制，因此在明确相反意思表示的情况下，可以推定该条定义也适用于第 19 章另一条款的相同用语。第 19 章一直保持这种含义的一致性，因为第 1902 条在规定缔约方适用其“反倾销或反补贴税法”的权利以及此类法律修改的生效条件时，都特别指出了这个基本前提。为进一步明确，合并仲裁庭还就该条与第 1904 条进行了比较。其认为，和第 1902（1）条无限制的定义相比，第 1904（2）条对于“反倾销或反补贴税法”的定义有特定的限定规定，即“就本条而言”（For this purpose）。因此，合并仲裁庭认为第 1901（3）条中的“缔约方反倾销法或反补贴税法”这一短语的含义不能由第 1904（2）条中的定义来确定。虽然第 1904（2）条中的定义和第 1902（1）条中的定义很相似，但是前者严格地限制其适用范围，而后者没有。

周全起见，合并仲裁庭还讨论了第 19 章所包括的关于“法”的定义。第 1911 条“定义”规定：“就 1905（1）条而言，国内法系指以缔约方的宪法、成文法、法规和司法裁决，只要它们与反倾销和反补贴税法相关。”该条定义比第 1902（1）条和第 1904（2）条中的定义更为宽泛，因为它增加了缔约方的“宪法”。同时，第 1911 条的定义也具限定性，因为它不包括第 1902（1）条和第 1904（2）条所提到的“立法史”和“行政措施”。然而，和第 1904（2）条的情况一样，仲裁庭不认为第 1911 条的定义适用于第 1901（3）条中的“反倾销或反补贴税法”这些用语，因为第 1911 条中“就 1905（1）条而言”这一短语限制了该条“国内法”定义的使用范围。因此，和第 1904（2）条所含定义一样，第 1911 条的定义也是有限适用，而第 1902（1）条中规定的“反倾销或反补贴税法”的定义则普遍适用于第 19 章。

合并仲裁庭最后认定，就第 1901（3）条而言，“缔约方反倾销或反补贴税法”的定义应该由第 1902（1）条来确定。

其次，第 1901（3）条是否包括了“反倾销和反补贴税法”的适用。该定义没有明确地提到适用一词。申请人认为第 1901（3）条不包括适用，因为第 19 章的起草者在第 1902（1）条第一句和第二句话中对法律和法律适用进行了区分。美国不同意，认为二者没有区别。合并仲裁庭认为，第 1901（3）条中的“关于成员方的反倾销法或反补贴税法”必须被认为包括法律的适用。申请方的理由不具说服力。第 1902（1）条第一句话表明《北美自由贸易协定》的起草者明示要涵盖法律的适用，这也是第 19 章的主要议题之一。第 1901（3）条的范围适用于整个第 19 章，并且构成了对第 19 章议题的限制或例外。而且，第 1904 条规定了两国专家组对反倾销和反补贴税终裁的审查。这些裁决显然是法律的适用，无论它们正确与否。

此外，第 1905（1）条明确提到“另一缔约方国内法的适用”，但这并不改变前述内容。在这里，“适用”使用在不同的情况下，即专家组审查机制的保障。第 1905（1）条的目的是缔约方国内法的适用不得阻挠专家组审查机制的实施。而且第 1905（1）条中的“国内法”的定义，不同于第 1901（3）条中的“缔约方的反倾销或反补贴税法”。

再次，应该如何理解第 1902（1）条定义中的“行政惯例”。申请人认为一个行政惯例是美国商务部和美国国际贸易委员会适用的法律的一部分，而不是法律在特定案件中的适用，它意味着普遍适用的书面的政策指南。相反，美国认为美国商务部和美国国际贸易委员会的裁决是行政惯例的实例之一。合并仲裁庭认为《北美自由贸易协定》中没有定义的“行政惯例”包括普遍适用的书面政策指南，它们在其适用于具体案件之前就已经存在。就某一单一事项作出的个别裁决本身不能产生“行政惯例”。这也是《北美自由贸易协定》第 19 章专家组的理解。美国主张类推适用 1989 年《加拿大一美国自由贸易协定》第 1706 条。合并仲裁庭认为，正如申请人指出的，第 1706 条中“行政惯例”的定义仅限使用于第 1702（3）条。这种使用表明其只能指规范规则，而不能指特定情况的结果。然而，“行政惯例”的定义并非与先决问题特别相关，因为上述第二个争议点已经解决了这个问题，第 1901（3）条包括反倾销和反补贴税法的适用。因此，虽然“行政惯例”不包括反倾销和反补贴税法方面某一单一事项的个别裁决，第 1901（3）条提到该法，也就包括这类裁决，因为它构成了一种法律的适用。

最后，法文和西班牙文本是否有助于第 1901（3）条中的“缔约方反倾销或反补贴税法”这些用语的解释？申请人认为法文文本支持它们的主张，并且法文文本比英文文本更为精确，它对“法律”的定义是适用于具体案件的一系列规则或规范，而不是这些具体适用本身。美国认为法文和西班牙文本都支持它的主张，即法律（law）不等于法规（statute）。合并仲裁庭认为这些文本具有同等效力。美国主张英文文本中的法律（law）不等于法规（statute）是正确的。第 1902（1）条的法文文本和西班牙文本也体现了这种区别。

合并仲裁庭最后总结认为，第 1901（3）条中的“一缔约方反倾销或反补贴税法”这一短语涵盖了非常宽泛的事项。合并仲裁庭在解释这一短语时适用第 1901（3）条中的“关于”这一介词前提和第 1902（1）条中的“包括”这一非穷尽式动词，是正确的。

（2）第 1901（3）条的上下文也证明美国不同意申请人请求的投资者—国家仲裁

A. 美国的主张

首先，虽然《北美自由贸易协定》第 20 章的范围非常广，但其关于国家间的争端解决机制明确排除适用于反倾销和反补贴税事项。如果禁止国家间的争端解决机制适用于反倾销反补贴税事项，但却给予私人申请人第 11 章项下涉及此类事项的特权，那么《北美自由贸易协定》的这种规定将变得没有意义。

其次，第 1112（1）条也支持以上论断，该条使第 11 章的效力低于《北美自由贸易协定》所有其他章节的规定。私人申请人可以就反倾销反补贴税法同时诉诸第 11 章和第 19 章，予以救济，将严重违反第 1112（1）条，《北美自由贸易协定》的缔约方也不会起草一个对同一事项适用两种不同争端解决的条约①。

① 第 1112（1）条规定：本章与另一章之间如有不一致，不一致之处以另一章为准。

第三，第 11 章本身表明，虽然条约起草者明确设想了第 B 节的投资者—国家间争端解决机制和第 20 章确立的国家间争端解决机制会出现一定程度管辖权重叠的情况，但是他们没有设想第 19 章反倾销和反补贴税事项的重叠。《北美自由贸易协定》第 1115 条规定："在不损害第 20 章（制度安排与争端解决程序）规定的各缔约方权利与义务的前提下，本节建立一个投资争端解决机制，以保证根据国际互惠原则各缔约方投资者之间的平等待遇和公正的法庭面前的正当程序"。美国认为，如果缔约方考虑一个措施可以适用第 11 章和第 19 章的程序，则受众应该希望看到第 1115 条提到第 19 章。

第四，《北美自由贸易协定》明确要求修改国内法，以便在第 19 章程序中使用商业秘密，但在第 11 章中却没有这样的要求，这进一步证明了缔约方并没有设想将反倾销和反补贴税事项提交第 11 章仲裁。

针对申请人的回应，美国还指出，申请人错误地解释了第 2004 条，并且申请人有关商业秘密的抗辩缺乏依据。

B. 申请人的主张

申请人着重从第 11 章和第 19 章的内容及相互之间的关系进行论证。申请人认为第 1901（3）条没有排除关于违反第 11 章义务的请求。美国错误地理解了《北美自由贸易协定》的架构和第 11 章及第 19 章的作用。这两章处理两个完全不同的领域，使用不同的审查标准和规范，并产生不同类型的救济措施。《北美自由贸易协定》第 19 章［更具体地说是 1901（3）条］没有规定可以引起第 1904 条两国专家组程序的行为不能引起关于美国违反第 11 章国际条约义务的请求。

第 11 章 A 节明确指出了超出其涵盖范围的事项。根据第 1112（1）条，当第 11 章和《北美自由贸易协定》另一章节相冲突时，另一章节在冲突范围内优先适用。至于《北美自由贸易协定》第 11 章 B 节，没有证据显示申请人不满足程序或管辖权的前提条件。第 1121 条并没有阻止申请人就其所声称的一缔约方违反第 11 章义务的行为诉诸程序。第 1135 条则限制了仲裁庭在程序结束时的救济权，第 11 章仲裁庭不可以直接或要求一缔约方修改、改变或撤销其被认为违反 A 节的任何措施。

对于第 19 章，申请人认为第 1901（3）条只能在第 19 章的范围内来理解，第 19 章没有特别援引第 11 章，反之也是如此。申请人对第 1901 条、1902 条、1903 条和 1904 条的含义逐条进行了说明，并认为第 11 章和第 19 章是互为补充的关系，第 11 章提供金钱补偿，而第 19 章则可以要求司法审查，改变法规结果。美国没有证明两种争端解决机制存在任何矛盾，是不可调和的，或者存在任何重大不一致，以至于需要排除第 11 章的请求。

对于第 1112（1）条，申请人认为自己的申请并没有涉及该条，本程序不存在任何冲突的情况，因此不存在优先适用第 19 章解决的事项。

对于第 20 章，申请人认为美国的抗辩建立在一个错误的前提上，即投资者第 11 章的请求在某种程序上试图挑战美国反倾销反补贴税法的实体内容。第 2004 条规定了一个具体的管辖权条款，将第 19 章事项排除出第 20 章争端解决的范围之外，这表明如果缔约方希望排除，那么他们会明示这种排除。

对于美国引用第 1115 条的抗辩，申请人认为该条为缔约方保留了就第 11 章涵盖事项采取第 20 章程序的权利，因此这两种程序都可以处理同一事项争端。由于二者适用不同的法律，因此不会对彼此造成疑惑。

C. 仲裁庭的分析

美国就这个主张提出了四个方面的论据，合并仲裁庭也结合申请人的观点对其进行逐一审理。

美国的第一个论据是，在第 20 章中，第 2004 条将“第 19 章所涉问题（反倾销和反补贴税事宜的审查和争端解决）排除在国家间争端解决机制之外”。合并仲裁庭认为美国的以下主张有部分道理，即如果《北美自由贸易协定》禁止其缔约方对于反倾销和反补贴税法事宜使用第 19 章以外的国家间争端解决机制，但却在第 11 章中赋予私人投资者这个特权，那么这将无法自圆其说。然而，虽然缔约方明确地排除了国家间争端解决机制，但是第 11 章对于第 19 章事项并没有做出明确的排除声明。第 1108 条和第 1138 条规定了一系列例外和排除，但显然第 19 章不在其列。仲裁庭因此认为美国仅基于第 2004 条来提出的第一个论据不具说服力，关于第 11 章的限制和例外不仅仅规定在第 11 章中，《北美自由贸易协定》的许多其他章节也有相关规定。

美国的第二个论据基于第 1112（1）条。合并仲裁庭认为第 1112（1）条似乎构成了一种“冲突条款”。《北美自由贸易协定》的起草者似乎希望对《北美自由贸易协定》其他各章关于第 11 章投资规定的长臂解释设置一个安全阀。从这个意义上，第 1112（1）条是解释《北美自由贸易协定》的一个重要指引。然而，第 1112（1）条的用语限定于“任何不一致”。这种限定语似乎限于条文的区别，而非这些条文所规定的争端解决机制所产生的裁决的区别。

美国的第三个论据基于第11章与第20章之间的关系，援引了第1115条。合并仲裁庭认为美国的这个主张可能考虑得太远了。因为第1115条明确考虑了国家间仲裁的一些重叠情况，美国主张可以推论出关于第19章没有此类重叠。但也可以进行反向主张，即既然第1115条没有提到第19章，可以推断第1115条考虑了第19章的某些重叠情况。

对于美国有关商业秘密的第四个论据，合并仲裁庭只是简单地认定其合并令已经处理了机密信息问题。无论如何，本仲裁庭表示其将充分处理机密信息问题，包括商业秘密信息。

(3)《北美自由贸易协定》的目标也确认了美国不同意仲裁申请人的请求

A. 美国的主张

美国援引《北美自由贸易协定》第102(1)(e)条，认为《北美自由贸易协定》各种争端解决的规定揭示了一个核心关注，即快速高效地解决争端，避免同一争端当事方使用不同的争端解决程序所导致的效率低下情况。因此，第1121条规定，提起第11章仲裁请求的前提条件是私人投资者放弃“根据任何缔约方的法律向任何行政法庭或法院，或者根据其他争端解决程序，就声称的争端所涉缔约方第1116条所指违反义务的措施，提起或继续任何诉讼的权利”。美国还援引了第1120(1)条及其附件。美国认为第14章的情况也类似，该章的争端解决程序也仅适用于所涵盖的金融服务事项，与《北美自由贸易协定》其他争端解决机制没有重合的可能性。此外，美国还认为，如果《北美自由贸易协定》第19章专家组对相关事实和法律认定再次审查，将有可能导致冲突裁决，这对美国是不公平的，而且也加重了美国的负担。

针对申请人的回应，美国还指出，申请人所提到的《北美自由贸易协定》一般目标并不能凌驾于其所具体规定之上；《北美自由贸易协定》没有关于平行程序的假设，而且事实上存在着一个反对平行程序的假设，国际法中也存在平行程序的假设；申请人错误地解释了《北美自由贸易协定》创设有效的争端解决程序的目标。

B. 申请人的主张

申请人着重对平行程序对美国不公平且加重其负担进行了反驳。申请人认为第19章和第11章都是有效的争端解决程序，因为国际法通常允许采用不同程序解决同一事项争端，并且两者是不同的，仲裁庭适用不同的法律，且救济方式完全不同。申请人指出，目前美国正在WTO中抗辩加拿大起诉的若干个案件，但美国并没有主张为减少负担，应该将这些延后至

《北美自由贸易协定》第 19 章专家组程序结束后解决。申请人认为《北美自由贸易协定》明确规定了依据一缔约方国内法和依据第 11 章法律体系的平行程序，第 1121 条肯定了这一点。该条规定，“一当事方必须放弃在国内法院或行政法庭寻求相同救济（即损害赔偿）的权利”，但同时明确规定，“当事方寻求不涉及支付赔偿金的禁令、确认赔偿请求或其他特殊救济的除外”。《北美自由贸易协定》第 19 章专家组的救济是宣告性的。如果美国不希望在根据第 11 章和第 19 章这两个不同的法律体制提起的平行程序中为自己抗辩的话，那么美国在谈判中应当会要求明确的例外，但谈判记录没有显示美国提出过任何此类要求。总之，申请人引用第 102（1)(c）条，认为第 11 章和第 19 章两个平行程序不会导致冲突性裁决，不会产生未决问题，也不会导致双重救济，不会对美国不公，并且考虑到《北美自由贸易协定》的目标，贸易自由化和国际争端解决都得到了加强而不是削弱。

C. 仲裁庭的分析

合并仲裁庭首先重申自己之前的决定，即《北美自由贸易协定》的目标有助于一个具体的解释问题，但不能取代或优于一个特定的条款。申请人依据的是第 102（1)(c）条，而美国依据第 102（1)(e）条。合并仲裁庭认为申请人依据第 102（1)(c）条并不能有利于案件，因为第 102（1)(e）条的目标在本案更有优势，它在争端解决方面更为具体。美国依据的第 102（1)(e）条带来了一个范围更广的争论，即《北美自由贸易协定》和国际法包含了一个假设，反对（像美国主张的）还是倾向于（像申请人主张的）平行程序。合并仲裁庭接下来着重阐述了自己对平行程序的看法。

合并仲裁庭认为《北美自由贸易协定》的起草者应该是倾向于避免平行程序。例如，第 1121（1)(b）和第 1121（2)(b）条要求投资者放弃“根据任何缔约方的法律向任何行政法庭或法院，或者根据其他争端解决程序，就声称的争端所涉缔约方违反第 11 章 A 节的措施，提起或继续任何诉讼的权利”。合并仲裁庭引用了雷鸟国际博彩公司诉墨西哥一案的裁决来证明自己的观点[①]。申请人主张第 1121 条并不阻止申请人就声称的缔约方违

① Final Award，26. January. 2006，NAFTA（UNCITRAL），at ¶ 118，available at：http://www.investmentclaims.com/decisions/Thunderbird-Mexico-Award.pdf. See also Waste Management，Inc. v. Mexico，Arbitral Award，26. June. 2002，Case No. ARB（AF）/00/3，http://ita.law.uvic.ca/ 美国商务部 uments/WastMgmt2-Jurisdiction.pdf，at ¶ 27：“No doubt the concern of the NAFTA［P］arties in inserting Article 1121 was to achieve finality of decision and to avoid multiplicity of proceedings.”

反第 11 章的行为诉诸程序，索要不涉及支付赔偿的禁令、宣告性裁决或其他特别救济。然而，合并仲裁庭认为这是对第 1135 条下第 11 章仲裁庭专属给予的一般救济的一种明示排除。因此，第 1121 条并没有证明平行程序的假设。同样地，《北美自由贸易协定》的起草者很小心地在第 14 章中为金融服务提供了特殊争端解决机制，避免与第 11 章争端解决机制的重叠。

合并仲裁庭也承认，《北美自由贸易协定》在一定情况下确实提供两个不同场合审查同一措施的可能性。第 11 章下的投资者—国家仲裁请求所涉及的事项也可以被提交至第 20 章的国家间仲裁解决。正如美国指出的，如果缔约方设想根据《北美自由贸易协定》不同争端解决程序进行平行程序，它们会明确规定这种可能性。Pope 案仲裁庭认为《北美自由贸易协定》的不同章节会产生重叠，它规定的权利也可以叠加，除非出现冲突的情况[①]。合并本仲裁庭赞同这个裁决，同时认为，《北美自由贸易协定》各章是一个单一国际协定的组成部分，然而，当谈到争端解决机制时，不能认为起草者意在形成一种开放的、多救济场合的体制。因此，在评判没有对有效程序作出明确规定的《北美自由贸易协定》条款是否应该被解释为允许平行程序的时候，有关有效程序的第 102（1）(e）条所规定的目标是一个重要的指引。本仲裁庭认为，《北美自由贸易协定》的设想是如果没有明确相反的意思表示，应避免平行程序。对于国际法是否对反对或倾向平行程序设定了一个假设，合并仲裁庭认为自己没必要解决这个问题，但是该仲裁庭随后又附带发表了自己的看法。它认为不存在国际法倾向平行程序的假设。但是是否存在反对平行程序的假设，则有待回答。国家对于强制争端解决程序的同意或不同意的意愿仍然是核心操作原则。

由于合并仲裁庭已经作出了《北美自由贸易协定》避免平行程序的假设，那么接下来要讨论的就是第 1904 条项下的第 19 章两国专家组审查，与有关任何反倾销或反补贴税事项的第 11 章请求的审查，是否为平行程序。

合并仲裁庭认为，这两个程序在目标、适用法律和救济措施方面都存在着不同。第 19 章的程序（尤其是第 1904 条项下的程序）实际上与第 11 章下的程序有着不同的目标。第 11 章主要是关于一个缔约方违反该章 A 节义务的请求。美国承认"第 19 章双边专家组适用国内法，而第 11 章仲

---

① Pope & Talbot，Inc. v. Canada，Award，26. January. 2000，NAFTA（UNCITRAL），at ¶¶ 16-26，available at：http://www.dfait-maeci.gc.ca/tna-nac/documents/pubdoc6. pdf.

裁庭适用国际法”。而且，两个章节的审查标准也不尽相同。第 11 章仲裁庭是要决定一个缔约方是否违反了该章 A 节的义务。相反，第 1904 条项下的双边专家组审查的是“一进口缔约方的国内调查机关所作出的反倾销或反补贴税终裁，该裁决本身是否符合该进口缔约方的反倾销或反补贴税法”。根据第 1904 条项下两国专家组审查终裁时所依据的美国《关税法》第 516A 节，此类专家组“如果发现存在武断、任意多变的、滥用自由裁量权、或不能得到实体证据支持，或者其他不符合法律规定的情形，应认定任何裁决、认定或结论是不合法的”。此外，第 1904 条项下的两国专家组不能给予金钱赔偿，而第 11 章仲裁庭所给出的救济恰恰是赔偿（第 1135（1）条）。

虽然第 11 章和第 19 章程序的区别是显著的，但仲裁庭强调，申请人的请求针对的是美国商务部、美国国际贸易委员会和其他政府官员在做出反倾销和反补贴税初裁、终裁以及第 1904 条项下两国专家组审查之前、过程中和之后的行为。在很大程度上，本仲裁中申请人请求的基础与第 1904 条项下的两国专家组的基础都是相同的事实。只不过本程序是从缔约方行为是可谴责的这一角度提起请求，而非从初裁或终裁具有瑕疵这一角度提起请求。在此意义上，第 1904 条程序和当前第 11 章的程序是平行程序，尽管适用法律和可获得的救济各不相同。

在对平行程序问题进行认定后，合并仲裁庭认为还需要审查《北美自由贸易协定》起草者在第 1901（3）条以外所明确规定限制和例外。无论其定性如何，第 1901（3）条的用语只是包含了有关《北美自由贸易协定》第 19 章以外任何章节规定的某种形式的限制或例外。仲裁庭列举了其他章节所规定的例外条款，包括第 309 条、第 603 条、第 804 条、第 1101 条、第 1108 条、第 1138 条、第 1138.2 条、第 1201 条、第 1301 条、第 1401 条、第 1410 条、第 1503 条、第 1501 条、第 1606 条、第 1607 条、第 2004 条、第 2103 条、第 2104 条、第 2105 条、第 2103 条、第 2106 条，认为可以从中得出以下结论：

首先，如果《北美自由贸易协定》起草者希望就特定事项设定限制或例外，它们会使用“不应适用”（shall not apply to）或者“不得被解释为”（shall not be construed）。例如第 309（3）条、第 603（3）条、第 1101（3）条、第 1108 条、第 1138 条、第 1201（2）和（3）条、第 1301（2）条、第 1401（2）条、第 1410 条、第 1503（1）条、第 2104（1）条、第 2105 条和第 2106 条。如果起草者意在就特定事项限制或排除争端解决条款，它们会明示，例如

第 804 条、第 1503（1）条、第 1606（1）条和第 2004 条。

其次，第 1607 条和第 2103（1）条表面上似乎与第 1901（3）条相近，都没有明确提到任何《北美自由贸易协定》争端解决规定。前一条不是仲裁审查的对象，而第 2103（1）条在一定程度上是本仲裁庭要审查的内容。合并仲裁庭引用 UPS 案的裁决[①]，认为第 2103 条复杂的条文所传递的信息是明确的，即第 2103（1）条不允许第 11 章仲裁庭审查根据第 11 章 A 节提出的税收请求，除非第 2103（3）—（6）条有相反规定。接下来合并仲裁庭从四个方面来考察第 2103（1）条。

首先，和第 1901（3）条使用"不得被解释为"的用语不同，第 2103（1）条使用的是"不应适用"。合并仲裁庭认为自己不会纠结于这两个短语的不同，因为从文意上它们都表达了同样的限制意义。

其次，第 1901（3）条指的是"法律"，而第 2103（1）条指的是"措施"。申请人认为用语的不同表明起草者希望对第 1901（3）条和第 2103（1）条进行一个范围的区别。申请人称，"措施"的范围明显要广于"法律"和"法律的适用"。仲裁庭认为，根据《北美自由贸易协定》所使用的术语，"措施"的确比"法律"的范围要广。第 201 条对"措施"的定义是包括任何法律、法规、程序、要求或惯例。但是合并仲裁庭对当前条文使用不同术语意味着实质性区别这种说法表示质疑。第 1901（3）条使用了"关于一缔约方反倾销或反补贴税法"这一宽泛的用语。合并仲裁庭之前已经认定这一短语包括法律的适用，这类适用就包括了申请人所指责的行为。因此，第 1901（3）条"法律"和第 2103（1）条"措施"的区别无益于本先决问题的解决。第 19 章标题中所使用的"事项"一词同样适用于这个逻辑。

再次，第 2103（3）—（6）条是关于第 11 章 A 节的实体规定是否适用于"税收措施"的详尽规定。相反，第 1901（3）条没有提到第 11 章 A 节的规定。然而，如果起草者考虑在第 11 章下全面排除反倾销和反补贴税，那么在第 19 章中引入一个类似第 2103（1）条的规定就足够。

最后，关于税收的第 2103 条出现在《北美自由贸易协定》一个以"例外"为目标的章节中，然而，第 21 章没有关于反倾销和反补贴税法的规定。合并仲裁庭认为自己不会特别关注这一问题，因为《北美自由贸易协定》包

---

① United Parcel Service of America, Inc. v. Canada, Award on Jurisdiction, 22. November. 2002, NAFTA (UNCITRAL), available at: http://www.investmentclaims.com/decisions/UPSCanada-Jurisdiction-22Nov2002.pdf.

含了许多第21章没有出现的例外。而且，和反倾销和反补贴税法不同，《北美自由贸易协定》没有包括一个关于税收的单独章节，因此可以理解第 21 章处理的是税收例外问题。

合并仲裁庭也就第 1607 条进行了一定分析。第 1607 条也和第 1901（3）条相类似。第 1607 条包含了关于移民措施的限制。除了一些用语上的不同，第 1607 条和第 1901（3）条是类似的。而且，申请人也没有主张移民措施可以成为第 11 章请求的对象。

综上所述，合并仲裁庭认为，第 1607 条和第 2103（1）条表明在条文涉及的情况下，《北美自由贸易协定》起草者希望限制争端解决条款的适用，通过采用广泛的排除性用语，并引入明示例外规定。第 1901（3）条也采用了类似的方法，规定了广泛的例外。

对于申请人所引用的第 2004 条，合并仲裁庭认为第 2004 条的措施无助于解决第 1901（3）条的解释。第 2004 条和第 1901（3）条的切入点各不相同。第 2004 条引入了一些普遍适用于《北美自由贸易协定》排除事项的规则。相反，第 1901（3）条没有引入规定，而是指明了一个事项（反倾销和反补贴税法），并规定《北美自由贸易协定》其他章节的条款不得被解释为对成员方施加该事项方面的义务。

（4）《北美自由贸易协定》缔结的背景也确认第 11 章对反倾销和反补贴税事项没有管辖权

A. 美国的主张

美国认为，《北美自由贸易协定》和 1989 年《加拿大—美国自由贸易协定》证明《北美自由贸易协定》的缔约方不希望在反倾销和反补贴税方面引入实体国际规则。如果将第 11 章的实体规则适用于此类事项，将为缔约方强加一个他们当初不能也没有达成的协议。

B. 申请人的主张

申请人认为美国未能支持其对第 1901（3）条的解释。美国的《行政行为说明》不支持其对该条的解释。其仅说明“第 1901 条和第 1902 条表明每一缔约方可以保留它们的国内反倾销和反补贴税法并且能够对其进行修改”。相反，《行政行为说明》包括了一个关于第 11 章适用范围的说明：“该章适用于关于投资的所有政府措施，但第 14 章处理的金融服务措施除外。”这里并没有将反倾销或反补贴税法明确排除出第 11 章的范围之外。美国的主张将产生一个问题，即《北美自由贸易协定》缔约方同意任何有关“反倾销和反补贴税事项”的行为（歧视性的并且不可归因于法律本身或者非法律所要求的歧视），可以被视为其官员向投资者提供武断和歧视待遇的“安全港”。这明显不具有说服力，《北美自由贸易协定》缔约方不可能希望第 11 章提供的保护出现漏洞。

C. 仲裁庭的裁定

合并仲裁庭认为条约的缔结情况是解释条约的补充方法之一。其注意到，即使根据《维也纳条约法公约》，借助补充方法是合法的，但可获得的《北美自由贸易协定》立法史也无助于第 1901（3）条的解释，因为没有相关方面的历史资料，除了这段历史表明成员方不能就反倾销和反补贴税法的实体国际规则达成一致。合并仲裁庭认为，本案的争端双方都没有满意地解释为何要引入第 1901（3）条，而其前任条约（1989 年《加拿大—美国自由贸易协定》）亦无包含一个类似的条款。该条约包含了类似第 1901（1）—（2）条的规定，但没有包含类似第 1901（3）条的规定。谈判史也无法提供关于第 1901（3）条起源的参考。申请人假设第 1901（3）条的目的是澄清除了第 19 章本身规定的修改之外，任何其他章节的规定都不能对缔约方施加修改反倾销或反补贴税法的义务。美国的推理是《北美自由贸易协定》引入投资者—国家仲裁机制导致该条约引入第 1901（3）条的澄清规定，此外，在 1992 年美国有关反倾销和反补贴税法事项国际争端解决的政治敏感度比 1986 年和 1987 年大，《加拿大—美国自由贸易协定》的第 19 章在美国成为一个主要的批评对象。但合并仲裁庭认为这些推理都不能形成解释第 1901（3）条的合法补充方法。

对于申请人引用的《行政行为说明》，合并仲裁庭认为虽然该段没有明确地提到第 19 章，但是，没有提到若干措施并不意味着这些没有被提到的措施必须被视为是要包括在内的。例如，《行政行为说明》中没有提到移民措施，但没有人会主张该措施应该纳入第 11 章的范围之内。最后，申请人还主张《北美自由贸易协定》的缔约方不可能希望在第 11 章给予的保护方面留下一个缺口，以至于国内反倾销和反补贴税法相关的行为可以成为不公平对待投资者及其投资的工具。合并仲裁庭认为第 11 章所给予的投资保护是不完全的。这是国家间条约谈判的现实，虽然第 11 章提供的投资者—国家仲裁机制已经是投资者保护的一大进步。

总之，考虑到之前的分析，根据第 102（1）(e) 条规定的有效程序的目标，和例外条款应当被做狭义解释的原则，合并仲裁庭认为第 1901（3）条文本的正确解释是整个第 11 章不适用于有关《北美自由贸易协定》缔约方反倾销和反补贴税法的方面。正如前面明确引用的“本协定任何其他各章的规定不得被解释为施加……义务”。由此必然得出的结论是，除非有明示相反意思，第 1901（3）条规定的例外表述涵盖了第 11 章的所有义务，包括那些与争端解决相关的义务。这个前提必然包括有关于美国商务部、美国国际贸易委员会和其他政府实体及官员在反倾销和反补贴税初裁和终裁作出之前、当中及以后行为的请求。

2. 有关《伯德修正案》仲裁请求的管辖权异议

（1）美国的主张

美国认为，申请人关于《伯德修正案》的立场是，该修正案属于第 1901（3）条意义上的“关于一缔约方反倾销或反补贴税法”，因此第 1901（3）条禁止申请人提出关于《伯德修正案》的请求。

（2）申请人的主张

申请人主张，美国的《伯德修正案》可能是法，但它不是第 19 章意义上的“反倾销或反补贴税法”，因为该法与这些术语的正确含义相反，并且美国没有遵守第 1902 条的要求。

（3）仲裁庭的分析

在正式分析之前，合并仲裁庭首先对申请人的主张进行了认定，申请人不认为《伯德修正案》是反倾销和反补贴税法，至少不是第 1901（3）条意义上的“一缔约方反倾销或反补贴税法”。接下来，合并仲裁庭从以下两个方面来探讨其管辖权问题。

A.《伯德修正案》是否属于第 1901（3）条意义上的“反倾销或反补贴税法”

合并仲裁庭认为《伯德修正案》不是《北美自由贸易协定》第 1901（3）条含义中的反倾销或反补贴税法。因为首先，假设它与美国反倾销和反补贴税法有关，美国没有证明法定修改在第 1902（1）条“反倾销和反补贴税法”的定义范围内。其次，美国同期的行为表明了它不认为《伯德修正案》与自己的反倾销和反补贴法相关。

再次，美国没有证明法规修改在第 1902（1）条“反倾销和反补贴税法”的定义范围内，因为美国未能成功地主张自己“已经完全满足通知法规的要求”。

仲裁庭指出，之前合并仲裁庭已经认定第 1902（1）条规定了第 1901（3）条中“反倾销或反补贴税法”一词的定义。这个定义的一部分是“法规”（statute）一词。第 1902（2）条规定了法定修改的条件：

第 1902 条：对国内反倾销法与反补贴税法的保留

2. 各缔约方保留变更或修改其反倾销法或反补贴税法的权利，前提条件是对该缔约方反倾销或反补贴税法规（statute）的一项修正而言：

（a）只有修订中的法规具体指明该项修正使用来自本协定另一缔约方或各缔约方的货物，该项修正才应适用来自另一缔约方的货物；

（b）修订法规的缔约方在此种法律通过之日前尽可能早的时间，以书面形式通知该项修正适用的缔约方；

（c）通知发出之后，修订的缔约方根据该项修正适用的另一缔约方请求，在修订中的法规通过之前，与另一缔约方磋商；

（d）适用另一缔约方的此类修订不得与以下内容不一致：

1）《关税与贸易总协定》《关于实施关税与贸易总协定第六条的协定》（反倾销规则）或《关于解释和实施关税与贸易总协定第六条、第十六条与第三十二条的协定》（反补贴规则），或所有创始签署方均为成员方的任何后继协定；或者

2）本协定与本章的目标与目的——为本协定各缔约方之间贸易的渐进自由化，创造公平与可预测的条件，同时对不正当贸易行为维持有效和公平的约束——由本协定条款所确定的此类目标与目的、本协定的序言与目标，以及各缔约方的惯例。

正如美国指出的，第（a）至（c）项是程序要求，而第（d）项是实体要求。第（a）项要求进行修订的缔约方在修正案中有详细说明，而第（b）和（c）项要求对受影响的缔约方进行事先通知，并应对方请求进行磋商。第（d）项要求修改符合 GATT/WTO 协定，并且符合《北美自由贸易协定》第 19 章的目标。

考虑到第 19 章的总体目标，以及第 1902 条的特定目标，合并仲裁庭认为，不履行第 1902（2）条中的详细规定不能被认为是一种"无意义的"（futility）或"无害的疏忽"。申请人主张《北美自由贸易协定》第 11 章谈判的结果是达成一种妥协，缔约方有权保留其现行反倾销和反补贴税法，但这种权利是受到约束的，即对这些法律的修改必须符合第 1902（2）条各项明确提出的要求。仲裁庭认可申请人的上述主张。考虑到这些，合并仲裁庭认为美国对第 1902（2）条的解释会损害第 19 章的目的，特别是根据该章所形成的权利和义务方面的微妙而敏感的平衡。

合并仲裁庭认为，假定《伯德修正案》是反倾销和反补贴税法，它修改了《北美自由贸易协定》缔结时具有效力的法律。为了使《伯德修正案》作为一个合格的"做出修订的法规"、成为第 19 章规定的保护对象，美国在生

效《伯德修正案》时有义务满足第 1902（2）条的详细规定。

美国则认为《伯德修正案》很明显与美国的反倾销和反补贴税法相关。美国提到了该法的标题，美国国会的认定，该法构成对 1930 年《关税法》修正的一部分，国际贸易法院对该法的定性。但合并仲裁庭认为，问题是《伯德修正案》是否属于《北美自由贸易协定》第 1901（3）条规定的“一缔约方的反倾销或反补贴税法”。根据第1902条的结构和目的，为了成为“一缔约方的反倾销或反补贴税法”的一部分，一个条例修改必须符合一定的条件。如果不是，第 1901（3）条将类似于一种自我判断的条约条款（但是如果规定是关于国家根本安全的内容，则存在一定争议），而且，为了便于仲裁庭确定根据第 1901（3）条例外的规定、什么内容是关于“一缔约方的反倾销或反补贴税法”，该短语的涵盖范围需要一定程序的确定性。在本案中需要考察第 1902 条。美国的立场，即它可以随意确定符合《北美自由贸易协定》目标的未来的“反倾销或反补贴税法”，而无视第 1902（2）条的要求，这将使第 1901（3）条具有很大的不确定性。

虽然美国主张仲裁庭超越其管辖范围，但合并仲裁庭认为自己没有越权。在第一个问题方面，合并仲裁庭的作用是解释第 1901（3）条中“一缔约方的反倾销或反补贴税法”这一短语，并不包括违反第 1902（2）条规定的救济决定。在做出适当的解释之前，合并仲裁庭必须决定不符合第 1902（2）条规定的一个或多个条件的结果，是否允许或不允许做出修订的缔约方依赖第 1901（3）条规定的例外作出抗辩。由于合并仲裁庭之前已经认定，第 1902 条规定了第 1901（3）条短语的内容，那么这一认定也应该适用于下面裁决的做出，即一项所谓的关于“一缔约方的反倾销或反补贴税法”的特定法规是否恰当地属于该定义的范围内？

同理，合并仲裁庭认为美国的主张，即第 1902（2）条的条件是用来指引《北美自由贸易协定》的缔约方而非私人申请方，是基于对本阶段仲裁庭任务的错误理解。第 1902（2）条的条件的确应由《北美自由贸易协定》缔约方来履行，并且也是该缔约方对《北美自由贸易协定》其他缔约方所负的义务。但是，当一个缔约方引用第 1901（3）条的例外规定来抗辩一个私人当事方的请求时，合并仲裁庭必须用解释的方法确定，“一缔约方的反倾销或反补贴税法”这一短语在当前案件中意味着什么。为了解释第 1901（3）条，一旦仲裁庭认定第 1902 条规定了第 1901（3）条短语的内容，第 1902（2）条中规定的条件的履行必然要起作用了。

在阐述相关原则之后，合并仲裁庭对于美国有关未能通知的各种主张进行了驳斥。对于没有通知，美国的解释是“时间紧张，并且这个对关税法的实质性修改被作为拨款法的一部分被通过这一非同寻常的情况”。有关在美国国会紧急投票以及会议报告签发前未做通知的解释，合并仲裁庭认为可能是合理的。但是美国没有尽到条约义务，在修订生效之前也没有通知其他《北美自由贸易协定》缔约方。美国没有履行第 1902（2）条中规定的先决条件。而且，结合《北美自由贸易协定》第 19 章的规定，对第 1902（2）(b）条中规定的通知要求的善意解释和运用要求，即使成员方因某种原因在此类法规生效之前无法提前通知，它应该推迟生效的最后步骤（即美国总统签字），直到不仅满足第 1902（2）(b）条的规定，而且可以根据第 1902（2）(c）条的要求，在修改规则生效前提供磋商机会。如果不是这样，一个无视通知规定的缔约方会损害第 19 章所精心设计的平衡体系。

美国认为，根据第 1902（2）(b）条的规定，一旦修改成为法律，成员方没有持续的通知义务。仲裁庭同意这个观点，但前提是通知义务是在任何法律生效之前。如果为满足这个条件，就不满足第 1902（2）(b）条的规定。

美国进一步认为：没有证据表明“美国总统知道第 1902（2）(b）条的要求，并决定不推迟生效法律以满足该要求”，并且很有可能相关官员集中在了法案的实体内容，而不注意《北美自由贸易协定》第 1902（2）(b）条的通知要求。合并仲裁庭对此不予考虑，但其认为，作为国际法的一项普遍原则，忽略条约义务并不是辩护理由。每个缔约方如何确保第 1902（2）(b）条的要求得到实施在很大程度上取决于其国内法的规定。但根据公认的国际法原则，一缔约方国内法律体系的特殊规定不能被引用来规避其应当承担的履行国际义务的责任。

合并仲裁庭认为，通知要求的具体目的之一是使另一成员方可以在拟议法规修改之前要求磋商。这样的措施可能会使双方形成一种共识，拟议法律修改与第 1902（2）(b）条的规定不符合，因此修改方会适当地修改，或者进行另外的考虑。换言之，履行第 1902（2）(b）条和第 1902（2）(c）条的通知和磋商义务可能会有利于预防另一成员方眼中的损害之发生。通知义务不仅仅承担让一缔约方获知另一成员方正在进行会影响其利益的法律法规修改的功能，而且更为重要的是，其提供一个清楚的警示，即进行立法的缔约方正在将争议法规定性为第 19 章而言的对其反倾销反补贴法的修改。

美国还主张其实际上已经满足第 1902（2）(b）条的通报规定，因为美国认为广泛传播的新闻报道已经向另一成员方进行了有关《伯德修正案》

的“事实通知”。为此，美国还引用了 2000 年 10 月 25 日加拿大、欧盟和日本驻美国大使致克林顿总统的信：“我们已经分别向美国贸易谈判代表和国会领袖指出，我们认为法律的这个部分（即《伯德修正案》）严重违反美国在 WTO 反倾销反补贴规则下的义务。我们因此强烈敦促您否决该措施，避免无谓地产生同您的 WTO 伙伴之间的严重贸易问题。”

美国认为此信表明加拿大在《伯德修正案》生效之前已经得到“事实通知”了，有机会要求磋商，并且也因此要求美国注意加拿大关于拟议立法措施的观点。

合并仲裁庭认为，根据《北美自由贸易协定》，修改缔约方有责任在法律生效前通知受影响的成员，因为第 1902（2）(b）条的通知步骤是精心设计的，一个做出修改的成员方不能基于下述假设豁免通知义务，即假设另一受影响的缔约方已经知道修改法律法规的情况。而且，美国关于所谓的“事实通知”还忽略了一个问题，即《北美自由贸易协定》的另一个缔约方墨西哥在 WTO 质疑《伯德修正案》。此外，合并仲裁庭还认为，由于有了条约的明确规定，美国的推断（即没有进行书面通知可能是“疏忽”的结果，或者当加拿大知道《伯德修正案》时，通知变得“没有意义”），是不相干的。因此，合并仲裁庭认为美国没有成功地主张其“已经完全满足通知规定的要求”。

合并仲裁庭认为，缺乏第 1902（2）(b）条的及时通知将导致的后果是，被声称关于反倾销或反补贴法的“正在被修改的法规”，不能被认为是第 1902（1）条所定义的“法律”。当美加墨三国在 1992 年签订《北美自由贸易协定》时，第 1911 条对一缔约方反倾销反补贴税“法规”的构成有着严格而明确的界定。每一缔约方保持在未来修改法律法规的权利。然而，正如前文所述，该修改权要受第 1902（2）条要求的限制，包括根据第 1902（2）(b）条在生效前向另一缔约方通知的义务。如果一缔约方不能履行，它将无法就第 1911 条及其附件所定义的反倾销反补贴税法规进行修改。这种不能修改的后果就是争议中的新的修改法规不能成为第 1902（1）条中所定义的反倾销和反补贴税“法”。这个结果将导致进一步的后果，就是修改法规不能成为第 1901（3）条意义下的反倾销反补贴税“法”。仲裁庭认为这就是缔约方在第 19 章设定的不能履行第 1902（2）条所规定义务的代价。

美国对此主张，第 1911 条及其附件自动包括成员方的“反倾销法规”和“反补贴法规”定义内的反倾销或反补贴法的修改。美国认为，该定义没有包括限定词“已经根据第 1902（2）条通知”，因此第 1911 条及其附件并没有将符合第 1902（2）条所规定的通知和磋商规定，作为修改构成第 19 章意义下的美国反倾销反补贴税法规的前提条件。

合并仲裁庭不同意美国的这一主张。仲裁庭指出，解释第 1911 条及其附件要求仲裁庭根据《北美自由贸易协定》的目标确定它们在文本中的通常含义。这两个定义都包括了“经修订的美国 1930 年《关税法》第 7 编的相关规定和任何后继法规”（反倾销）和“经修订的 1930 年《关税法》第 7 编第 303 节相关规定和任何后继法规”（反补贴），合并仲裁庭认为，这两种表述都提到了对反倾销和反补贴法各自的“修改”。正如前面所强调的，第 1902（2）条规范对特定条约规则的任何此类修改。结合上下文解释“经修订的”一词需要第 1911 条及其附件根据第 1902（2）条的要求来理解。正如申请方指出的，相反的解释将使第 1902（2）条的程序和原则没有意义，使缔约方可以无视这些规定。

美国进一步主张第 1902（2）条的上下文证明了缔约方并非意在将遵守该条规定的条件作为修改第 1911 条及其附件所定义的“反倾销法规”或“反补贴法规”的前提条件。合并仲裁庭认为一个简短的答案就可以否定美国的上述主张，即第 1902（2）条（a）至（d）项的开场白是“每一个成员方保留改变或修改其反倾销或反补贴税的权利，*只要*对该缔约方反倾销或反补贴税法的修改……”。这个规定的字面意思再明显不过了。因此，没有履行第 1902（2）条的结果是合并仲裁庭不能根据第 1901（3）条考虑法规修改。

美国还认为，因为没有履行通知义务就将一项法规修改从“反倾销法规”或“反补贴法规”的定义中排除，会导致荒唐的后果。在美国看来，通过不履行通知义务，或者有意生效一项有违《北美自由贸易协定》目标的立法，一缔约方可以使其修改法规“规避”《北美自由贸易协定》第 19 章的义务。

合并仲裁庭不同意美国的看法，因为根据国际法基本原则，条约缔约方必须善意履行条约义务，不能有意采取将不利于条约义务履行的措施。而且，受影响缔约方可以向第 1903 条两个仲裁庭指出不履行《北美自由贸易协定》第 1902（2）（d）条义务的情况。根据《北美自由贸易协定》的规定，援引第 1903 条并不赖于第 1902（2）（b）和（c）条规定的事先通知和应请求进行的磋商。

合并仲裁庭最后强调，根据众所周知的国际法原则，国际协定的每一条规定必须都有含义，因为该原则假定谈判和缔结该协定的成员方希望它的每一条规定都有效果。因此，由于第 1902（2）(b）和第 1902（2）(c）条的规定是如此明显，就解释目的而言，没有必要再根据《维也纳条约法公约》引用补充证据源，仲裁庭必须使这两条规定起作用。相反行事，将会否定根据《北美自由贸易协定》第 1131（1）条调整本案的国际法的基本宗旨。因此仲裁庭只能严格遵守第 1902（2）(b）和第 1902（2）(c）条的明确规定。

B. 美国同期的行为表明了它不认为《伯德修正案》与自己的反倾销和反补贴法相关

申请人假定直到美国总统签字时，美国都不认为《伯德修正案》是第 1902 条定义的反倾销或反补贴“法”。合并仲裁庭认为，美国在随后不久的 WTO 争端解决程序中的立场证明了申请人的这个假定。在 WTO 专家组前，美国认为：“《伯德修正案》是政府支付计划”，并且“《伯德修正案》与反倾销和反补贴法的使用无关”。而且，在当前的仲裁中，美国承认：“在 WTO，美国主张《伯德修正案》并不是针对倾销或补贴的一个具体行为。”

对此，美国争辩道，WTO 专家组和上诉机构不同意美国对《伯德修正案》的定性，美国不接受 WTO 的裁决，但为了遵守这些裁决，美国签署立法，撤销了《伯德修正案》。然而，合并仲裁庭认为自己的责任是决定《伯德修正案》是不是《北美自由贸易协定》第 1901（3）条意义下的反倾销或反补贴税法，并非根据 WTO 专家组和上诉机构在各自裁决中所依赖的具体 WTO 协定。就时间而言，在这里有意义的是美国在法律生效时所持有的立场。虽然美国在 WTO 的表现、WTO 专家组和上诉机构的裁决对本仲裁庭没有拘束力，但它们构成了本仲裁庭能和应该适当考虑的相关事实证据，特别是美国向 WTO 主张的立场等于有悖于本《北美自由贸易协定》利益的承认。美国在法律生效时的行为和在 WTO 的表现使本合并仲裁庭认为《伯德修正案》不在第 1901（3）条下的“有关成员方反倾销法或反补贴法”的用词范围内。善意履行义务的国际法原则支持了这一论断。

综上所述，合并仲裁庭认为自己无需回复当事方有关《伯德修正案》的所有其他争论。

C. 申请人关于《伯德修正案》的请求属于第 11 章的范围，在仲裁庭管辖范围之内

合并仲裁庭认为根据先前归纳总结的先决问题解决方法的四个要素，其对申请人关于《伯德修正案》的请求有管辖权，但限于解决第一号程序令所确定的争议，这些争议需要并入案件实质审理部分解决。

合并仲裁庭对先决问题解决方法的四个要素进行了回顾：

第一，仅仅申请人宣称仲裁庭有管辖权这一事实本身并不足以确立仲裁庭的管辖权。仲裁庭必须决定管辖权的要求是否得到满足。

第二，在裁决时，仲裁庭解释和适用《北美自由贸易协定》关于管辖权的相关规定，包括与此相关的程序性规定，即是否第1101条的规定被满足；是否申请方的投资者根据第 1116 条或第 1117 条提起了一个请求；以及是否第 1118 条至第 1121 条的前提条件和模式都得到满足。合并仲裁庭注意到美国没有提出关于这些《北美自由贸易协定》规定的反对意见，除了第 1 号程序令再次提出的那些。在其他方面，合并仲裁庭满足了标准的第二点要求。

第三，就确定管辖权而言，申请人所主张的事实必需是在目前看来是真实的。

第四，仲裁庭必须决定申请人所指控的事实是否表面上能证明被申请人对《北美自由贸易协定》项下相关实体义务的违反。合并仲裁庭认为本案中这个问题的结果是肯定的。特别是，合并仲裁庭认为，申请人已经建立了表面上确定证据的请求，即由于《伯德修正案》不构成第 1901（3）条意义上的反倾销或反补贴税法，该法最终将被证明给予美国投资者及其投资财政利益（这些投资者与加拿大的投资者相竞争），因此证明违反了第 1102 条的国民待遇。

最后，合并仲裁庭还进一步考虑两个问题。

首先，合并仲裁庭认为《伯德修正案》正在被撤销中与当前这个先决问题无关。申请人的请求涉及的是《伯德修正案》分配体系已经生效的期间。而且，撤销《伯德修正案》似乎仅仅只是预期的，因为近期美国政府立法规定了一个过渡期，《2005 年赤字削减法》规定“在 2007 年 10 月 1 日前对进口产品征收和提交的所有关税”必须被分配，只要《伯德修正案》没有被撤销。

第二，出于同样的理由，合并仲裁庭认为下列事实与本先决问题无关，即根据反倾销和反补贴税令对 Canford 公司和 Terminal 公司进入美国的产品征收关税没有被分配到所谓的受影响厂商根据《伯德修正案》设立的账户。

三、仲裁庭裁决

第一，认定《北美自由贸易协定》第 1901（3）条证明美国不同意根据第 11 章仲裁 Canford 公司在 Canford 公司诉美国案和 Terminal 公司在

Terminal 公司诉美国案中各自提出的请求，但这些请求与《伯德修正案》相关的部分除外。

第二，宣布对 Canford 公司在 Canford 公司诉美国案和 Terminal 公司在 Terminal 公司诉美国案中各自提出的请求没有管辖权，但这些请求与《伯德修正案》相关的部分除外。

第三，将目前阶段的程序费用裁决保留至后续命令、决定或仲裁裁决时做出。

四、案件简评

本案在以下方面对日后的投资者—国家争端解决实践有着重要启示。

首先，本案是《北美自由贸易协定》项下第一个合并仲裁的案件。应该明晰，对于合并仲裁，有其固有的优点，但也应注意其在发展过程中所展现的不足。面对日益增多的国际投资仲裁案件合并仲裁可以提高争议解决的效率，并避免矛盾裁决的产生。但同时，合并国际投资仲裁也可能缺少当事人的合意、剥夺当事人的某些程序权利和实体权利等。从目前已有的实践来看，国际投资仲裁不同于国际商事仲裁，因此国际投资仲裁的合并问题也不能完全照搬国际商事仲裁的原则。从本质上看，国际投资仲裁带有公法性质，不同于私人性质的国际商事仲裁，采用由私人模式演变而来的方式解决公法纠纷本来就有矛盾，所以不可能完全不折不扣地照搬国际商事仲裁的原则，特别是当事人意思自治这种私法性很强的原则，在国际投资仲裁中可能需要适当妥协。国内学术界通说认为，目前尚不能形成统一的意见认为，合并仲裁利大于弊。决定是否合并仲裁时，最需要谨慎考虑的是当事人的合意以及保密性问题，这两点胜过合并仲裁的所有优点。如果严格意义上的国际投资合并仲裁无法实现，当事人可以指定相同的人员组成仲裁庭，形成事实上的合并仲裁，不失为一种权宜之计。

其次，贸易问题与投资问题之间的关系之维。“软木案”本来是一个纯粹的贸易救济案件，但其复杂性就在于本案申请人将其置于《北美自由贸易协定》项下试图通过划归为投资争端以对其权利进行救济。虽然如同仲裁庭在仲裁裁决中指出：贸易与投资考虑到之前的分析，根据第 102（1）（e）条规定的有效程序的目标，和例外条款应当被做狭义解释的原则，仲裁庭认为第 1901（3）条文本的正确解释是整个第 11 章不适用于有关《北美自由贸易协定》缔约方反倾销和反补贴税法的方面。正如前面明确引用的

“本协定任何其他各章的规定不得被解释为施加……义务”。由此必然得出的结论是，除非有明示相反意思，第 1901（3）条规定的例外表述涵盖了第 11 章的所有义务，包括那些与争端解决相关的义务。这个前提必然包括有关于美国商务部、美国国际贸易委员会和其他政府实体及官员在反倾销和反补贴税初裁和终裁作出之前、当中及以后行为的请求。但是还是应该明确当中引人深省的国际法碎片化原因，应当认为：当代国际法中最突出的一个方面是全新的国际法领域的涌现和发展，以及诸多新兴的和现有领域日益增加的复杂性。20 世纪 80 年代后期与 90 年代，这些趋势似乎加速发展，这促使很多重要的学者断言国际法终于进入了“后本体”时期，并欢呼“国际关系的法律化”。但是，国际法“胜出”的时刻很快烟消云散。具有讽刺意味的是，某些在 10 年前看来富有希望的发展现在则显得很成问题。其中显著的一个关切就是，国际规范和机构的扩展和多样化造成国际法的“碎片化”。“软木案”凸显的其实是国际贸易体系面临的第二种挑战，即在多个争端解决机构进行的平行诉讼滋生的困难。如上文详述，“软木案”涉及一再出现在国内和国际法庭的多种法律和事实问题，还涉及这些法庭之间的关系的复杂问题。然而，贸易体系面临的这种挑战可以再次被理解为体现了国际公法面临的相似挑战。但是，这一挑战在国际公法内的变化（如果有的话）只会比“软木案”中不同贸易法庭之间的互动更为复杂。①

① 参见 Jeffrey L. Dunoff，Eugene D. Hsue Jr. 译，蔡丛燕校，《“软木案的多维透视”》，载《国际经济法学刊》第 19 卷第 1 期。

奥贝泰克控股公司及奥贝泰克公司诉美国案

Apotex Holdings Inc.
and
Apotex Inc.
v.
United States of America
（ICSID Case No. ARB（AF）/12/1）
仲裁裁决 2014.8.25

一、案件事实

本案源于美国食品药品管理局（下称 FDA）在 2009 年发出的针对奥贝泰克制药有限公司（Apotex Inc，下称奥贝泰克制药）所生产的出口至美国药品的“红色警告”而起的投资争端。本案中，争议一方为奥贝泰克集团（包括奥贝泰克控股公司和奥贝泰克制药），另一方为美国政府。

奥贝泰克控股公司（Apotex-Holdings Inc.）是本案的第一申请人，是一家加拿大注册的公司。其是根据加拿大联邦法律《加拿大商业公司法》成立及注册，是一家专门生产仿制药的私有企业。截至仲裁程序开始，其在过去二十年已经通过其设立在美国并直接进行管理的奥贝泰克美国公司（Apotex-U. S）在美国进行了实质性的投资。因此，根据《北美自由贸易协定》第 11 章相关规定，奥贝泰克控股公司认为其属于《北美自由贸易协定》中的“投资者”范畴，同时，奥贝泰克美国公司也属于《北美自由贸易协定》中的投资。

奥贝泰克美国公司，作为奥贝泰克控股公司在美国的唯一投资，其是根据美国特拉华州法律成立的。其首要营业地位于美国佛罗里达。奥贝泰克控股公司对其间接控制和拥有。

奥贝泰克制药是一家根据加拿大法律注册及开展业务，首要营业地在加拿大（150 Signet Drive，Weston，Ontario）的公司。该公司主要研发及生产仿制药品，包括胶囊及片剂。其在加拿大有两个加工工厂（分别位于 Signet 和 Etobicoke）。奥贝泰克控股公司对其间接控制和拥有。

被申请人是美国，其是 1994 年 1 月 1 日生效的《北美自由贸易协定》的缔约国。本案中双方争议的措施是美国食品药品监督管理局（下称 FDA）在 2009 年所发出的针对奥贝泰克制药所生产药品的“红色警告”措施。

根据美国《联邦食品、药物和化妆品法》，FDA 可以在美国本土和国外通过部分现场检查评估之方式考察相关药品生产企业的设施是否符合制药设备《当前良好制造规范》，（cGMP 标准）对制药企业的设备、环境、制药工艺有一系列详细的要求和标准（cGMP 标准）。但值得注意的是，由于 FDA 的 cGMP 标准是较为原则及一般性的，因此对于不同对象，FDA 对具体过程、设备和设施是否符合相关标准拥有自由裁量权。

具体而言，在设施检查结束时，FDA 检查员会在被称为“表格 483”的标准表格上记录他们的书面观察。“表格 483”会列出检查结论，但该结论并不代表 FDA 所做出的关于制造商是否符合 cGMP 标准的最终决定。制造商可以就 FDA 的初步检查结论向 FDA 检查员提供检查意见及评论；再由 FDA 基于上述对检查的评论进行审查。

其后，如果 FDA 认为，制造商没有充分回应制药过程中所存在的重大 cGMP 违规，FDA 则可能会发出“警告信”。最后，若有问题的药品生产商仍然对 FDA 的相关建议或评价置若罔闻，则 FDA 可以采取执法行动。此类执法行动可包括扣押制造商的产品或在美国法院提起针对制造商寻求禁令救济的民事诉讼。上述禁令（由美国法院颁布）可以阻止药品生产商继续营销其受影响产品，直至 FDA 确认制造商的生产环境等符合 cGMP 的相关标准。

本案中，正是 FDA 在 2009 年 8 月 28 日针对包括奥贝泰克制药两家加工工厂生产的所有产品发出修订了的进口警示 66-40（“进口警告”）触发了本案仲裁。申请人认为，FDA 并未向奥贝泰克制药或任何其他奥贝泰克制药关联企业提供此措施的通知。正是该措施阻止了奥贝泰克美国公司接收在奥贝泰克制药两工厂制造的任何产品在美国的出售。此外，FDA 暂停考虑由奥贝泰克制药这两个工厂生产或生产的药物的任何新的 ANDA 申请。因此，该进口警告禁止了奥贝泰克美国公司将任何奥贝泰克制药新药上市的举动。

申请人认为，根据《北美自由贸易协定》规定，仲裁庭对本案拥有管辖权，并应裁定被申请人违反了申请人（代表自身及奥贝泰克美国公司）所指称的《北美自由贸易协定》下的实质性义务，包括《北美自由贸易协定》第1102条、第1103条以及第1105条。申请人要求被申请人向申请人支付巨额货币补偿，包括利息和费用。对此，被申请人反驳认为，仲裁庭对本案没有管辖权，而即使是在有管辖权的情况下，仲裁庭亦应驳回申请人的全部申请。

二、法律争议推理过程

本案中，仲裁庭审理了程序和实体方面的法律争议

（一）管辖权异议

仲裁过程中，双方首先就《北美自由贸易协定》第1101条第1款的规定对管辖权问题产生异议，双方就奥贝泰克制药是否为适格的“投资者”，其投资是否为适格的“投资”以及争议措施是否与申请人相关三个问题上存在分歧。仲裁庭首先就该案管辖权问题做出裁决。

就该问题，仲裁庭主要分两步对该问题进行分析。

第一步，仲裁庭首先对双方就与管辖权问题相关的适格投资或投资者等问题进行考察。在详细考察双方主张基础上，仲裁庭认为，双方没有争议的是如下事实：奥贝泰克控股公司全资控股控制注册于加拿大的奥贝泰克制药。奥贝泰克制药间接拥有和控制奥贝泰克美国公司，因此，奥贝泰克控股公司（作为加拿大公司）是《北美自由贸易协定》第1116（1）条与奥贝泰克美国公司相关意义上的“投资者”；而奥贝泰克美国公司是《北美自由贸易协定》第1139条所指的奥贝泰克控股公司的“投资”；因此，奥贝泰克美国公司符合《北美自由贸易协定》第1117（1）条项下的“一缔约方投资者的投资”(即属于加拿大奥贝泰克控股公司的投资)，而奥贝泰克控股公司则是第1116（1）条意义上的投资者。

而双方之间就管辖权问题存在争议的则是奥贝泰克制药是否符合《北美自由贸易协定》第1116（1）条下的“投资者”定义，或其任何投资是否属于《北美自由贸易协定》第1139条下的任何“投资”：即奥贝泰克制药是否是适格的“投资者”或其投资是否是适格的“投资”。根据《北美自由贸易协定》第1101（1）条和第1139条的规定，就本问题而言，相关的是要判定在之前奥贝泰克有限公司诉美国案的裁决[①]中的奥贝泰克制药和ANDA是

① Apotex Inc，v. United States of America，ICSID Case No. UNCT/10/2.

否属于第 1139 条中所规定的投资或投资者。仲裁庭认为，就 ANDA 而言，对奥贝泰克制药是一个在 ANDA 中具有“投资”的“投资者”，奥贝泰克控股公司是一家在 ANDA 中间接投资的“投资者”，并且两项投资都位于美国境内的假设须视仲裁庭在本案中就之前奥贝泰克制药诉美国案的裁决在本案中是否具有既判力的决定而定。

为便于在本案中就管辖权问题展开讨论，对第 1101 条第 1 款和第 1139 条中的投资者及其投资这一问题，仲裁庭指出，其拟先默认其成立，进而集中讨论第 1101 条第 1 款中“与……相关”措辞的含义。

第二步，在明确了是否存在适格“投资”及“投资者”前提下，仲裁庭考察了该条中争议措施是否与申请人及其投资相关，从而确认仲裁庭对该案具有管辖权。

在考察奥贝泰克控股公司（其自身和奥贝泰克美国公司）和奥贝泰克制药就管辖权问题向仲裁庭提出的仲裁申请后，被申请人反对本仲裁庭对该案具有管辖权，理由在于根据《北美自由贸易协定》第 1101（1）条中“与……有关”的标准和门槛，有争议的措施和投资者和/或其投资之间并不具有重要的法律联系。被申请人进一步指出，进口警告与作为“投资者”或在美国境内有任何“投资”的奥贝泰克控股公司或奥贝泰克制药并无关系。

为支持其观点，被申请人美国基于《北美自由贸易协定》项下 Methanex 诉美国案①的部分裁决内容，援引该案的仲裁裁决观点进行了解释，以支持其争议的措施不能“影响”投资者或其投资的情况的观点。被申请人美国认为，在该仲裁中，有争议的美国加利福尼亚州政府相关立法措施限制了 MTBE（甲基叔丁基醚，一种涉及生产和销售汽油中甲醇为基础的辛烷和含氧化合物）作为汽油添加剂的使用，由于加拿大投资者 Methanex 公司制造甲醇作为 MTBE 的组成部分，因此该措施对生产甲醇的加拿大投资者 Methanex 公司造成了影响，故认为该措施与加拿大投资者 Methanex 公司有“联系”，符合第 1101 条仲裁庭对该案具有管辖权的构成要件。该案仲裁庭裁决认为，《北美自由贸易协定》第 1101（1）条要求的不仅仅是一项措施的效果，而且要求该措施与投资者之间具有法律上的重要联系及其所称的损失，这是三个《北美自由贸易协定》缔约方在该仲裁中支持的解释。该

---

① Methanex Corporation v. United States of America，UNCITRAL，First Partial Award，（7. Aug. 2002）

案仲裁庭认为:“正如Methanex公司所主张的，如果仅认为《北美自由贸易协定》第1101(1)条规定的标准只是‘影响’之一，那么只要投资者或投资者感到任何经济影响，该标准即可得到满足，而这样的解释并非充分。这一‘影响’应该是具有重要法律联系的，即如同Cargill诉墨西哥案[①]中所认为的‘产生直接及即时的影响，造成法律障碍’。被申请人也进一步强调，Methanex案的上述观点得到了后续Bayview诉墨西哥案[②]仲裁庭的支持。”

同时，被申请人认为，有必要在《北美自由贸易协定》第11章和申请人在本仲裁中的实质性申请主张中讨论这一管辖权规定。美国主张，申请人在本次仲裁中所遭受的唯一措施是2009年8月28日的进口警告，根据《北美自由贸易协定》第1101(1)条规定，FDA的进口警告措施必须与申请人作为投资者或其在美国领土内的投资相关。但申请人不同意被申请人的主张申请人援引Cargill案仲裁庭的观点，认为本案与Cargill案更为相似。该案中，墨西哥政府所采取的进口许可措施已对将货物出口至墨西哥的美国投资者造成直接与即时的影响。

仲裁庭虽然认为双方所援引的仲裁裁决不一致，但是其认为可以确定的是:双方所援引的三个案子的本质是一致的:三个案件均就解释第1101条第1款中“与相关”措辞的方法与理由是一致的。“与相关”作为第1101条第1款所定义的管辖权门槛，是指争议措施与投资者和其投资之间具有重要法律联系。但此种重要法律联系，出于所涉及的该案中申请人三个不同的法律主体，故情况有所不同。

就奥贝泰克美国公司而言，申请人认为进口警告直接与“奥贝泰克美国公司”相关，因为其直接影响其药品在美国的销售，申请人进而列举了相当多事实通过描述进口警告的来龙去脉以及在美国法上的地位，意图证明进口警告在美国国内法中如何运作。然而仲裁庭认为当下最重要的并非讨论进口警告在美国法中的地位，而是其对“与相关”的实际事实影响和重要性。

仲裁庭认为，不应对“与相关”措辞做狭隘解释，事实是仲裁庭在分析中对其作了扩大化解释。仲裁庭摘录了Cargill案中的相关内容，认为本案与Cargill案更为相似，而与Methnex案具有实质性的区别。仲裁庭解释道，

---

① Mexico v. Cargill, Inc., 2011 ONCA 622 (Can.) (4. Oct. 2011).

② Bayview Irrigation District et al. v. United Mexican States, ICSID Case No. ARB (AF) /05/1, Award, (19. June. 2007).

进口警告事实上适用于作为奥贝泰克制药产品分销商的奥贝泰克美国公司和奥贝泰克制药的合同签订方。进口警告的直接和立即效果不仅体现在对奥贝泰克制药方面，而且体现在奥贝泰克美国公司上，对两者分别作为卖方/托运人和买方/收货人而造成法律障碍。美国《联邦食品、药品和化妆品法案》第801条（进口警告的做法源自其中）具体提及“所有者或收货人”，以及“FDA进出口规则”（21 CFR § 1.94）中的相关规定和FDA的监管程序手册。此外，FDA在其扣留样品通告中明确表明：FDA采取了相关行动，对奥贝泰克制药的产品实施“扣留”，明确指出位于佛罗里达地址的奥贝泰克美国公司为“收货人”。

事实是，无论“美国法律”中“进口警告”措辞的确切法律效力如何，奥贝泰克制药的产品从2009年8月30日开始滞留，仅仅发生在2009年8月28日“进口警告”发出后两天，并且该种扣留并没有在FDA检查员分别于2008年12月19日和2009年8月14日确定Etobicoke和Signet两家工厂相关药物生产设施不符合cGMP或FDA于2009年6月25日给予Etobicoke警告信的情况下就立刻开始。因此，进口警告对奥贝泰克制药与奥贝泰克美国公司的影响之间存在着十分强的时间联系。此外，FDA内部文件披露，进口警告旨在防止奥贝泰克制药位于加拿大的两个生产设施所生产的产品出口到美国，该目标和相应影响是FDA之前所发出的警告信不可能实现的。因此，仲裁庭认为，进口警告和奥贝泰克制药托运给奥贝泰克美国公司的美国边境货物滞留之间至少存在强烈的主观关系。

仲裁庭进一步指出，该案的有关情况虽然与Methanex案的情况大不相同，但与Cargill公司的情况大致相同。进口警告的即时效应使得奥贝泰克美国公司不可能合法地从奥贝泰克制药的Etobicoke和Signet的两个工厂接收合同产品；并且作为直接的结果，奥贝泰克美国公司被禁止进行从奥贝泰克制药位于加拿大的两个设施采购这些产品的主要部分的业务。在Cargill案中，该案仲裁庭认为，进口许可证的要求对墨西哥公司的业务有直接影响，并构成了该公司在美国采购高果糖浆（HFCS）以进行转售的法律障碍，因此申请人投资者在《北美自由贸易协定》第1101（1）条中达到了门槛标准。此外，奥贝泰克制药和奥贝泰克美国公司之间在2009年8月只有短暂或极少的商业关系：进口警告中断了长期建立与奥贝泰克制药的关系，奥贝泰克美国公司是依赖奥贝泰克制药在美国的销售比例。

基于以上分析，仲裁庭在修正了被申请人美国的部分观点后接受了申请人对此案件的分析结果。仲裁庭认为，在该案情况下，争议措施与该案投资者及投资之间显然存在着足以达到“与……联系”标准。否则，如申请人所主张的，这可能意味着被申请人作为投资者可能有违反《北美自由贸易协定》实质条款的合法申请主张，而没有在《北美自由贸易协定》第11章下获得任何救济的可能。仲裁庭进一步指出，将对《北美自由贸易协定》第1101（1）条做出的解释适用于根据《北美自由贸易协定》第11章下的实质性条款，从而限制仲裁庭行使管辖权的依据是不合理的。缔约方援引的任何法律材料都不支持对《北美自由贸易协定》第1101（1）条中“涉及”一词的这种限制性解释。因此，如果被申请人在本仲裁中另有争议，仲裁庭将驳回这一主张。

因此，基于以上分析，仲裁庭认为该案中争议措施与奥贝泰克控股公司及奥贝泰克美国公司均具有重要的法律联系，满足第1101条中的门槛要求，该措施对上述两个投资者及投资造成了影响。仲裁庭对上述两个投资及投资者的请求具有管辖权。

而就奥贝泰克制药而言，虽然仲裁庭承认2009年进口警告确实与奥贝泰克制药和ANDA相关，满足第1101条第1款的规定，但就此并不意味仲裁庭对奥贝泰克制药就拥有管辖权。仲裁庭解释，原因在于还需讨论奥贝泰克制药和ANDA是否属于第1139条中所规定的投资或投资者。申请人认为，根据《北美自由贸易协定》的规定，仲裁庭对该案争议享有管辖权，同时仲裁庭应裁决被诉方违反了其根据《北美自由贸易协定》对申请人（包括奥贝泰克控股公司以及奥贝泰克美国公司）所承担的实质性义务，要求其对申请人就费用及利益损失做出申请。

（二）之前仲裁案件的既判力问题

作为管辖权争议的延伸，仲裁庭进而讨论第二个主要问题，即被申请人对于奥贝泰克制药和奥贝泰克控股公司作为投资者对ANDA作为投资的申请主张提出的管辖权异议。如前所述，这个问题取决于在《北美自由贸易协定》第1139条下对ANDA作为“投资”的解释，而对“ANDA”是否为适格的“投资”所做出的决定又将反过来解决奥贝泰克制药和奥贝泰克控股公司作为具有适格投资的投资者问题。但由于关于奥贝泰克制药和奥贝泰克控股公司作为具有投资的投资者的问题其实主要涉及之前另一个仲裁庭在奥贝泰克制药诉美国案[①]中的裁决，因此，仲裁庭认为，本争议的核

① Apotex Inc. *v.* United States of Ameirca，ICSID Case No. UNCT/10/2. 2015.

心在于解决奥贝泰克制药诉美国案中的裁决对本案的影响（既判力问题）。仲裁庭主要分三步对此进行分析。

第一，仲裁庭分析了第 1136 条是否禁止既判案件的适用问题。第 1136（1）条规定："仲裁庭作出的裁决不具有约束力，除非在争议当事方之间和关于具体案件之间另有约定。"仲裁庭的分析首先从缔约方各自提交的针对《北美自由贸易协定》第 1136（1）条的材料开始。申请人解释认为，这一条款意味着奥贝泰克制药诉美国案的裁决法律效力完全限于该案，因此对本案，作为一个不同的仲裁案件不具有约束力。因此，申请人认为，在该案中，仲裁庭所做出的对申请的裁决不可能对本案有拘束效力。

仲裁庭认为，既判原则是一般法律原则，因此也是《北美自由贸易协定》第 1131 条意义内适用的国际法规则。国际法院在其 1954 年 7 月 13 日的针对联合国行政法庭 1952 年的赔偿判决问题所提供的咨询意见中已经确认"据既定和公认的法律原则，司法机构例如联合国国际法院作出的判决是判决性的，并且在争端当事方之间具有约束力"。同时，仲裁庭援引著名国际法学者郑斌教授的观点认为，"既判原则虽然在投资仲裁中似乎很少出现，但如果确实有的话，关于既判原则是一般的法律原则或其在国际司法中的适用性问题，在国际上是存在的"。仲裁庭同时援引了 Amco 仲裁案中的相关仲裁分析证实"既判原则是一般的法律原则"。总之，仲裁庭认为，如果对先前的裁决或裁决的判决效力的程度存在疑问，国际仲裁庭就会定期审查先前的仲裁庭的理由，实际上也审查当事人的论点，以确定该仲裁裁决或判决是否适用。

另外，仲裁庭不同意申请人对《北美自由贸易协定》第 1136（1）条的解释。仲裁庭认为，应根据《维也纳条约法公约》第 31 条及第 32 条的条约解释规则对《北美自由贸易协定》第 1136（1）条进行解读，在文义解释的规则下，《北美自由贸易协定》第 1136（1）条并不阻止本仲裁中的争议方根据适用的奥贝泰克制药诉美国案的裁决援引之前裁决的原则。仲裁庭反推认为，如果不是此种情况，则申请人的申请实际上意味着它可以在针对同一当事方的不同仲裁中重复进行基于相同申请的仲裁，而这一结果显然是对根据《北美自由贸易协定》等仲裁规则而产生的最终结果的仲裁程序方面的荒谬而为。

第二，仲裁庭分析了申请人及被申请人是否以及在多大程度上可以援引已有判决的问题。仲裁庭认为，在根据《维也纳条约法公约》第 31 条及第 32 条对条约解释规则对其进行解读，得出《北美自由贸易协定》第

1136（1）条并不阻止本仲裁中的争议方根据适用的奥贝泰克制药诉美国案的裁决援引之前裁决的原则后，仲裁庭必然需要回答与之密切联系的如下问题：即申请人及被申请人在多大程度上可以援引已有判决，以排除申请人所主张的作为管辖权事项，对这个问题被申请人没有提供任何肯定回答的诘问。仲裁庭在考虑到奥贝泰克制药诉美国案案情及相关裁决及申请人奥贝泰克制药和被申请人美国政府的主张后，认为，虽然该仲裁将被申请人称为“美利坚合众国政府”，但奥贝泰克制药诉美国案与本案之间的共同点是，被申请人也是该案的一争议方。仲裁庭注意到，奥贝泰克控股公司也不是该裁决的争议方。因此，奥贝泰克控股公司的地位必须与奥贝泰克制药分开考虑。

在仲裁庭看来，尽管在奥贝泰克制药诉美国案中，奥贝泰克控股公司与奥贝泰克美国公司的关系并无被明确指出，但是奥贝泰克控股公司在本仲裁中的相关申请主张，虽然以自己的名义提出，仍然依赖于奥贝泰克制药的 ANDA 作为《北美自由贸易协定》第 1116 条和第 1139 条下的投资；如果这些不是投资，奥贝泰克控股公司不能向本仲裁庭提出此类申请主张作为管辖权问题。换句话说，尽管事实上只有其中一方是奥贝泰克制药诉美国案的争议方，但是在该仲裁中，两个具有内在联系的申请人的立场其实是类似的，即关于奥贝泰克制药诉美国案仲裁裁决所产生的仲裁效果及于两者。

总之，仲裁庭认为，由于在之前的奥贝泰克制药诉美国案裁决中，仲裁庭已就 ANDA 是否构成第 1139 条项下的投资做出了明确，且根据仲裁庭之前对裁决溯及力问题的分析，因此仲裁庭认为在该案中，奥贝泰克控股公司及奥贝泰克美国公司所主张的 ANDA 并不构成第 1139 条项下的投资。

（三）国民待遇与最惠国待遇问题

申请人认为，通过实施并维持进口警告，被申请人给予奥贝泰克控股公司和奥贝泰克美国公司的待遇不如被申请人在类似情况下给予其他可比较投资者或投资的待遇，从而，被申请人的上述行为违反了《北美自由贸易协定》第 1102 条和第 1103 条关于国民待遇和最惠国待遇的规则。

被申请人辩称，申请人没有根据《北美自由贸易协定》第 1102（1）条的国民待遇申请主张或根据《北美自由贸易协定》第 1103 条的最惠国待遇申请主张，构建起对上述条款违反的本案构成要件。被申请人认为，申请人没有表明他们在“类似情况”下与任何美国（国内生产者）进行比较；因此申请人不能构建起国民待遇申请主张。此外，被申请人也提出，申请人也未能证明任何非美国（外国）比较国在类似情况下获得更好待遇；因此申请人也没能构建起最惠国待遇申请的主张。

仲裁庭首先对《北美自由贸易协定》第1102条及第1103条国民待遇及最惠国待遇的标准做出了分析。仲裁庭认为，虽然缔约方对这一问题的处理方式略有不同，但共同的理由是，确定违反《北美自由贸易协定》第1102条及第1103条的行为涉及对于原告或其所称投资是否具有事实依据的事实分析：(i)被申请人对待投资的建立、收购、扩张、管理、行为、经营、销售或其他处置；(ii)与确定的国内投资者或投资情况相似；(iii)所给予的待遇不如给予国内投资者或投资的待遇。被申请人还声称（但申请人否认），申请人援引的较不利待遇必须证明是根据申请人的加拿大国籍给予的。仲裁庭认为：双方均同意的是，构建违反《北美自由贸易协定》第1103条的要求与构建违反《北美自由贸易协定》第1102条的要件相同，但上述步骤(ii)中适用的比较国是外国（非美国）投资者或其投资。虽然《北美自由贸易协定》第1102条或第1103条禁止对在另一缔约方领土上的投资进行歧视，但是被申请人并无义务对申请人在加拿大的投资给予国民或最惠国待遇。

随后，仲裁庭在对案件事实作出分析的基础上驳回了申请人的请求，原因主要有二：首先，仲裁庭提请申请人应该注意，根据美国《联邦食品、药品和化妆品法案》(FDCA)第801条的规定，FDA对即使基于“类似情况”下的处于美国境内或非处于美国境内的ANDA药品生产者是否违反相关cGMP标准是有自由裁量权的。同时，该自由裁量权也包括FDA可以根据具体情况向相关设施或公司发出进口警告，FDA的此种规定并无对国内国外相关生产者做出歧视性的要求，其本质上只是自由裁量权的行使，是一视同仁的。其次，申请人所选取的国内比较者与国外比较者并不恰当。因此，仲裁庭驳回申请人所认为的“在类似情况下”，美国违反国民待遇或最惠国待遇的请求。

（四）《北美自由贸易协定》第1105条　公平公正待遇

作为双方争议的最后一个问题，仲裁庭最后处理与《北美自由贸易协定》第1105(1)条、《北美自由贸易协定》第1103条和《牙买加—美国双边投资协定》第II(2)条和第II(6)条有关的问题。

就此问题，仲裁庭首先提及了《北美自由贸易协定》第1105条的相关规定及2001年7月31日北美自由贸易委员会通过的以下关于根据第1105（1）条规定的最低待遇标准的解释说明。其内容为：根据国际法最低待遇标准：1.第1105条第1款规定习惯国际法外国人最低待遇标准作为另一缔约方投资者投资的最低待遇标准；2.“公平和公正待遇与全面保护和安全”的概念并不要求给予超出习惯国际法下外国人最低待遇标准的额外待遇；3.违反《北美自由贸易协定》其他条款或者另一项单独的国际协定的认定并不能证明对本第1105条第1款的违反。仲裁庭同时认为根据《北美自由贸易协定》第1131条第2款的规定，该解释对本仲裁庭具有法律拘束力。

就《北美自由贸易协定》第1105（1）条公平公正待遇问题，申请人认为，被申请人所采取的措施与最低待遇标准的要求不符。申请人指出，被申请人在事先不通知申请人奥贝泰克制药的情况下就采取了针对申请人位于加拿大两个工厂的进口警告，使得申请人奥贝泰克制药不可能为相关措施的辩解做出相应准备。另外，奥贝泰克制药也没有任何机会提出其立场申明。申请人进一步总结，由此看来，该措施是一种显然缺失公正的行政机关决定。而习惯国际法要求“行政当局必须在确定个别当事方的权利和利益时提供某些程序性保障”。因此，申请人认为，“法治原则要求当下的法律在设定法律程序上必须满足某些程序性要求，包括在作出决定之前给予受影响方参与听证会的权利；以不偏不倚和公正的方式做出决定；给予受影响方知晓该决定的基础以使其可以质疑该决定的权利；官员决定的理由的权利以及由所有相关法律和事实考虑等”。上述程序要求中的每一项都是习惯国际法对外国人的最低待遇标准的要求；被申请人在不顾这些要求的情况下通过了进口警告，显然违反了公平公正待遇标准。

其后，申请人为了支持其观点，论证了其主张是习惯国际法的一部分，获得习惯国际法的地位。申请人该结论之得出在很大程度上依赖美国法学院《美国外交关系法第二次重述》（以下简称《第二次重述》）第181条的规定。在申请人的申请材料及庭审中，申请人均指出《第二次重述》第181条规定了其申请主张的关于处理外国人的习惯国际法规则。

如申请人援引的，《第二次重述》第181节规定：“审判或其他程序确定外国人的权利或责任必须公平。在确定诉讼是否公平时，除其他因素外，还应考虑外国人是否可以受益于以下公平公正的制度设定（a）一个公正的行政机关，（b）关于诉讼性质的适当资料，（c）准许该外国人提出其诉请或抗辩，(d) 有合理机会反驳针对他的证据，(e) 有合法机会以自己的名义取得和提供证人和证据等等”。

被申请人美国不同意申请人就公平公正待遇及该案事实的相关分析。被申请人就《北美自由贸易协定》第 1105（1）条提出了三个主要论点据以反驳。第一，习惯国际法的有关规则并不要求各国在阻止其认为是有问题的产品进口之前，先向外国药品制造商发出事先通知和听证。对于申请人所谓的习惯国际法规则，被申请人认为其是没有任何法律授权的。同时，申请人作为这些所谓习惯国际法规则的支持者，其也没有提出任何国家惯例或法律确信支持其所声称的习惯规则。

第二，就“裁决以外的一般行政决定”而言，申请人不正确地寻求将根据国际法的外国人可享受的权利用于审判和其他正式裁决程序。被申请人认为《第二次重述》所论及对象为审判和其他裁决程序，而不是行政决定。被申请人还通过提及之前几个《北美自由贸易协定》和国际投资争端解决中心（ICSID）裁决，指出国际仲裁庭应该对国家行使监管决策权给予尊重，因为这是一个国家行政权力行使的应有之义。

第三，被申请人辩称，虽然申请人有足够的机会确定进口警告的原因，并对 FDA 强加执行的上述决定提出异议，但申请人选择不利用现有手段对 FDA 的决定提出异议。这与申请人在本程序中声称他们不能对申请人没有时间的决定提出异议是存在内在矛盾的，申请人只是企图利用他们可用的任何补救办法意图解决该争议。

考察双方的观点后，仲裁庭给出了自己的分析，但最终还是驳回了申请人的仲裁请求。仲裁庭首先审议了申请人所主张且援引的具体程序性权利是不是任何不断演变的“习惯国际法对外国人的待遇最低标准”的一部分，即《北美自由贸易协定》缔约方是否必须根据《北美自由贸易协定》第 1105 条第 1 款（1）行事。

仲裁庭认为，关于第 1105 条的解读，不论申请人及被申请人均同意的是，禁止拒绝司法已经获得习惯国际法的地位，属于外国人所需的最低待遇标准内的保护措施。然而，本案中申请人的权利诉求并不构成国际法意义下的拒绝司法。相反，习惯国际法要求一个国家给予外国人若干特定类型的程序保护，以便影响该国对影响进口在外国的外国人设施制造的药品进口的管制行动。申请人坚持认为，构成《北美自由贸易协定》第 1105（1）条一部分的习惯国际法保证此类外国人有权“不同于对拒绝司法的要求，根据习惯国际法享有不要求严格补救的权利”。

为了支持其主张，仲裁庭指出，其注意到申请人引用了广泛的学术评论，一般性地敦促习惯国际法规定有正当程序问题。申请人还指出一些国家已经通过了将行政程序作为其国家法律的一部分。但是，仲裁庭意见认为，申请人没有提供足够的国家实践或法律确信的证据，以表明各国承认有义务将涉及影响到外国人在国外的设施所生产的药品遭到出口国进口监管机构的决定后向外国人提供诉讼权利的构成习惯国际法规则的内容。仲裁庭进一步认为，申请人也没有查明《北美自由贸易协定》和其他国际仲裁庭以前作出的任何决定，在与该案情况相同的情况下承认习惯国际法的原则。

仲裁庭再一次回顾了申请人在申请材料与庭审中的陈述，并对其对相关条款的解读给予了批判。申请人仍然认为，《第二次重述》第 181 条所列的若干程序性权利属于习惯国际法要求。在申请人的陈述中，这些要求是"适用的国际法原则"产生的"国际司法标准"的一部分，反映了"1965 年存在的既定习惯国际法"。在申请人的陈述中，《第二次重述》第 181 条引用的内容其实是后续反映了确定外国人权利的习惯国际法的接受原则，现在不需要进一步证明国家实践和法律确信的证据，以确认其状态："美国错误地建议奥贝泰克制药必须证明国家实践和法律意见在适当程序保障药物进口的具体背景措施。"这不是习惯国际法的证明方式。同时，也不需要以这样证明方式以证明习惯国际法啊。《第二次重述》中承认的一般规则的存在就已足够了。申请人主张，该规则足够灵活，适用于各种各样的情况。因此，申请人根据《北美自由贸易协定》第 1105（1）条提出的申请主张主要取决于所引用的要素《第二次重述》第 181 条反映了习惯国际法的普遍接受的规则，该规则约束了 FDA 决定实施影响外国制造商药品的进口警告。

仲裁庭认为这是对《第二次重述》第 181 条的错误理解。仲裁庭指出，《第二次重述》第 181 条严重依赖于 1929 年《关于各国在其领土上受到损害之责任公约哈佛草案》。索恩和巴克斯特教授曾于 1961 年的修正案对第 7 条做出评述：第 7 条标题为《拒绝公平听证》，然后列出在确定听证会是否公平时要考虑的"相关"因素。这些因素包括诸如获得证人和证据的强制性程序，在向国民提供的同一基础上提供免费或协助的法律代表，如外国人不能"充分理解或使用仲裁庭使用的语言"，"以及外国人政府的代表在任何司法或行政程序中的存在"等。事实是，《第二次重述》第 181 条反映了索恩和巴克斯特教授对第 7 条的评论，强调程序只是涉及正式裁决中的外国人权利。

仲裁庭认为，上述所列举的包括《第二次重述》的内容，上述相互关联的规定表明了两件事。第一，整个措辞强调刑事、民事或行政诉讼具有正式裁决性质。给予外国人“关于诉讼性质”的信息，“给予”获得和提供证人的合理机会等等，所有措辞均传达了裁决程序的意义事实上，要求解释和翻译为在程序的所有阶段“外国人的语言”，外国人在诉讼程序中与外国人政府代表会面的机会“只在这种程序的背景下才有意义。在这种情况下，它们在所讨论的监管决策的背景下没有意义”。

第二，更重要的是，《第二次重述》第 181 节列出的八个要素显然不是习惯国际法的独立规则。相反，这些只是“决定诉讼是否公正”的相关因素，还远远没有表明每个因素反映了习惯国际法的现有规则的程度。

此外，《第二次重述》第 181 条的起草者清楚指出，第 181 条中所列的权利，并非每一项因素都适用于每一种情况；并且其适用范围由于具体案件之不同也有很大的区别：“我们很清楚，他们‘因素’并非在所有类型的诉讼中都需要。”《第二次重述》第 181 条所述的具体保障措施在何种程度上可能是公平审判或其他程序的必要条件，主要取决于（i）对外国人的后果的严重性，（ii）行政酌处权合理参与案件的裁定。在涉及严重处罚的刑事审判或涉及实质性申请主张的民事审判中，通常每项保障措施都是必要的。在如颁发或撤销从事某一特定职业的许可证的行政诉讼中，具体保障措施可能并非全部必要或切实可行。情况可能不需要对每个具体保障措施的行政诉讼的其他例子是根据分区条例给予或拒绝差异，给予被定罪的犯罪者假释和终止、暂缓执行，放弃或评估逾期税项的处罚，给予在限制区内旅行的许可证，以及批出公用事业专营权。

因此，仲裁庭的结论是，《第二次重述》第 181 条的具体内容不是构成国际法对外国人的最低待遇标准一部分的习惯国际法独立规则。如上所述，申请人争辩说，他们不需要援引国家实践和法律确信的证据来证明存在习惯国际法的规则，因为《第二次重述》第 181 条提供了关于已解决的习惯原则的充分说明。然而，《第二次重述》第 181 条涉及评估“公平”的因素，而不是习惯国际法的规则。因此申请人对该援引是不适当的。

因此，鉴于上述原因，仲裁庭得出结论认为，申请人没有确定存在着习惯国际法在这里受到质疑的监管决定，即进口警告的情况下所需的具体程序权利。作为承担法律责任的一方，这项裁定就足以驳回《北美自由贸易协定》第 1105（1）条下的申请人的诉请。

尽管申请人与被申请人对正当程序的这一要素采取了不同的方法，但正如杜姆贝教授在他名著中总结的，所有这些过去的《北美自由贸易协定》仲裁庭“都强调需要高度严重程度和严重性，方可断定东道国已经违反任何包含公平公正待遇标准在内的元素”。仲裁庭同意这一学术性结论。因此，仲裁庭不支持申请人的主张。

因此，鉴于申请人的全部记录，包括申请人的决定，不采取行政或司法补救办法来质疑食品和药物管理局据称在执行进口检查时采取的不当行动，仲裁庭决定申请人没有确定被申请人的行为上升到阈值的严重性，以确定违反《北美自由贸易协定》第1105条，而即使仲裁庭假设此类保护已经超出了投资对投资者的待遇。

（五）《牙买加—美国双边投资协定》问题

是否能通过一缔约方所签订的另一双边投资协定中的相关条款，再借用之前一缔约方与另一缔约方所签订的双边投资协定的最惠国条款把更为优惠的待遇进行“引进”是该案仲裁庭所解决的最后一个问题。

本案中，申请人认为，在考察《牙买加—美国双边投资协定》的基础上，该双边投资协定第II（6）条为投资者提供了比《北美自由贸易协定》第1105（1）条更为优惠的待遇。《牙买加—美国双边投资协定》第II（6）条规定：“缔约方应为与投资相关的权利之主张与落实提供有效手段。”申请人进一步认为，这种手段不仅限于司法或裁决程序，而且还包括被申请人的行政决定，例如FDA对Etobicoke工厂以及Signet工厂采取并维持进口警告的决定。申请人进而认为，本案事实表明，被申请人并无根据上述规定赋予申请人相应的有效手段以在程序上质疑被申请人当局的不当行为，因为在本案中，“奥贝泰克制药没有办法质疑进口警告，从而质疑美国认为的其违反《北美自由贸易协定》所承担的义务的规定”。

被申请人则辩称，此问题的争议核心在于《牙买加—美国双边投资协定》第II（6）条关于“有效手段”的外延是否涉及此处申请人所主张的程序性权利。被申请人认为，《牙买加—美国双边投资协定》第II（6）条并不涉及在这里主张的申请人提出的程序性权利，因为这项规定仅限于裁决程序中可以主张的权利和可以强制执行的权利。被申请人进一步解释，这一解释是符合该条款措辞的本意及其起草历史的。

仲裁庭分析了双方的主张后认为，《牙买加—美国双边投资协定》中的相关规定并不能支持申请人在本案中的主张。仲裁庭指出，申请人基于《牙买加—美国双边投资协定》而提出的许多主张其实已经在仲裁庭之前对《北美自由贸易协定》第 1105（1）条的处理中被处理过。更为重要的是，仲裁庭支持被申请人的抗辩，认为该“有效手段”仅涉及程序性权利而并非涉及实体性权利。根据国际法解释通行规则《维也纳条约法公约》第 31 条的解释规则，仲裁庭裁定《牙买加—美国双边投资协定》第 II（6）条的明确含义并不适用于非审判（仲裁）程序，例如 FDA 于 2009 年 8 月 28 日作为进口警告的监管机构的所做出的“进口警告”行政决定等此类情况。

仲裁庭进一步指出：“主张权利和执行权利”之措辞是裁决诉讼的语言。它不是非审判性行政决定例如 FDA 关于进口警告的决定的语言。如果双边投资协定缔约方打算承担这一更广泛的意义，则有必要进一步增加明确的措辞。因此，在这种情况下，仲裁庭认为，其不适合决定《北美自由贸易协定》第 1103 条中的最惠国条款是否可以修改《北美自由贸易协定》第 1105（1）条的内容。而必须等待另一个《北美自由贸易协定》仲裁庭的决定。

三、仲裁裁决

基于上述理由，仲裁庭最后裁定如下：

（1）管辖权和裁决：仲裁庭坚持被申请人对第一和第二申请人根据《北美自由贸易协定》第 11 章及根据《ICSID 附加仲裁规则》第 45 条对批准的 ANDA 提出的所有申请的管辖权异议。由于 2013 年 6 月 14 日相关仲裁庭已经就该问题在奥贝泰克制药诉美国案中做出裁决，故此种申请主张不在仲裁庭的本仲裁的管辖范围内；

（2）其他管辖权异议：除前款规定的命令外，仲裁庭驳回被申请人在本次仲裁中提出的所有其他管辖权异议；

（3）实体裁决及法律责任：仲裁庭驳回了根据《北美自由贸易协定》第 11 章和《牙买加—美国双边投资协定》，就第一申请人（代表自身和奥贝泰克制药）针对被申请人提出的所有仲裁请求（ANDA 除外）；

（4）仲裁费用：第一和第二申请人应根据《ICSID 附加仲裁规则》第 58（1）条的规定，本仲裁所有仲裁费用的 75%，被申请人应承担 25% 的仲裁费用。上述费用应通过 ICSID 秘书处在给缔约方的信件中单独确认；并在必要的情况下，申请人应向被申请人偿还被申请人支付的超过其所述百分比份额的任何仲裁费用；

（5）法律费用：第一和第二申请人应根据《ICSID 附加仲裁规则》第 58（1）条向被申请人支付总额为 1222584.38 美元的法律费用。

四、案件简评

甚嚣尘上的奥贝泰克集团诉美国案终于在 2014 年 8 月以美国政府胜诉而落下帷幕。奥贝泰克集团案是美国根据《北美自由贸易协定》的相关规定作为被诉方的第十六个案件。与之前同样作为被告的 Methanex 案等十五个案件不同，在管辖权问题上该案仲裁庭裁决进一步拓宽了对“与投资有关”措词的理解，为仲裁庭管辖扩大谋得空间，一定程度上反映了国际投资争端仲裁管辖权扩大的趋势。

该案的事实较为复杂，相关实体之间的关系可参见下图。在奥贝泰克集团案中，申请人向美国请求一亿美元的申请。起因在于美国联邦药品管理局（FDA）在对该公司位于加拿大生产厂检查后，就该生产厂商生产并出口至美国的特定非专利药采取了“进口警告”的标签。而该“进口警告”直接指向的虽是加拿大生产工厂，但却直接影响到该公司在美国的投资利益（奥贝泰克美国公司）。申请人在诉状中认为，“进口警告”违反了《北美自由贸易协定》中“公正且公平待遇”条款的相关规定，同时，该措施亦违反了该协定中最惠国待遇以及国民待遇的义务要求，对之造成歧视。损害了申请人在美国的投资利益。就与投资相关问题，美国认为其所采取之措施并非针对奥贝泰克控股公司在美国的投资（而只是针对该公司位于加拿大的工厂），其措施并不符合仲裁庭于 Methenax 案中所确定的对“与投资相关”措辞的核心标准，即仲裁庭对案件享有管辖权的前提在于东道国采取的措施与投资或与投资相关的投资者之间具有“重要的法律联系”，因此仲裁庭对该案并不具有管辖权。

就申请人与美国双方争议的“进口警告”措施是否对该案中唯一予以肯定的奥贝泰克控股公司在美投资奥贝泰克美国公司相关这一问题，仲裁庭最终支持了申请人的诉求，认为仲裁庭因此对该案具有管辖权，而即便其在最终裁决中认为上述措施并无如申请人所请求般违反《北美自由贸易协定》中“公正且公平待遇”条款的相关规定，最惠国待遇以及国民待遇的义务要求。

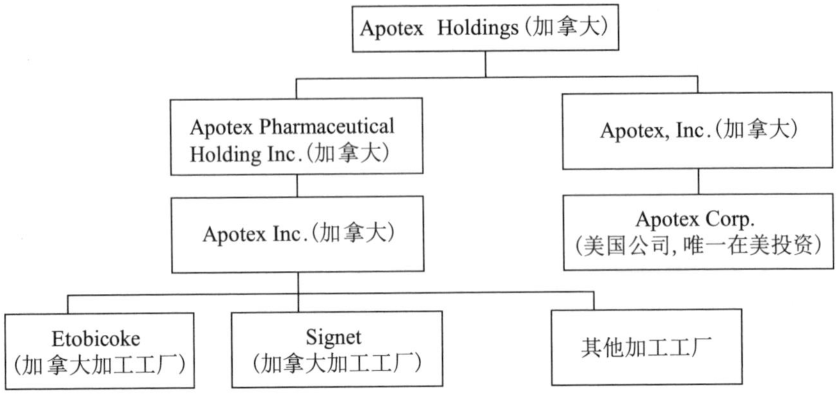

资料来源：转引自 Lise Johnson，New Weakness：Despite a Major Win，Arbitration Decision in 2014 Increase the U.S's Future Exposure to Litigation and Liability，Jan，2015①。

总结起来，我们认为奥贝泰克集团案中所折射出来的美国政府在后续的投资仲裁案中的不确定因素主要有如下几点，而在某些问题上，其他仲裁庭亦对《北美自由贸易协定》仲裁庭的此种主张予以附和。

第一，仲裁庭管辖权的扩张可能对美国带来不利影响。作为仲裁庭管辖权的依据，《北美自由贸易协定》第 1101 条对该协定的适用范围作出了规定。第 1101 条第 1 款规定："该章节适用于缔约国一方所采取或维持的与（投资或投资者）相关的措施"。

在奥贝泰克集团诉美国案中，仲裁庭在对"与（投资或投资者）相关"及"待遇"措辞进行自由解读（肆意发挥）的背景下认为：就如何理解"与（投资或投资者）相关"措辞的核心标准"重要的法律联系"问题上，不应只对《北美自由贸易协定》相关措辞作狭义解释，此种"重要的法律联系"，依据仲裁庭观点，就是奥贝泰克美国公司截至目前最为直接并反向地受到美国"进口警告"措施的影响，即便美国的措施仅仅针对的是位于加拿大的两个生产厂（Etobicoke 及 Signet），而同时奥贝泰克美国公司亦并非只从位于加拿大的两个生产厂（Etobicoke 及 Signet）获得相关产品。换言之，仲裁庭把"重要的法律联系"所确认的范围理解得相当具弹性。②

因此，如同里斯（Lise Johnson）教授所指，循该案仲裁庭的观点，若

①② See Lise Johnson，New Weakness：Despite a Major Win，Arbitration Decision in 2014 Increase the U.S's Future Exposure to Litigation and Liability，Jan. 2015，available at http://ccsi.columbia.edu，last visited on 3. Apr. 2015.

《北美自由贸易协定》缔约国意在寻求该协定投资章对其出口产品提供保护，一个简单的方法就是在其他缔约国中设立一个分销该产品的投资。但此举的弊端显而易见，正如美国所指出，仲裁庭的这一裁决混淆了贸易与投资的界限，使该协定投资章的适用范围比当初制定该协定时远为广泛，扩大了仲裁庭对投资问题的管辖权。可以预见，在奥贝泰克集团诉美国案后，可能有很多类似的诉求得以被提出，这亦增加了美国在此类诉讼中的败诉风险。①

第二，仲裁庭进一步蚕食美国依据国际法所享有的权利。条约缔约方对条约的解释力问题在奥贝泰克集团案与 Detroit International Bridge Co. 案中都有所涉及。在第一个案件中，原告奥贝泰克集团案与被告美国双方就能否通过《北美自由贸易协定》的最惠国待遇条款作为桥梁，援引其他协定（在该案中为《美国—牙买加双边投资协定》）中关于“公正且公平待遇”条款的规定以改变《北美自由贸易协定》第 1105 条“公正且公平待遇”的相关待遇产生分歧（由于《美国—牙买加双边投资协定》中的关于“公平公正待遇”条款并无明确指出该条款受最低待遇条款内涵的约束）。对此，美国坚决反对。理由在于美国认为，其实早在 2001 年，《北美自由贸易协定》的缔约方已经通过《北美自由贸易协定》下的 FTC（自由贸易委员会）发布了对《北美自由贸易协定》中“公平及公正待遇”条款的解释，澄清了该条款反映了当下习惯国际法中的最低待遇标准，而并不包含要求对投资者给予高于该标准的任何意思。因此，《北美自由贸易协定》中的最惠国条款不应被援引以达致通过援引其他协定条款以改变第 1105 条中的实体规定的目的。加拿大及墨西哥均对此表示赞同。

但该案仲裁庭并无就此问题对双方的立场及其法律重要性展开分析，仲裁庭在没有给出对双方争议问题作进一步分析的基础上指出：“《北美自由贸易协定》缔约方就最惠国条款能否扮演该角色的判断的正确与否需留待日后《北美自由贸易协定》仲裁庭判断。”

仲裁庭在该案中显然“懒政”，此意见显然为其他诉求者类似地从其他协定中援引“公平与公正待遇”条款以提高对其投资利益的保障打开了缺口。显然，如果在该案中仲裁庭对原告方的该主张给予驳回，则该案裁决

① See Lise Johnson，New Weakness：Despite a Major Win，Arbitration Decision in 2014 Increase the U.S's Future Exposure to Litigation and Liability，Jan. 2015，available at http://ccsi.columbia.edu，last visited on 3. Apr. 2015.

结果则很可能打消其他可能诉求者援引其他协定中的相关条款以修改《北美自由贸易协定》中“公平且公正待遇”条款的意图。仲裁庭如此仓促地忽略了《北美自由贸易协定》缔约方在对该问题的立场分析，亦失去了循司法程序对该问题给予进一步解释的机会。

其实，在投资协定中，最惠国待遇普遍是指“给惠国给予受惠国投资者的优惠，不低于该给惠国给予第三国投资者的待遇”。例如，《北美自由贸易协定》第 1103 条规定：“在相类似情况下，缔约方在投资的设立、并购、扩张、管理、经营、运营、出售或其他对投资的处置上应给予缔约方投资者不低于该国给予其他缔约方或非缔约方投资者的待遇。”

最惠国待遇，虽然作为投资协定中的核心条款，在投资仲裁中出现频率颇高，但其在投资协定项下的应用却与其在贸易协定项下的应用有所不同。而当下对其运用则特别需要注意以下两个方面的问题。

首先，承认最惠国待遇自身隐含的限制适用原则，即“同类规则”原则。这是指最惠国待遇的受惠国只能在最惠国条款适用的同类客体范围内要求获得第三方条约所给予的待遇。“同类规则”的适用已经得到了诸多国际仲裁庭的承认。在 Hochtief 诉阿根廷案的仲裁裁决中，仲裁庭引用了联合国国际法委员会对最惠国待遇条款的评论，指出：“假定存在 A、B、C 三国，A 国与 B 国之间存在一个双边条约（基础条约），B 国与 C 国之间亦存在一个双边条约（第三方条约）；则即使 C 国基于 B 国与 C 国间签订的第三方条约的规定或出于自愿可以引渡位于 B 国的 C 国罪犯，也并不意味着在 A 国与 B 国基础条约中，有关商业事项的最惠国待遇条款也能被看作是授权 A 国向 B 国主张引渡位于 B 国的 A 国罪犯之权利。”

其次，重视最惠国待遇条款能否适用于仲裁程序问题。基于最惠国待遇的文本发展及仲裁庭实践，最惠国待遇条款所具有的“多边化”功能与投资协定“双边化”及“碎片化”所带来的冲突问题日益凸显。反映在争端解决程序方面，则涉及最惠国待遇条款能否适用于仲裁程序问题。自 2000 年初的 Maffezini 案开始，关于最惠国待遇条款能否适用于仲裁程序问题，学界与实务界均形成了两派观点。支持的意见认为最惠国待遇条款能够适用于仲裁程序，突出的例子是 Maffezini 案。在 Maffezini 案中，阿根廷籍的投资者没有遵守《阿根廷—西班牙双边投资协定》规定的当事人在提起仲裁前必须有 18 个月的等待期限的条款，相反却依据该条约中规定的最惠国条款适用对自己更为有利的《西班牙—智利双边投资协定》规定的可以在 6 个月谈判之后提起仲裁的争议解决条款提起仲裁。仲裁庭指出，《阿根廷—

西班牙双边投资协定》仅仅规定其适用于与投资有关的“所有事项”，并没有对最惠国条款能否延伸适用于争议解决的问题做出规定。尽管如此，仍然有很好的理由认为当前的争端解决协议与外国投资者保护的联系密不可分。如果其他的公约规定了更有利的争端解决条款，根据最惠国条款，就可以延伸适用该规定。而在反对意见方面，突出的例子则是Salini案。在该案中，仲裁庭认为，争议当事人所依据的《意大利—约旦双边投资协定》规定的最惠国条款没有明确包括“所有权利”或者“所有事项”之类的词语，也没有任何条款规定最惠国条款可以延伸适用于争议解决程序，因此不能认为该条约适用于所有的投资事项。

曾经，最惠国待遇条款一直“沉睡”在投资协定规则群的角落中，极少为投资者及东道国所关注。但随着投资保护向更高标准“趋同化”趋势的加剧，最惠国待遇条款的解释与适用如何演进，这是一个很值得继续关注的问题。

ADF 集团有限公司诉美国案

ADF Group Inc.

v.

United States of America

（ICSID Case No. ARB（AF）/00/1）

仲裁裁决 2003.1. 9

一、案件事实

本案申请人为 ADF 集团有限公司（ADF Group Inc.，以下简称 ADF 集团），其是一家根据加拿大法设立的公司。本案争议的基本事实涉及斯普林菲尔德道路立交工程（The Springfield Interchange Project）建设。斯普林菲尔德道路立交位于美国华盛顿特区以南，离北弗吉尼亚（Northern Virginia）约 20 公里处，是一个使用率高且事故频发的道路连接点。该道路立交汇集了三条州际高速公路、一条弗吉尼亚高速公路（包括美国东海岸的主要南北向高速公路 I-95 在内）以及一条重要的弗吉尼亚高速公路，附近还有大型购物商场和密集的办公区域。因此，斯普林菲尔德道路立交是州际交通、州内交通和当地交通的汇合点。随着近几十年交通运输量的持续增长，原始道路设计已无法满足需求，交通事故和交通阻塞发生率不断上升。

自 20 世纪 90 年代起，弗吉尼亚州官员和美国联邦官员就改进斯普林菲尔德道路立交的原始设计开展了一系列讨论和听证会。1998 年，弗吉尼亚州向美国交通部联邦公路管理局（Federal Highway Administration，以下简称 FHWA）提出申请资金支持以进行一项多阶段的道路立交工程改进建设。该工程的第二阶段和第三阶段需要在弗吉尼亚州 644 号高速公路和 I-95 相交处新增一系列新的车道、坡道以及分岔路。坡道所需桥梁需要“按照严格规定定制”的长钢梁来支撑。简而言之，斯普林菲尔德道路立交工程是对原始道路结构进行重大改动、多层次建设新的额外结构和高速公路，以便提高该道路立交的承载能力、安全性和便捷性。

1998 年 9 月，弗吉尼亚州交通部（the Department of Transportation of the Commonwealth of Virginia，以下简称 VDOT）发布招标公告，以建设该工程的第二阶段和第三阶段。谢利（Shirley）承包公司（以下简称谢利公司）提交了最低标价并得到了工程合同（《主合同》）。谢利公司的报价包括工程中约 1680 万美元的结构钢需求。总承包商谢利公司转而发布分包招标公告，ADF 国际股份有限公司（以下简称 ADF 国际）提交了最低报价。1999 年 3 月 19 日，谢利公司与 ADF 国际签订了一份分包合同，规定由后者交付“九座桥梁的所有结构钢组件”。分包合同规定：“ADF 国际提供的所有材料须符合计划、规范、合同文件和补充规范。分包人确认《有关使用国内材料特别规定》（下称《特别规定》）第 102C 节，即《主合同》第 102.05 节的规定。”

1999 年 4 月 19 日，谢利公司告知 VDOT：ADF 国际提出通过使用美国制造的钢材以及在加拿大 ADF 集团母公司对此类钢材进行某些制造工作的方式来履行分包合同项下的义务。谢利公司陈述道：“ADF 国际提出在加拿大对美国生产的钢材进行切割、焊接、冲洞 / 铰孔等。经过上述制作过程的美国钢产品将被运输到施工现场并用于 I-95 斯普林菲尔德道路立交工程的建设。”

1999 年 4 月 28 日，VDOT 告知谢利公司：ADF 国际提议的活动不符合《主合同》第 102.05 节的特殊规定以及《美国联邦法规》第 23 章 635.410 节的规定，而这两项特殊规定正是 VDOT 和谢利公司之间所签订的主合同的内容，且通过援引以下内容也成了谢利公司和 ADF 国际之间的分包合同的一部分：“基于运输部、检察长和联邦公路管理局的解释，《主合同》第 102.05 节的特殊规定以及《美国联邦法规》第 23 章 635.410 节的规定涉及钢产品或铁产品的全部制造过程。这意味着冶炼或改变材料的物理形式、形状或化学成分的任何后续进程。此种进程包括使用轧制、挤压、加工、弯曲、磨、钻，以及各种涂料。直到所有磨、钻孔、钢或铁材料已经全部完成，才认为是制造过程的结束。在加拿大进行的额外过程是将钢材制作为适用于工程的钢产品所必需的。因此，这些过程受前述提到规定的制约，在本合同项下是不被允许的。”

1999 年 6 月 3 日，谢利公司和 ADF 国际的代表们与 VDOT 和美国运输部联邦公路管理局（FHWA）的代表们于弗吉尼亚州首府里士满（Richmond）进行了会面。两家公司代表们向 VDOT 和 FHWA 代表们解释了其对《特别规定》102C 节的“国内材料使用”的理解以及该理解的原因。

VDOT 代表陈述道："FHWA 对合同条款的解释具有决定性，VDOT 无权改变解释内容。"FHWA 代表证实："VDOT 传达给谢利公司的是其对合同条款的解释，该解释具有排他性。"

1999 年 6 月 14 日，谢利公司和 ADF 国际的代表与 FHWA 官员进行会晤，后者解释斯普林菲尔德道路立交工程是一项联邦助建高速公路建设项目，主合同中的"购买美国货"条款（《特别规定》102.05 节）以及分包合同中的纳入是符合联邦公路管理局规定《美国联邦法规》第 23 章 635.410 节所必须的，并向谢利公司和 ADF 国际的代表们明确表示：FHWA 对条款的解释已经传达给 VDOT、谢利公司和 ADF 国际，除非遵守"购买美国货"条款，否则美国联邦政府不会报销 VDOT 工程费用。FHWA 官员建议：只有当弗吉尼亚州以不符合"公共利益"的理由，寻求并获得适用《美国联邦法规》第 23 章 635.410 节（c）项下"购买美国货"要求的豁免时，才允许在加拿大对美国生产的钢材进行加工。

1999 年 6 月 25 日，ADF 国际要求谢利公司就"购买美国货"要求向 VDOT 寻求豁免。ADF 国际这样写道："ADF 无法在佛罗里达州的工厂进行制造。虽然在佛罗里达州的工厂面积很大，但却不具备重型起重能力。另外，和美国其他制造商一样，ADF 设备已经满负荷了。我们无法在规定时间内找到美国有资质履行该项工作的制造商，我们认为所有能够履行该项工作的制造商已经全部满负荷了。"ADF 国际同时强调及时完成该工程的公共利益，认为斯普林菲尔德道路立交工程是州际高速公路系统的重要组成部分，承担着"当地需求、州际贸易、国家和民防"的责任。在 ADF 国际看来，这些公共利益"将通过给予豁免，使得该工程得以及时完成而获得提升"。谢利公司同意了 ADF 国际的请求，并向 VDOT 去信请求给予豁免。1999 年 7 月 26 日，VDOT 回信给谢利公司：美国拒绝豁免申请，因为"没有依据"授予豁免。在这封信中，VDOT 建议谢利公司：美国国家钢桥联盟（the National Steel Bridge Alliance，以下简称 NSBA）"可以协助你寻找国内资源"。NSBA 在 1999 年 7 月 8 日给 FHWA 的信中写道："美国有丰富的钢桥制造能力"，并附表列出了近 50 家有资质的主要钢桥制造公司，声称"其中大部分公司可有效满足斯普林菲尔德道路公交工程建设需求"。谢利公司几天后向 ADF 国际传达了该信息。

此后，ADF 国际尝试通过利用其位于佛罗里达州的工厂履行其分包合同项下的义务，但主要是通过向其他美国结构钢制造商进行分包来完成工作。据 ADF 总裁皮埃尔·帕斯基尼（Pierre Paschini）称，ADF 不得不将结构钢制造分包给五家不同的制造商，以致“极大提高”了项目费用。费用提升是因为：第一，雇用五家美国制造商；第二，测试、设备租赁、运输和滞期费；第三，项目管理、工程、运输和滞期中所需的重要额外时间；第四，确保钢材运输至五家制造商，按照合同约定和质量要求制造，以及按照交货时间表及时交付的各个控制、协调和后勤系统。

正是因为 ADF 国际因此遭受了损失，ADF 集团公司（即申请人或投资者），于 2000 年 7 月 19 日，根据《北美自由贸易协定》第 1116 条、第 1117 条、第 1120（1）(b）条和第 1137（1)(b）条向美国政府提起仲裁。2001 年 1 月 11 日，国际投资争端解决中心（ICSID）秘书长通知双方，所有仲裁员已接受任命，仲裁庭于该日组成并开始仲裁程序。

二、法律争议推理过程

（一）利害攸关的美国措施

申请人在该案中提出质疑的美国措施涉及以下三层法律条款规定：（1）1982 年颁布的立法规定；（2）1983 年颁布的行政法规；（3）体现行政法规、并适用于特殊高速公路建设或修缮工程，如斯普林菲尔德工程的合同条款。第一层法律规定包括美国 1982 年《地面交通协助法案》(the Surface Transportation Assistance Act）165 节第 a 款至第 d 款（Section 165，STAA of 1982)。165 节相关规定内容如下：“(a）虽法律另有规定，交通部长不得通过该法案或该法案修订的任何法案进行授权资金拨款，或该法案生效后，任何授权资金拨款以实施该法案、美国法典第 23 篇、联邦运输法案、或 1987 年地面交通援助法案，且由交通部进行管理，除非该工程中使用了美国生产的钢、铁和制成品。(b）部长发现有下列情形时，不得使用（a）规定：（1）其适用违背公众利益；（2）此类材料和产品并非美国制造，不具备充分合理的数量和令人满意的质量；或者（3）已废止；（4）使用国内材料将增加整个工程合同的成本，在收购全部车辆（acquisition of rolling stock）项目时增加百分之十以上成本，在其他项目中增加百分之二十五以上成本。”

第二层法律规定主要包括《美国联邦法规》第 23 章 635.410 节，由 FHWA 颁布的“购买美国货要求”法规，作为实施第一层法律中第 165 节的规定。规定如下：“635.410 节，购买美国货要求。

……

(b) 至少满足以下条件之一才可授权进行联邦资助的高速公路建设工程：

(1) 工程：(i) 不包含永久合成钢或铁材料，或 (ii) 如果使用了钢或铁材料，那么所有制造过程必须在美国进行。

(2) 国家对国内材料和产品的使用有标准合同条款，包括钢和铁材料在内。

……

(4) 当工程中使用了钢和铁，如果所使用材料的费用没有超过总合同费用的 0.1% 或没有超过 2500 美元，那么本节中的要求并不限制国外钢铁材料的最小量使用。

(c) (1) 当有下列情形时，州可以申请本节规定的豁免：

(i) 本节规定的适用不符合公共利益；或者

(ii) 美国无能力生产出保质保量的钢铁材料 / 产品。

第三层法律规定包括《特别规定》第 102C 节，(《主合同》第 102.05 节)，这是 VDOT 和谢利所签订的主合同中的合同条款，并被谢利公司和 ADF 国际之间的分包合同引用。第 102.05 节相关内容如下："……工程中需要使用的所有钢铁产品（包括如紧固件、螺母、螺栓和垫圈等在内的杂项钢项目）应当在美国生产；除非使用此类钢铁产品将增加超过总工程造价的 25%。'在美国生产'是指使原材料或铁矿石材料转变为产品的全部生产过程，该过程必须发生于美国 50 个州、哥伦比亚特区、波多黎各或美国领地之内。但铁矿石、生铁等用于钢产品的原材料可进口。如果使用上述国内钢铁将增加整个工程费用的 25% 以上，总承包商可以选择使用国内或国外产品。法律另有规定除外。"

因为美国联邦公路管理局规定《美国联邦法规》第 23 章 635.410 节以及实施美国国会 1982SATT165 节的 FHWA 规定的效力和影响，申请人和被申请人都同意《主合同》第 102.05 节是主合同和分包合同的组成内容。VDOT 在其 1995 年 5 月 3 日"道路和桥梁规范"中纳入《特别规定》第 102C 节；且 1997 年 1 月 1 日的"道路和桥梁规范"也须遵守所有美联邦和州的法律。此外，谢利公司和 ADF 国际间的分包合同规定：分包商"在国内材料使用方面明确承认了《特别规定》第 102C 节"。弗吉尼亚州自身没有关于该州高速公路建设工程中国内钢材和钢产品使用的相关法律法规。

申请人实际上在诉被申请人的第四层措施——FHWA 和 VDOT 对

《主合同》第 102.05 节规定以及相关法律法规（前两层法律规定）就本案事实的解释和适用，这种解释和适用的方式致使把 ADF 集团认为是美国境内生产钢材的“后期制造”包括在需在美国境内进行的“全部制造过程”范围内。申请人认为此种解释和适用不符合被申请人在《北美自由贸易协定》第 1102 条第 1 款、第 2 款和第 1105 条第 1 款中给予“国民待遇”“公平和公正待遇与全面保护和安全”的义务。在 1999 年 3 月 19 日，申请人在与谢利公司签订分包合同前不久或在签订合同时，收到了一份美国律师出具的法律意见，律师认为其提出的在加拿大进行的生产制作符合分包合同中的购买美国货条款。

（二）双方主要诉求

1. 申请人的主要诉求

（1）《北美自由贸易协定》第 1102 条：国民待遇义务

申请人认为：购买美国货规定存有争议，美国与州政府做出该规定意在“设计”有利于美国钢材和美国钢铁制造商，而不利于非美国钢材或非美国钢铁制造商的相关环境。申请人认为“根据定义”，美国该项举措“有利于本国的投资而不利于非本国的投资”，因此此举与《北美自由贸易协定》第 1102 条国民待遇相悖。

第 1102 条规定：“每一缔约方给予另一缔约方投资者的待遇应不低于其在类似情形下在投资的设立、获得、扩大、管理、经营、运营和出售或其他处置方面给予本国投资者的待遇。每一缔约方给予另一缔约方投资者的投资的待遇应不低于它在类似情形下在投资的设立、获得、扩大、管理、经营、运营和出售或其他处置方面给予本国投资者的投资的待遇。”

申请人认为，根据第 1102 条第 1 款的规定，ADF 集团是“缔约方投资者”，是该缔约方法律中的“企业”。并且因为 ADF 国际属于缔约方投资者（ADF 集团），根据 1102 条第 2 款，申请人还认为 ADF 国际是一家“企业”且为“缔约方投资者的投资”。因此，申请人提出，关于 ADF 国际的钢材销售、扩大、管理、经营和运营，根据 1102 条第 1 款及第 2 款，美国有义务给予 ADF 集团“国民待遇”。ADF 集团的“投资”包括：(a) ADF 集团或 ADF 国际获得的结构钢，以及 (b)（ADF 集团或 ADF 国际）通过分包合同就资本或其他资源的投入而获取的“利益”。

申请人还提出，ADF 集团和 ADF 国际处于“在类似情形下”，但与美国钢制造商相比却受到了歧视。美国钢制造商与 ADF 集团同处一个行业、销售相同产品、竞争相同消费者，购买相同的美国钢，使用相同的制造工艺并将结构钢提供给相同的客户。在申请人看来，ADF 集团和美国钢制造商之间的“唯一区别”就在于“其工厂的物理位置”。但第 1102 条第 1 款的规定“投资者可位于缔约方领土外”，决定了必须提供国民待遇。申请人被禁止在加拿大制造钢（投资的一部分）并销售给 ADF 国际，“因为加拿大的工厂被认为不如美国的类似工厂”。

申请人提出，第 1102 条“已经将货物贸易中的反歧视原则扩展到了投资者及其投资”。第 1102 条中包含的一系列待遇意在鼓励《北美自由贸易协定》区内货物、服务和投资的自由流动。申请人认为，美国措施是“法律上的歧视”且具有“贸易保护主义”，该措施认为非美国投资者和其投资不如美国投资者及其投资。

申请人提出，美国措施通过要求其他《北美自由贸易协定》缔约方的投资者只能使用国内生产的货物，在特定合同中有效制止了进口货物的使用，从而影响投资的“管理、经营和运营”。该措施限制了“在母公司和其子公司之间自由运输货物和服务的能力”，并降低了“与投资者的其他运营进行整合”的投资能力。因此，在申请人看来，美国措施将 ADF 国际置于国内制造商之间的竞争劣势地位之上。对美国钢制造商而言，在加拿大进行制造的能力是“不相关的”。另外，ADF 国际本身也面临三种选择：扩大其美国工厂；或将工作转包给其美国竞争者；或放弃重要的商业机遇。最后，在谢利公司和 ADF 国际之间的分包合同适用美国措施，构成了美国对其自身以下持续性判例法的拒绝：为“购买国货”要求目的，钢产品的“后期生产加工”并未改变钢的来源。

（2）《北美自由贸易协定》第 1105 条：最低待遇标准

第 1105 条第 1 款规定：“每一缔约方应依据国际法给予另一缔约方投资者的投资待遇，包括公平和公正待遇，及全面保护和安全。”申请人指出，《北美自由贸易协定》第 102 条第 2 款规定，《北美自由贸易协定》条款的解释和应用应依据该条第 1 款规定的目标和可适用的国际法规则。第 1105 条第 1 款应以“减少货物和服务贸易壁垒……以实现《北美自由贸易协定》目标”的方式解释。申请人同时认为 1105 条第 1 款中的“全面保护和安全”不应被重述为免于“恶劣政府行为”或“震惊国际社会的行为”的保护和安全。并且，第 1105 条第 1 款中的“国际法”不应被解读为“习惯国际法”，因为“习惯国际法并不能为投资者提供公平和公正待遇，以及全面保护和安全”。如果采用了上述解释，申请人认为现行有效的多边或双边投资协定也就失去其作用了。

申请人认为美国措施在多种方式都未达到上述法律要求。首先，1982年美国《地面交通协助法案》第 165 节的购买美国货规定，“在《北美自由贸易协定》语境下，本身就是不公正和不公平的。”其次，购买美国货规定无法控制 FHWA 的自主决定权，该机构“只适用其认为合适的法律，而不考虑 165 节规定”，因而 165 节规定无法为其他缔约方的投资者们提供“全面保护和安全”。第三，对投资者适用购买美国货规定武断地消解了先前由美国法院和行政机构创立的“合法预期”。投资者还指控“美国制定该争议（行政）法规的程序”违反了第 1105 条第 1 款的规定。最后，在把购买美国货规定从《北美自由贸易协定》第10章关于联邦政府采购的规定中排除后，美国不应“间接强迫各州适用（该规定）”。允许各州购买美国货是一回事，而“强迫其购买”就是另外一回事了。

2001 年 7 月 31 日，《北美自由贸易协定》自由贸易委员会（Free Trade Commission，以下简称 FTC）颁布了“对第 11 章某些规定的解释”（以下简称 FTC 解释），由美国贸易代表、墨西哥经济部长、加拿大国际贸易部长代表其政府签署。当天，被申请人向仲裁庭提交了 FTC 解释，该解释处理了包括 1105 条第 1 款在内的《北美自由贸易协定》条款，其规定：

> B. 根据国际法规定的最低待遇标准
>
> 1〉第 1105 条第 1 款规定了习惯国际法最低待遇标准作为一缔约方应给予另一缔约方投资者投资的最低待遇标准。
>
> 2〉“公平和公正待遇”与“全面保护和安全”概念不要求习惯国际法最低待遇标准以外的待遇。
>
> 3〉违反《北美自由贸易协定》其他条款的规定，或违反独立国际协定不视为违反第 1105 条第 1 款的规定。

投资者对 FTC 解释的回应体现在其对被申请人答辩状的回复之中，有两方面内容：第一是投资者重申了其在诉状中的几个论据；第二是把第 1103 条规定引入其主张的核心。

（3）《北美自由贸易协定》第 1103 条：最惠国待遇

第 1103 条规定如下：

> 1〉每一缔约方给予另一缔约方投资者的待遇应不低于它在类似情况下在投资的设立、获得、扩大、管理、经营、运营和出售或其他处置方面给予任何其他缔约方或非缔约方投资者的待遇。
>
> 2〉每一缔约方给予另一缔约方投资者的投资的待遇应不低于它在

类似情形下，在投资的设立、获得、扩大、管理、经营、运营和出售或其他处置方面给予任何其他缔约方或非缔约方投资者的投资的待遇。

申请人认为第 1103 条的效果之一，就是《北美自由贸易协定》缔约方投资者有权得到下述两种待遇中的较好待遇：(i) 依据第 1105 条给予《北美自由贸易协定》投资者待遇，或 (ii) 依据第 1103 条给予非《北美自由贸易协定》缔约方投资者的待遇。申请人认为，如果美国和一非《北美自由贸易协定》缔约方签订的双边投资协定给予投资者的待遇优于习惯国际法提供的待遇，则一个《北美自由贸易协定》投资者有权获得该较优的待遇。申请人认为被申请人和阿尔巴尼亚共和国于 1998 年 1 月 4 日生效的双边投资协定的第二条第三款的 a、b 项有下述规定：

(a) 每一缔约方应在任何时候对涵盖投资给予公平和公正待遇与全面保护和安全，在任何情况下所提供的待遇标准不应低于国际法要求。

(b) 任何一方不得以任何不合理和歧视性措施损害涵盖投资的经营、运营、销售或其他处置。

申请人认为，美国和阿尔巴尼亚之间的双边投资协定第三条 a 项规定，以及美国和爱沙尼亚之间于 1997 年 2 月 16 日签订的双边投资协定第三条 b 项规定，都表明“公平和公正待遇与全面保护和安全”是“独立”的义务，是国际法规定的“底线”待遇，其待遇标准比《北美自由贸易协定》第 1105 条第 1 款中规定的并由 FTC 解释的待遇更优惠。

(4)《北美自由贸易协定》第 1106 条：禁止履行要求

申请人还认为美国措施不符合《北美自由贸易协定》的第 1106 条，该条规定为：

1〉任一缔约方不得在其领土内，对一缔约方或一非缔约方投资者的投资的设立、取得、扩大、管理、经营或运营强加任何下列要求或强迫任何承诺或保证：

(a) ……

(b) 达到一定水平或百分比的当地含量；

(c) 购买、使用或优先选择其境内生产的货物或提供的服务，或购买来自其境内生产者的货物或服务。

此案中，ADF 国际被要求只能购买美国生产的钢材或钢产品，或将工作任务分包给美国制造商。因而投资者认为，被申请人的购买美国货措施违反了第 1106 条第 1 款 b 项以及第 1106 条第 1 款 c 项。为记录购买美国货措施的不合格性，投资者还部分引用了第 1108 条第 1 款的规定：

第 1108 条：保留与例外

1〉第 1102 条、第 1103 条、第 1106 条和第 1107 条不适用于：

（a）以下当局维持的任何现行不一致的措施：

（i）附件 I 或附件 III 中减让表列出的由联邦一级机构：

……

（b）对（a）项所指任何措施的延续与迅速更新。

申请人继续指出，美国减让表附件 1 中题为“现有措施的保留和自由化承诺”包含以下项目：

部门：　废物管理

保留类型：　履行要求（第 1106 条）

政府级别：　中央

措施：　《清洁水法案》33USC 1251 节及以下等

描述：　《清洁水法案》授权拨款建设城市污水或工业废料处理厂。款项接受者可能是私营企业。法案规定：废物处理时所用的材料和供应品必须是在美国制造、开采或生产。当材料费用不合理时美国环境保护署的管理人员有权不适用该规定。（33 U.S.C. 1295 节）

申请人坚信美国已经承认了《清洁水法案》中的购买美国货规定不符合第 1106 条要求，因而需由第 1108 条第 1 款和附件 1 的美国减让表保留。而美国 1982 年《地面交通协助法案》第 165 节的“购买美国货”条款与清洁水法的可比较条款更严格。而本案争议的美国措施却并没有依据第 1108 条第 1 款保留，因此投资者认为这些措施更加是不符合第 1106 条第 1 款（b）和（c）项规定了，不应适用于《北美自由贸易协定》缔约方投资者的投资。由此，投资者又引用了《北美自由贸易协定》的第 1108 条第 7 款和第 8 款的规定。

（5）《北美自由贸易协定》第 1102 条、第 1103 条和第 1106 条例外的不适用：第 1108 条第 7 款和第 8 款的效力——缔约方进行的采购

第 1108 条：保留和例外

……

7〉第 1102 条、第 1103 条和第 1107 条不适用于：

（a）由缔约方或国有企业采购；或

（b）由缔约方或国有企业提供的补贴或资助，包括政府支持的贷款、担保和保险。

8〉规定：

……

（b）第 1106 条第 1 款第 b、c、f、g 项，以及第 3 款第 a、b 项不适用于由缔约方或国有企业的采购；

……

申请人为避免适用 1108 条第 8 款 b 项而陈述道：此案并非采购案件，且投资者并未抱怨任何联邦采购行为。投资者抱怨的是在斯普林菲尔德道理立交工程中，联邦政府对 VDOT 商品和服务购买行为实施的措施。投资者认为，如果联邦政府不实施该措施，申请人就能为 VDOT 提供申请人在加拿大工厂制造的钢铁产品。申请人承认，VDOT 的活动和运营构成了弗吉尼亚州的采购，但联邦政府并未为斯普林菲尔德道路立交工程购买任何商品或服务；但和联邦政府不同的是，弗吉尼亚州无须遵守第 10 章的条款。因此，在投资者看来，如果被申请人的措施构成采购行为，那么就违反了第 10 章的禁止性规定，特别是第 1106 条的规定。如果被申请人的措施没有构成联邦政府的采购行为，那么其也未通过第 1108 条第 8 款 b 项予以保留。

（6）斯普林菲尔德道理立交工程外的其他有关工程的诉求

投资者在其仲裁通知的第 76 段陈述道："继续适用美国措施会对 ADF 国际造成额外损害，限制了 ADF 国际充分参与未来美联邦资助的高速公路建设工程的能力。"并列出了其参与的联邦资助的高速公路建设工程，即：(a) 弗吉尼亚州的洛顿（Lorten）桥梁工程；(b) 纽约州的布鲁克林皇后区高速公路桥梁工程；(c) 纽约州的皇后区桥梁工程。投资者声称这三项工程均适用了本案中的美国措施，致使 ADF 国际或 ADF 集团无法在工程中使用原产美国但在加拿大加工的钢材。

2. 被申请人的主要主张

（1）关于第 1102 条：国民待遇义务；第 1106 条：禁止履行要求

被申请人的基本辩护理由是：申请人基于第 1102 条和第 1106 条的指控已被第 1108 条第 7 款 a 项和第 8 款 b 项规定关于"缔约方采购行为"的例外情况所排除。

被申请人认为：第一，如申请人所言，弗吉尼亚州从谢利公司购买钢材和服务是一种"采购行为"。美国的弗吉尼亚州在本案中通过"美国政府部门”进行采购，而该行为正是第 1108 条所规定的内容。第二，《北美自由贸易协定》第 10 章“政府采购”的适用范围是有异议的。虽然第 10 章的标题是政府采购，但并非所有的政府采购行为都要直接遵守该章内的规定。只有“美国减让表”中列出的 56 个美国政府机构或实体（包括运输部在内）才适用第 10 章中“与采购行为有关”的规定。因此，第 1108 条排除了第 11 章对“任何及所有政府采购”(无论是由联邦政府还是联邦政府分支机构进行）的规定，第 10 章实际上仅规定了列出的特定联邦政府机构的采购行为。被申请人认为，州政府及省级政府并不适用第 10 章或第 11 章中规定的任何国民待遇和履行要求。为证明第 10 章的限制适用范围，被申请人引用了美国的行政行动声明和加拿大的履行声明。此外，被申请人称，《北美自由贸易协定》生效后，其三个缔约方继续对州和省政府采购实行联邦支持。例如，加拿大联邦政府为省级高速公路建设提供了高额财政援助，接受财政援助的许多省份在其采购中都实行了国内优先规定。墨西哥也是如此，其联邦政府为州政府优先采购国内商品和服务提供全部或部分的资金支持。被申请人最后提出，事实上，“即便不是全部，也是大部分国家”均实行政府采购的国内要求。第三，申请人基于第 1108 条第 7 款和第 8 款得出的结论“毫无意义”。第 10 章中明确规定的政府采购的国民待遇和履行要求义务并不适用于州政府或省政府的采购。但申请人称州级采购须遵守第 11 章的规定，因为本国含量要求和对国内产品的偏好对其而言是“保护主义”“歧视性”和“不公平的”。《北美自由贸易协定》缔约方并未同意州级采购须遵守第 10 章或第 11 章的要求，只有特定联邦政府机构进行的联邦级别采购才需遵守第 10 章的规定，且由此产生的争端解决须遵从第 20 章规定的国与国之间的争端解决程序，而不适用第 11 章规定的投资者—国家争端解决框架。

针对申请人声称被申请人违反第 1102 条和第 1106 条的论断，被申请人提出如下申辩理由：第一，第 1102 条的国民待遇要求适用于位于一缔约方领土内的另一缔约方的投资者及其投资，而非适用于从一缔约方领土内获得的商品和服务贸易。后者由《北美自由贸易协定》其他章节和争端解决程序来调节，第 11 章及其投资者和国家之间的争端解决机制并不适用于此。第二，由于 VDOT 和谢利公司之间主合同的购买美国货条款，每一家位于美国的钢铁制造商（无论该制造商是美国、加拿大、墨西哥或其他国家）都面临着和 ADF 国际同样的制约。每家制造商都不能将工作分包给美国之外的制造商并在高速公路工程（如斯普林菲尔德道路立交工程）中使用由此生产出的钢产品。换句话说，ADF 位于加拿大的工厂不属于第 11

章所指的“投资者”或“投资”，因此被申请人认为其并未违反第 1102 条的国民待遇。第三，第 1102 条并不保证母公司及其子公司之间“自由传输商品和服务的能力”，也不阻止缔约方限制投资者对其投资的管理、经营或运营等，只要该缔约方在类似的情形下就相同的事务未给予其自己的投资者及其投资待遇。

被申请人认为，申请人引用的司法和行政案例与本案并不相关。用以解释 1933 年购买美国货法案的案例仅涉及直接联邦采购行为，而 1982 年美国《地面交通协助法案》中的购买美国货条款只涉及对高速公路工程的美联邦基金资助的州采购行为。前者只需使用“物品，……绝大部分物品在美国制造，……制造，……在美国”；相反，后者（1982）需使用“在美国生产的钢、铁和制造成品……”

对于申请人引用的《清洁水法案》，被申请人认为，正如美国在其减让表的附件 1 中明确表述的那样，该法案授权拨款建设城市污水或工业废料处理厂，且“款项接受者可能是私营企业”。因此，该采购行为不应被认定为第 1108 条第 7 款 a 项和第 8 款 b 项的例外规定中的“政府采购”或“缔约方采购”。

（2）关于第 1105 条第 1 款：外国投资者及其投资的最低待遇标准，以及 2001 年 7 月 31 日的 FTC 解释

被申请人认为，申请人关于本案中的美国措施与第 1105 条第 1 款不符的诉求是基于这样的假定：即第 1105 条的第 1 款规定了“习惯国际法并未规定的有关外国投资者及其投资的主观和直观的待遇标准”。被申请人基于 FTC 有关“第 1105 条第 1 款将习惯国际法中关于外国人的最低待遇标准作为另一缔约方投资者投资的最低待遇标准”的解释，强调根据《北美自由贸易协定》的第 1131 条第 2 款规定，FTC 解释对本案仲裁庭及其他《北美自由贸易协定》第 11 章的仲裁庭具有约束力。基于 FTC 解释，被申请人辩称，如果申请人坚持其关于违反第 1105 条第 1 款的诉求，那么必须证明本案中的美国措施与“习惯国际法的特定规则”相矛盾。被申请人认为申请人还未确定，也无法确定任何“习惯国际法规则”在政府采购方面禁止美国实施国内成分要求。同样的，申请人也未引证任何被行政过程所违反的“习惯国际法规则”。因此，被申请人总结道：申请人没有展示任何其违反“并入第 1105 条第 1 款的习惯国际法义务”。

（3）关于第 1103 条：最惠国待遇

如上文所述，申请人在对被申请人答辩状的回复中首次对第 1103 条做

出特别申辩，而 FTC 解释是在其不久前颁布的。因而，被申请人首次回应申请人关于第 1103 条的申辩是在第二次答辩之时。美国对第 1103 条申辩的回应有以下三方面内容：第一，本仲裁庭对第 1103 条的指控无管辖权。《北美自由贸易协定》第 1119 条 b 项规定提交仲裁申请应具体指明违反了什么“《北美自由贸易协定》规定及其他相关规定”，但 ADF 国际的仲裁申请并未说被申请人违反了第 1103 条，事实上提都没有提到该条款。由于第 1122 条规定，美国同意提交的仲裁中并未包含投资者针对第 1103 条的申请。因此，双方当事人就本案达成的仲裁协议并未包含针对第 1103 条内容。第二，第 1108 条对“一缔约方采购”的例外规定包含了投资者第 1103 条、第 1102 条和第 1106 条的申请。因此，所有这三项申请应依据 1108 条第 7 款 a 项和 1108 条第 8 款 b 项规定被驳回。第三，投资者为证明美国提供了比 FTC 解释下的第 1105 条第 1 款更优惠的待遇而引用了美国和阿尔巴尼亚及美国和爱沙尼亚的双边投资条约，但事实并非如此。相反，美国认为这两个条约的相关规定“基于习惯国际法的标准制定了最低待遇标准”或仅“基于习惯国际法标准”。自《北美自由贸易协定》生效之日起，美国从未认为本国通过“公平和公正对待”条款给予国外投资者的待遇规定比《北美自由贸易协定》的 1105 条第 1 款规定的更加优惠。

（4）关于投资者对斯普林菲尔德道路立交工程外其他工程的诉求

被申请人反对投资者就“其他工程”提出的诉求，“其他工程”即斯普林菲尔德道路立交工程之外的其他工程。因美国从未同意就其他诉求可提请仲裁，所以被申请人质疑本案件所在仲裁庭的管辖权。根据第 1122 条第 1 款，美国坚称其同意仲裁的范围只限于依据“《北美自由贸易协定》中规定程序提交的仲裁申请”，而投资者提交的仲裁申请中并未提到斯普林菲尔德道路立交工程之外的其他工程。

3. 双方当事人及其他《北美自由贸易协定》缔约方在听证后就第 1105 条第 1 款提交的意见

仲裁庭要求双方当事人及《北美自由贸易协定》的缔约方——美国、加拿大和墨西哥提交关于“适用于具体案件中的《北美自由贸易协定》第 11 章第 1105 条第 1 款‘公平和公正待遇与全面保护和安全’时应当考虑什么因素或何种因素”的意见。

（1）双方当事人在听证后就第 1105 条第 1 款提交的意见

2002 年 6 月 27 日，被申请人提交了其第一份听证后意见，认为仲裁庭所适用的“公平和公正待遇，以及全面保护和安全”标准是基于最低待遇标准的习惯国际法规则。但申请人并未发现被申请人的行为违反了任何第 1105 条包含的习惯国际法规则。被申请人认为，第 1105 条第 1 款所指的“国际最低标准”是“包含一组规则的伞状概念”，这些规则“已经成为习惯国际法中的特定概念”。“公平和公正待遇”指“习惯国际法最低待遇标准”，其包含诸如“拒绝司法、征收和其他依习惯国际法须遵守绝对的最低的待遇标准的行为”之规则。“全面保护和安全”指习惯国际法所要求的“防止刑事行为的最低的警察保护水平”。习惯国际法有关外国人最低待遇标准的规则是“处理特定情形的具体规则”，并没有可适用所有情形的单一标准。

此外，被申请人强调第 11 章的仲裁庭不得漠视由《北美自由贸易协定》缔约方通过 FTC 对《北美自由贸易协定》有关条款做出的解释，或以与 FTC 解释不一致的方式解释《北美自由贸易协定》条款。

2002 年 7 月 11 日，申请人提交了其第一份听证后意见，用一系列言论回应了被申请人的意见。第一，第 11 章的仲裁庭必须重视由 FTC 对《北美自由贸易协定》条款的解释。与此同时，《北美自由贸易协定》仲裁庭必须依据第 1131 条第 1 款的规定根据“国际法适用规则”解释《北美自由贸易协定》条款，包括有关条约解释的国际法规则。第二，习惯国际法的演进性（the evolving nature），包括本案中涉及的国外投资者的最低待遇标准问题。投资者注意到被申请人已经明确接受了习惯国际法规则没有“冻结在时间中”，而是“在不断发展”。第三，被申请人在其听证后意见中指出，投资者必须展示其违反了习惯国际法的特定规则。在投资者看来，这就像在说不存在侵权法律，只有“各有其名的大量互不关联的错误”，原告须符合其中一个，只有这样才能就被告行为的伤害进行司法救济。而习惯国际法并未确立这样的要求。投资者认为被申请人“未善意地履行其《北美自由贸易协定》义务”从而违反了第 1105 条第 1 款的义务。购买美国货要求就是美国“未善意地履行其《北美自由贸易协定》义务”的表现，而美国对相关《北美自由贸易协定》条款的解释也非“善意解释条约”。诚信善意履行原则是习惯国际法的一部分，也被归入了第 1105 条第 1 款。

2002 年 8 月 1 日，被申请人提交了最终的听证后意见，提出《北美自由贸易协定》的三个缔约方均已确认“《北美自由贸易协定》并未许可第 11 章仲裁庭审查《北美自由贸易协定》缔约方通过 FTC 对《北美自由贸易协定》条款的解释”，也不认可此种解释实际上是一种“修正”。因此，《北美自由贸易协定》缔约方认为第 1105 条第 1 款和 FTC 解释清晰地描述了习惯国际法的最低待遇标准。就投资者关于“善意履行原则”的论点，被申请人否认存在“善意”的一般义务。被申请人承认习惯国际法原则，如有约必守原则，可以对善意履行施加义务，但购买美国货规定并非为实施《北美自由贸易协定》义务。最后，被申请人认为，申请人从未提出任何证据证明被申请人有“任意”或“恶意”行为。

2002 年 8 月 1 日，投资者提交了其第二份（也是最终版）听证后意见，回应了被申请人的第一份审理后意见及加拿大和墨西哥提交的有关第 1128 条意见。投资者在一开始就重申了依据《北美自由贸易协定》第 2001 条第 2 款 c 项发布的 FTC 解释确实对本案仲裁庭及其他第 11 章仲裁庭有约束力。投资者同时坚称仲裁庭必须处理的问题是：“2001 年 7 月 31 日的 FTC 声明，是否为委员会在第 1131 条含义内作出的解释，所以该解释对仲裁庭有约束力。”

（2）其他《北美自由贸易协定》缔约方依据《北美自由贸易协定》第 1128 条提交的意见

（a）加拿大提交的意见。

加拿大根据《北美自由贸易协定》第 1128 条向仲裁庭提交了两份意见书。第一份意见书中，加拿大政府确认仲裁庭受 2001 年 7 月 31 日 FTC 解释约束，并构成对《北美自由贸易协定》第 1105 条第 1 款解释的合理基础。加拿大政府强调，FTC“是在该条约下集体行动的《北美自由贸易协定》缔约方”；另外，FTC 被认为是“《北美自由贸易协定》的最终权威解释者”。第二份意见书中，加拿大政府否认了对于第 1105 条第 1 款内“公平和公正待遇”与“全面保护和安全”标准是对习惯国际法最低待遇标准的“附加”这一论断，同时反对仲裁庭将 2002 年 7 月 31 日的 FTC 解释认定为“修正案”而并非真正解释的裁决。

（b）墨西哥意见书。

墨西哥和加拿大一样，也提交了两份意见书。第一份意见书中，墨西哥政府认为应根据 2001 年 7 月 31 日的 FTC 解释和习惯国际法来解读第 1105 条第 1 款，本案中的美国措施应适用于采购语境下，而非投资语境下的商品。换而言之，投资者的诉求并不属于《北美自由贸易协定》第 11 章调整的范围。

第二份意见书中，墨西哥政府强调，《北美自由贸易协定》的三个缔约国就两项解释争议达成一致：（i）“公平和公正待遇”在“国际法”之内；（ii）引用国际法即引用“习惯国际法的最低待遇标准”。墨西哥政府还指出，其明确采纳美国提出的第 1105 条第 1 款的主要观点，即“公平和公正待遇”是作为“习惯国际法的一部分”，而非作为“来自其他双边贸易协定的附加要求”。

墨西哥政府还赞同美国认为仲裁庭无权“事后评论 FTC”。第 1116 条和第 1117 条规定了第 11 章仲裁庭的管辖权事项：仲裁庭被授权“裁决《北美自由贸易协定》缔约方是否违反了第 1116 条和第 1117 条所列的《北美自由贸易协定》义务”。最后，墨西哥政府认为，除 WTO《与贸易有关的投资措施协定》和《服务贸易总协定》之外，WTO 法律并未涉及处理国外投资，且贸易与投资相关工作仍处于初级阶段。

三、仲裁庭的分析和裁决

纵观本案争议点，仲裁庭认为其中两个争议点是关于仲裁庭管辖权或申请人提出的某些诉求的可受理性，其他争议点则是关于申请人对美国措施和《北美自由贸易协定》规定的一致性或不一致性诉求的实体问题。

被申请人提出的第一个有关仲裁庭管辖权和申请人诉求可受理性的观点与投资者认为本案中的美国措施与被申请人需遵守的《北美自由贸易协定》第 1103 条义务不一致有关。被申请人认为仲裁庭对涉及第 1103 条的投资者诉求无管辖权，并指出投资者 2000 年 2 月 29 日《提交仲裁申请的意向通知》没有提到违反第 1103 条规定的内容。仲裁庭发现投资者的意向通知并未提及第 1103 条，投资者 2000 年 7 月 19 日的仲裁通知也未提及第 1103 条。《北美自由贸易协定》第 1119 条规定投资者提交的仲裁申请必须明确指出被申请人违反的《北美自由贸易协定》条款和其他任何规定。被申请人认为既然投资者未提出第 1103 条，那么美国同意投资者的仲裁申请并不包括同意投资者基于第 1103 条的诉求。在该同意缺失的情况下，则仲裁庭对 1103 条无管辖权。

仲裁庭通过审查第 1122 条第 1 款规定的内容，以及查询“根据本协议规定的程序”是否意在以《北美自由贸易协定》缔约方同意的有效性为条件来提交仲裁申请。仲裁庭认为，把第 1122 条和第 1121 条结合起来考虑，《北美自由贸易协定》缔约方依据第 1122 条第 1 款规定的同意与某特定案件中争议的投资者同意结合起来，可以产生 ICSID 公约和附加便利规则，纽约公约和美洲国家间公约所要求的那种提交仲裁的同意。第 1119 条第 1 款规定的违反“《北美自由贸易协定》任何其他相关条款”中的“相关”，可被认为是与投资者后来提出的以支持其诉求的论据相关。因此，很难认为投资者未能在其仲裁申请中列出一个穷尽的“任何其他条款”清单，仲裁庭就此在争端解决程序中失去对任何未列举但相关的《北美自由贸易协定》条款进行审查的管辖权。仲裁庭同时认为，在本案的情形下，投资者在提交仲裁申请时没有理由把第 1103 条视为“相关条款”，因为投资者依据第 1103 条诉请的内容在当时已经依据第 1105 条提出了。基于这些理由，仲裁庭认为其对投资者就 1103 条提出的申请享有管辖权。

被申请人提出的第二个反对仲裁庭管辖权的观点与除斯普林菲尔德道路立交工程以外的联邦援助建设工程有关。申请人认为美国措施的“继续适用”将对 ADF 国际“造成额外损害”，限制了其充分参与“未来联邦援助高速公路建设工程”的能力。投资者陈述道：“自斯普林菲尔德道路立交工程开始”，ADF 集团和 ADF 国际已经参与了三项联邦援助高速公路工程——一项是弗吉尼亚州的另一个桥梁工程，另外两项是纽约州的桥梁工程。而适用于斯普林菲尔德道路立交工程的美国措施同样适用于所有三项“其他工程”，从而导致了投资者不能使用加拿大加工的原产美国的钢材，并由此产生了损失。但投资者并未在诉状中向仲裁庭提供与这些“其他工程”有关的证据以支撑其论述。投资者关于“其他工程”的诉请也不能被认为是《ICSID 附加仲裁规则》第 48 条第 1 款含义内的“随附或附加”的诉请。投资者有关“其他工程”的诉请并非直接源于斯普林菲尔德道路立交工程。基于这些理由，仲裁庭认为投资者提出的除斯普林菲尔德道路立交工程外任何其他建设工程的诉求是不可接受的。

关于第 1102 条，仲裁庭认为，第 1102 条的受益者为投资者及其投资，该条适用范围广泛，因为第 1139 条定义的“投资”范围广泛，此外第 1102 条给予投资者及其投资的待遇范围涉及投资的设立、并购、扩大、管理、经营、运营和销售或其他处置。仲裁庭认为，ADF 集团是另一缔约方的投资者，ADF 国际属于第 1102 条、第 1139 条和第 201 条第 1 款意义上另一缔约方的“企业”和“投资”。仲裁庭也认为，投资者所购买的打算在加拿大工厂锻造的原产于美国的钢材构成第 1102 条含义上的投资者之投资。因此，仲裁庭认为第 1102 条所要求的是，判断这些投资者的投资是否较之美国投资者原产美国的钢材受到不同的对待。仲裁庭发现，加拿大投资者的钢材和美国投资者的钢材，如果都在加拿大锻造，则都受同样的对待，都不能在斯普林菲尔德道路立交工程中使用。投资者未能证明美国钢铁制造商或锻造商，因其国籍而免于适用“购买美国货”要求。因此，仲裁认为，投资者无法证明美国措施与《北美自由贸易协定》第 1102 条的要求不一致。

关于第 1106 条，仲裁庭认为被申请人未否认美国措施构成第 1106 条第 1 款（b）项意义上的国内含量要求，但被申请人认为第 1108 条的一些规定不适用本案。相关的问题是斯普林菲尔德道路立交工程是否构成或涉及“缔约方的采购”。“采购”非第 11 章定义，而是由第 10 章定义。第 10 章仅规定政府实体的采购，并未规定私营部门公司的采购。政府实体提供或安排资金以购买货物、材料等用于或打算用于政府项目的建设，这种政府行为本身不算是采购。就本案来说，斯普林菲尔德道路立交工程建设，构成或涉及第 1001 条第 5 款和第 10 章总体意义上的政府采购。实施政府采购的实体是弗吉尼亚州政府。美国联邦政府确实为该工程建设提供资金，但美国政府或其任何机构本身并未从事采购。仲裁庭认为：第一，根据第 1108 条第 7 款 a 项和第 8 款 b 项的规定，作为缔约方的采购，无论采购是由美国联邦政府机构进行还是由弗吉尼亚州相关部门进行，都不适用第 1102 条、第 1103 条、第 1106 条和第 1107 条。换句话说，1108 条第 7 款 a 项和第 8 款 b 项的保留规定适用于联邦政府采购和州政府采购。第二，通过向 VDOT 提供联邦援助资金用于斯普林菲尔德道路立交工程建设，美国运输部 FHWA 在该工程中并未构成采购实体，其本身也没有参与采购。第三，弗吉尼亚州通过 VDOT 在斯普林菲尔德道路立交工程中的采购并不受《北美自由贸易协定》第 10 章的限制，因为美国减让表中没有列举弗吉尼亚州。基于上述理由，仲裁庭认为投资者并未展示出本案中的美国措施与《北美自由贸易协定》第 1106 条的规定不一致。

关于第 1105 条第 1 款，仲裁庭认为 FTC2001 年 7 月 31 日对一些《北美自由贸易协定》条款的解释对本案和其他的第 11 章仲裁庭具有约束力，这种解释并非对《北美自由贸易协定》条款的“修正”。该解释确认第 1105 条第 1 款所指“依据国际法的待遇”就是习惯国籍法规定的外国人最低待遇标准。习惯国际法并不是一成不变的，它会随时代的发展而演进。今天的习惯国际法也不是 1927 年 Neer 案裁决时最低待遇标准的静态影像。在本案中，涉及的问题其实是习惯国际法最低待遇标准的规范结构和内容问题，该问题也未被充分辩论过。当前的习惯国际法中也不存在普遍的和自动的给予公平和公正待遇与全面保护和安全的要求。因此，仲裁庭认为，投资者指控美国措施与第 1105 条第 1 款要求不符的说服力是不足的。

最后，关于第 1103 条，仲裁庭认为投资者并未在相似情况下受到较低的待遇，因此对投资者指控美国措施不符合《北美自由贸易协定》第 1103

条要求不予支持。

基于上述推论，仲裁庭裁决：

第一，就申请人认为本案中美国措施与《北美自由贸易协定》1103 条不一致的诉求，本仲裁庭享有管辖权。

第二，就申请人提出的斯普林菲尔德道路立交工程外其他建设工程的诉求，本仲裁庭不予接受。

第三，本仲裁庭未发现本案中的美国措施与《北美自由贸易协定》第 1102 条的规定不一致，因此驳回申请人对于第 1102 条的诉求。

第四，申请人初步展示了本案中的美国措施与《北美自由贸易协定》第 1106 条第 1 款 b 项和 c 项的规定不一致。但被申请人有权享有《北美自由贸易协定》第 1108 条第 8 款 b 项的规定权益，即在一缔约方采购时不适用第 1106 第 1 款 b 项和 c 项规定。斯普林菲尔德道路立交工程包括弗吉尼亚州进行的采购，该采购构成第 1106 条第 1 款 b 项和 c 项以及第 1108 条第 8 款 b 项意义上的一缔约方采购。因此，驳回投资者关于第 1106 条的诉求。

第五，对《美国—阿尔巴尼亚双边投资协定》和《美国—爱沙尼亚双边投资协定》与《北美自由贸易协定》第 1105 条第 1 款的规定相比，是否提供了更加优惠的待遇问题，仲裁庭认为无须解决，因为在一缔约方根据 1108 条第 7 款 a 项采购时，不适用该条款。因此，驳回申请人关于第 1103 条的诉求。

第六，根据 2001 年 7 月 31 日颁布的 FTC 解释（仲裁庭受该解释约束），仲裁庭未发现本案中的美国措施与《北美自由贸易协定》第 1105 条第 1 款的规定不一致。

四、案件简评

本案实质上又是一个由贸易问题引发的争端，虽然本案申请人最后败诉，但申请人提出的一些问题却值得进一步讨论。

第一，自由贸易协定（FTA）框架下的贸易对投资影响问题。本案中，投资者因美国的“购买美国货规定”而不能使用其在母国加工的钢铁产品，并因此而造成损失。投资者指出，美国的这些措施限制了“在母公司和其子公司之间自由运输货物和服务的能力”，并降低了“与投资者的其他运营进行整合”的投资能力，从而影响其投资的“管理、经营和运营”。尽管申请人的主张并未得到仲裁庭的支持，但在 FTA 框架下，贸易中多大程度上以及通过哪些方式可能影响投资，却仍然是一个值得探讨的话题。

第二，部门的保留问题。本案中，申请人以美国在“废物管理”事项上的保留条目为例，指出美国道路建设工程中购买美国货的规定比清洁水法案中的购买美国货规定更严，却未依据第 1108 条规定保留，因而不符合第 1106 条有关业绩要求的规定。虽然申请人的主张也如前述主张一样未获得仲裁庭支持，但却提出了一个值得经贸协定谈判人员注意的问题，即如何更细致周密制定保留条目从而减少甚至避免将来的纷争。

第三，公平与公正待遇问题。公平与公正待遇问题实属投资争端仲裁中的老问题，其解释和适用总与最低待遇标准相勾连。在本案中，尽管仲裁庭采纳《北美自由贸易协定》自由贸易委员会的相关解释，认为公平公正待遇未在习惯国际法所规定的最低待遇标准外创设新的待遇标准。但对公平公正待遇是不是新的待遇标准或与最低待遇标准等同，仍有许多争议。

第四，《北美自由贸易协定》北美自由贸易委员会的解释问题。本案中，仲裁庭多次采纳了《北美自由贸易协定》自由贸易委员会的相关解释对相关条文的解释，虽然自由贸易委员会做出的解释是条约的有权解释，但是在具体问题上没有平衡投资者利益，将使得投资者法益在不同程度上受到影响。贸易争端与投资争端一个显著的差别在于争端解决机制的是否常态化，是否具备稳定性、连贯性与一致性。被誉为 WTO 皇冠上的明珠的争端解决机制在法律的可预见性、连贯性与一致性方面为贸易争端的妥善解决注入了活力和动力，是最好的背书。但是，涉及投资争议的投资者—国家争端解决机制在此方面却存在着不少漏洞。依据条约解释的一般理论，作为条约有权解释的主体，缔约国做出的解释对于仲裁庭正确理解和适用双边投资协定及自由贸易协定投资章节以处理投资者—东道国之间投资纠纷具有重要作用。但是由于投资条约或自由贸易协定投资章节主要涉及缔约国之外的第三方“外国投资者”的利益保护，同时出于争端解决的“去政治化”“中立化”等内在合法性需求，缔约方的解释通常被仲裁庭有意无意地忽视。① 这一趋势在本案中表现得较为明显。缔约国解释有助于明确投资条约的目的，厘清投资条约的实体内容。前已述及，最初的投资条约多表现为一种政治性协定而非法律条约，所以大多数条约条款的规定既过

① See Susan D. Franck，The Legitimacy Crisis in Investment Treaty Arbitration：Privatizing Public International Law through Inconsistent Decision，Fordham Law Review，2005，73（4），p.1523.

于宽泛又缺乏准确内涵。某一特定文本越是宽泛和不准确，出现相互冲突甚至截然相反的解释就越有可能。宽泛的文本既使得投资争议更易发生，又给仲裁庭在解释投资条约时制造了更多困难。这样的条约既不能为外国投资者提供一个准确的和清晰的法律框架，又不利于缔约国真实目的的实现。①

① UNCTAD，Investor-State Dispute Settlement and Impact on Investment Rulemaking，New York and Geneva，United Nations，2007.

洛温集团有限公司和雷蒙德·洛温诉美国案

The Loewen Group, Inc.
and
Raymond L. Loewen
v.
United States of America
（ICSID Case No. ARB（AF）/98/3）
仲裁裁决 2003.6.26

一、案件事实

本案的第一申请人为洛温集团有限公司（Loewen Group, Inc.，以下简称TLGI）及其在美国的分支机构为洛温集团国际有限公司（Loewen Group, International, Inc.，以下简称LGII：以下将二者统称为Loewen集团）。第二申请人是雷蒙德·洛温（Raymond L. Loewen），其是加拿大公民，TLGI公司的创始人、主要股东和首席执行官。被申请人为美国政府。TLGI是一家加拿大公司，在加拿大和美国经营殡葬业务。TLGI根据《北美自由贸易协定》第1116条，以“投资者”身份代表自己，并根据第1117条代表LGII提起仲裁请求。雷蒙德·洛温根据《北美自由贸易协定》第1117条代表TLGI，以“投资者”身份提起仲裁人请求。

本案源于Loewen集团与Jeremiah O'Keefe Sr和他的儿子以及该家族拥有的若干公司（密西西比当地的家族企业，以下统称为O'Keefe公司）在密西西比州法院的一桩诉讼争议。Loewen集团和O'Keefe公司都在美国密西西比湾岸地区经营殡葬业务，是竞争对手。该诉讼涉及二者之间的三个合同和1991年8月19日达成的一份和解协议。在二者关于1991年和解协议的谈判破裂后，O'Keefe公司在密西西比法院就Loewen集团违反和解协议的行为提起诉讼，除原来的认为其违反了和解协议，还进一步主张Loewen集团不履行和解协议已构成欺诈，且从事不正当竞争，索要500万美元的实际赔偿。该案由一名非洲裔美国人Graves法官以及一个由12人组成的陪审团审理。在为期七周的审理过程中，O'Keefe 公司代理律师提出了若干充满浓厚歧视色彩的陈述，但法官却拒绝告知陪审团上述歧视性言论的违宪性，对因此而产生的对陪审团的误导和不当影响视而不见。密西西比法院最终裁决 Loewen 集团给予 O'Keefe 公司 5 亿美元赔偿，包括 7500 万精神损害赔偿和 4 亿美元的惩罚性赔偿。Loewen 集团寻求对该裁决提出上诉。密西西比州的法律规定，如果要对已判决的案件提起上诉，上诉人需提交相当于判决赔偿额 1.25 倍的上诉保证金，但允许基于"合理理由"降低或免除该保证金要求。Loewen 集团提出了降低保证金的请求，但密西西比最高法院拒绝了 Loewen 集团的请求，并要求其在 7 天内交纳 6.25 亿美元上诉保证金，以免被立即执行法院作出的裁决。1996 年 1 月 29 日，也就是在 Loewen 集团位于密西西比州财产计划被执行的前一天，Loewen 集团和 O'Keefe 公司达成了和解协议，同意向 O'Keefe 公司支付 1.75 亿美元。

1998 年 7 月 29 日，Loewen 集团根据《北美自由贸易协定》第 1120 条向国际投资争端解决中心（ICSID）提交仲裁请求通知，请求 ICSID 秘书长批准其申请并允许适用《ICSID 附加便利规则》。Loewen 认为美国密西西比法院的裁决和密西西比最高法院拒绝降低上诉保证金要求的裁决违反了《北美自由贸易协定》第 1102 条、第 1105 条和第 1110 条，要求美国政府给予 7.25 亿美元的补偿。1998 年 11 月 19 日，ICSID 秘书长通知争端方《ICSID 附加便利规则》第 4（2）条的条件满足，批准申请人适用《ICSID 附加便利规则》的请求。1999 年 3 月 17 日仲裁庭组成。1999 年 4 月 6 日被申请人提出了管辖权异议。仲裁庭在 2001 年 1 月 5 日作出管辖权异议裁决，认定仲裁庭对该案有管辖权，仲裁继续。2002 年 1 月 25 日，被申请人基于 TLGI 根据《美国破产法》第 11 章进行重组这一事实，再次提出管辖权异议。仲裁庭于 2003 年 6 月 26 日作出最终裁决，认为由于继续《北美自由贸易协定》程序的权利转移给了一家由美国人控制的加拿大公司，因此仲裁庭对该案不再具有管辖权，案件程序终止。

二、法律争议推理过程

本案中，仲裁庭审理了程序和实体方面的法律争议。

（一）管辖权异议

本案中，被申请人对仲裁庭的管辖权提出了异议，主要理由为以下五点：(1) 本案的请求是不可仲裁的，因为国内法院就纯私人争端方面作出的裁决不属于《北美自由贸易协定》第 11 章范围内的“一缔约方采取或维持的措施”。(2) 本仲裁所申诉的密西西比州法院裁决不是“一缔约方采取或维持的措施”，不能作为一个法律事项引起违反第 11 章的后果，因为该裁决不是美国司法体系的终局行为。(3) 法院外关于诉讼的和解协议不是《北美自由贸易协定》第 11 章范围内的政府“措施”。(4) 所谓的密西西比法院没有在庭审中对于基于外国人、种族和阶级之歧视行为采取保护措施不是一项“措施”，因为 Loewen 集团从未在审理过程中反对上述歧视行为。(5) 雷蒙德 · 洛温关于第 1117 条的请求应该被驳回，因为他并不“拥有或控制”争议中的公司。

在审理中，仲裁庭单独考虑了第 (1) 个和第 (5) 个理由，对于第 (2)、(3)、(4) 个管辖权异议理由，仲裁庭认为应当结合案件的事实情况一起审理①，因此本部分法律争议的推理分析主要集中在第 (1) 个和第 (5) 个理由方面。

1. 针对私人当事人作出的司法行为是不是《北美自由贸易协定》规制的“措施”

仲裁庭指出，《北美自由贸易协定》第 201 条将“措施”定义为包括法律、法规、程序、要求或惯例。将司法行为排除出去显然不符合这个宽泛的定义。“法律”包括判例法和成文法，“程序”包括立法和司法程序。“要求”可以涵盖要求一当事方采取一行动或支付金钱的法庭令，而“惯例”包括法庭和其他机构的行为。被申请人主张的《北美自由贸易协定》第 1019 (1) 条只涉及缔约方公布普遍实施的法律规则的义务，并没有延伸到“措施”的定义。仲裁庭认为《北美自由贸易协定》第 1716 条、第 1701 (1) 条和第 1715 (2)(f) 条都证明了“措施”必须包括司法行为。仲裁庭在本案中解释该术语定义的方式也符合国际法的规定。仲裁庭随后引用了欧洲法院②、国际法院③和伊朗—美国求偿仲裁庭④的案例来证明自己的观点。仲裁庭认为，本案中在国际法的背景下解释“措施”一词的核心在于，《北美自由

① 关于第 (3) 个理由，仲裁庭在最终裁决报告中认为本案申请人所依据的是密西西比审理法庭和密西西比最高法院的裁决和司法令，该和解协议不是《北美自由贸易协定》第 11 章范围的措施，因此驳回了该理由。详见最终裁决报告第 218 段。下文将集中讨论仲裁庭关于第 (2) 个和第 (4) 个理由的分析。

② Regina v. Pierre Bouchereau，Case 3077，1977，ECR 1999.

③ Fisheries Jurisdiction Case，Spain v. Canada，No. 96，ICJ，4. December. 1998.

④ Oil Fields of Texas Inc v. NIOC Iran-U.S Cr Trib Rep 308，1986.

贸易协定》第102（2）条要求缔约方"根据第1段中规定段的本条约目标和可适用的国际法规则"解释和适用该条约的规定。将"措施"一词解释为包括司法行为符合《北美自由贸易协定》第102（1）条中规定的目标，尤其是（b）、（c）和（e）项，即改善自由贸易区内公平竞争的条件，实质性增加在各缔约方境内的投资机会，以及设立有效的程序，以贯彻和实施本协定，共同管理本协定，解决争端。这种解释也符合国家责任的一般原则，后者适用于司法、立法和行政机关的行为。仲裁庭引用Azinian诉墨西哥案[①]仲裁庭的观点，即"司法独立于政府，但不独立于国家"。

被申请人主张，并非每一个缔约方法院的司法行为都是"一成员方采取或维持的措施"。仲裁庭同意被申请人的这一主张，但是认为这产生了一个问题，即"一成员方采取或维持的措施"是否排除了国内法院关于纯私人部门的裁决这种司法行为。仲裁庭指出《北美自由贸易协定》第11章所规定的缔约方与外国投资者间争端解决机制的目标是"确立一种平等对待缔约方的所有投资者并且符合国际互惠和正当程序原则的投资争端解决机制"。第11章的规定、上下文和目标都支持对"一成员方采取或维持的措施"做开放而非严格的解释。《北美自由贸易协定》第201条、第10章和第17章等规定以及国际法都没有要求对诉讼当事人的身份或诉讼的性质进行区分。一国需对其国内法院（或至少是最高法院）的裁决负责这一原则支持对"一成员方采取或维持的措施"做宽泛的解释。正如申请人指出的，密西西比法院要求Loewen集团向O'Keefe公司支付5亿美元赔偿和密西西比最高法院要求Loewen集团缴纳上诉保证金均构成了第201条"措施"定义中的"要求"。

被申请人主张，第1101条"采取或维持"的措施表明缔约方意在将第11章限在政府批准的行为。仲裁庭认为，这符合"国家行为"原则，但这是国内法而非国际法的原则。目前没有任何国家或任何材料显示该原则已经被足够多的国家接纳为一项《国际法院规约》第38条项下的国际法原则。仲裁庭认为，无论"国家行为"原则的效力如何，要求为外国投资者的投资提供"完全保护和安全"的《北美自由贸易协定》第1105条必须延伸到作为在一国司法机构活动的私人当事方的外国投资者。

基于上述观点，仲裁庭驳回了被申请人的管辖权异议，继续案件审理。

---

① Azinian et al v. United Mexican States，ICSID Case No. ARB（AF）/97/2. ICSID Review-FID. at 567.

2. 雷蒙德・洛温关于第 1117 条的请求是否应该被驳回

2002 年 1 月 25 日被申请人再次提出附加管辖权异议。仲裁庭决定将此附加管辖权异议与有关雷蒙德・洛温的请求是否应该被驳回这一主张一并审理。被申请人指出，TLGI 自愿提交了一个《美国破产法》第 11 章下的救济申请，加拿大和美国的破产法庭批准了该重组计划。根据该计划，TLGI 公司将停止营业，将所有业务转移给其在美国的分支机构 LGII（该公司更名为 Alderwoods Inc.，为美国公司）。TLGI 意识到该重组计划将会产生管辖权问题，因此在停止业务前，将其在《北美自由贸易协定》项下所有的权利和利益都转给了一家新成立的加拿大公司 Nafcanco（Nafcanco 由 LGII 拥有和控制）。《北美自由贸易协定》诉讼请求是 Nafcanco 唯一的资产，进行该诉讼请求是 Nafcanco 唯一的义务。

被申请人主张，由于 TLGI 不再是根据可适用的加拿大法律而组织形成的公司，因此其不再是《北美自由贸易协定》第 11 章项下的“争端方”，因为该章要求“争端方”在仲裁程序的全过程中必须存在。其 TLGI 请求现在已经属于美国公司 Alderwoods Inc.。根据习惯国际法，一项请求在损害发生到最终裁决做出的期间都必须持续地由外国所有。由于最终裁决做出前，请求的所有人已经转变为被申请人的国民，因此请求人的所有权利都应当被终止。被申请人还主张，基于同样的理由，TLGI 和雷蒙德・洛温根据《北美自由贸易协定》第 1117 条提出的请求也应被驳回。TLGI 不再“拥有或控制”它所代表提起请求的企业。《北美自由贸易协定》第 1117 条要求在请求解决过程中申请人持续地拥有或控制该企业。由于 TLGI 已经放弃了对 LGII/Alderwoods 的所有和控制权，因此也必须放弃其根据第 1117 条代表前者提起请求的权利。

仲裁庭首先肯定了《北美自由贸易协定》第 11 章的投资者—国家争端解决机制在保护外国投资者方面的积极作用。仲裁庭认为，《北美自由贸易协定》是一个意在促进美加墨贸易和投资的条约。由于大多数国际投资发生在私有领域，投资条约通常试图为进行这些投资的人们提供某种保护。《北美自由贸易协定》第 11 章代表了国际法上的一个进步，个人可以以自己的名义提出请求，并向仲裁机构提交该申请。《北美自由贸易协定》明显是为了保护缔约一方的投资者免受其他缔约方不公平行为的影响。就美国政府不利影响美国投资者的行为，《北美自由贸易协定》不打算，也不能影响美国投资者的权利。此类性质的仲裁请求只能通过国内法来进行。仲裁庭指出，很难想象，主权国家会谈判条约以补充或修改其适用于本国国民的国内法。很明显，这种对《北美自由贸易协定》成员方国内法的附带影响不在他们谈判的初衷范围内。如果本案中《北美自由贸易协定》能被用于维护美国投资者的权利，那么它将实际上形成对密西西比法院（美国政府的一部分）决定的一个附带上诉。而《北美自由贸易协定》的目标是保护那些对政府的恶劣行径救济无门的外来投资者。

TLGI 公司主张由于其在请求产生的时候，并在提交请求之前就已经有了必要的身份，目前实际利害关系人（请求受益人）是一个美国人并没有什么影响。但仲裁庭认为，从历史或现有的国际实践看来，这都是不成立的。根据国际法，国籍的身份从引起请求的事件发生之日（即起算日，dies a quo）到请求达成解决方案之日（终止日，dies ad quem）必须持续。申请人主张的第一个依据是《北美自由贸易协定》第 1116 条和第 1117 条，对国籍身份的要求只在提交请求之日。然而，这些条款处理的仅仅是起算日（请求日）的国籍要求。这些条款或者条约其他部分都没有规定这个国籍身份是否需要一直持续到请求解决的时候。条约的沉默要求适用习惯国际法，以解决是否需要持续国籍身份的问题。仲裁庭指出，最近 Mondev 案的决定对于申请人而言也没有任何帮助。该案中，仲裁庭处理的问题是投资本身是否必须保持申请人的身份。虽然仲裁庭拒绝了 Mondev 公司的请求，它正确地认定了投资的灭失（loss）不能成为否定 Mondev 公司寻求其在《北美自由贸易协定》下救济这一权利的理由。该案仲裁庭指出，此类事情经常发生在外来者身上，如果这种争端不能被寻求救济，那么《北美自由贸易协定》保护的目标将大为受挫。

总之，条约的条文或根据该条约进行的任何案件都没有回答一个问题，即国籍身份是否需要一直保留持续至请求被解决之时。被申请人正确地主张：第 1131 条要求仲裁庭根据“可适用的国际法原则”确定争议事项。和大多数古老的国际法规则一样，持续国籍的要求根植于礼仪。一国通常不介入另一国对其内部事务的处理。这种介入只有在保护其国民的情况下才是正当的。如果这个纽带断了，这种正当性也就没有了。由于国际法有所进步，允许受害当事人直接寻求救济，而非通过外交途径，终止日的严格规则也被放松了。但是，这种放松要明确规定在条约条文中。《北美自由贸易协定》的文件中没有这种规定，仲裁庭也有充分理由不去扩展现有条款。

TLGI 极力主张仲裁庭应当适当考虑以下因素，即正在进行的密西西比州诉讼使其必须在第一时间内提交破产申请。仲裁庭则认为无论该公司破产决定的原因为何，这个结果使得条约要求的国籍链条断裂了。申请人还试图引用 ICSID 的条款作为论据。其主张根据 ICSID，本案将适用不同的国籍规则。但是，仲裁庭认为，首先加拿大或墨西哥都是不 ICSID 的签署国，将 ICSID 的规定适用于一个《北美自由贸易协定》争端将会很奇怪。ICSID 与本程序的唯一相关性是当事方选择根据它的结构行事。但这不能改变三国所签订条约的实质内容。无论 ICSID 如何规定，《北美自由贸易协定》没有相关的内容。申请人没有证明国际法已经演进到了一个阶段，在争议解决期间不再需要满足持续国籍要求。

申请人指出，《北美自由贸易协定》第 1109 条完全允许投资者转让投资。仲裁庭承认 TLGI 转让的权力，但本案的核心问题是转让的内容。此次转让的唯一内容是《北美自由贸易协定》项下的请求。TLGI 的所有财产和业务都已经被一家美国公司重组了。任何裁决的内容都将对美国公司生效。Nafcanco 这个空壳实体不满足本程序所要求的持续国籍条件。尽管申请人指出，重组成美国公司有很正当和充分的商业理由，但仲裁庭认为根据《北美自由贸易协定》和国际法的规定，《北美自由贸易协定》没有承认这种商业选择可以替代它们的管辖权要求。就雷蒙德 · 洛温而言，仲裁庭认为没有证据证明其在 TLGI 重组时是利益相关方。

（二）实体法律争议

本案中，申请人认为密西西比法院做出的 5 亿美元的裁决和拒绝降低保证金要求的决定是《北美自由贸易协定》第 1101（1）条意义下的关于另一缔约方投资者的“一个缔约方采取或维持的措施”。申请人认为：

（1）《北美自由贸易协定》第 1102 条禁止歧视外国投资者及其投资，密西西比法院允许大量的反加拿大和亲美国的证言，以及歧视性的咨询意见，违反了该条的相关规定；

（2）歧视的行为使得做出的赔偿额数量巨大判决有瑕疵；

（3）法庭的行为，尤其是陪审团筛选程序，非常规地修改了 2.6 亿美元的陪审团初裁，允许大量的基于国籍、种族和阶级歧视的证言和咨询意见，违反了《北美自由贸易协定》第 1105 条，该条要求为外国投资者提供最低待遇标准，包括对外国投资者的“充分保护和安全”，以及“公正公平待遇”。

（4）即使没有歧视，过分裁决和判决也违反了《北美自由贸易协定》第 1105 条。

（5）密西西比法院武断适用保证金要求违反了《北美自由贸易协定》第 1105 条。

(6) 歧视行为、过分裁决和胁迫 Loewen 集团和解违反了《北美自由贸易协定》第 1110 条，该条禁止对外国投资者的投资未经补偿就予以征收。

虽然本案仲裁庭最终是以缺乏管辖权这一程序性原因驳回了案件，但在审理过程中，仲裁庭对申请人提出的实体请求进行了仔细的分析和认定，并主要集中在以下三个方面，其中又以有关第 1105 条的仲裁请求为主，其余两项都只简单略过。

1.《北美自由贸易协定》第 1102 条

第 1102 条禁止针对外国投资者及其投资的歧视。第 1102 条第 (1) 款和第 (2) 款要求每一个成员方给予另一成员方的投资者和投资的待遇不低于其在类似情况下给予自己投资者及其投资的待遇。对于一国的州或省，该条第 (3) 款要求："对州或省而言，系指不低于在相似情况下该州或省给予其所属缔约方投资者以及投资者投资的最惠国待遇"。

在这些条款的效果上，仲裁庭同意被申请人专家证人的观点，即由于 Loewen 集团的加拿大国籍身份，密西西比法院给予该公司的待遇，不能低于其给予在类似活动和类似诉讼中、来自美国另一个州或来自密西西比本州内另一区域的投资者的待遇。第 1102 条只针对基于国籍的歧视，它只是禁止明显的和严重的基于国籍的偏见和歧视，这些偏见和歧视可能会影响审判的结果。

但仲裁庭指出，在将 1102 条规定适用到本案情况下的一个关键问题是仲裁庭找不到密西西比法院对于美国其他投资者和投资"在类似情况下给予的最优惠待遇"。申请人提出法院给予 O'Keefe 公司的待遇可以作为一个参照物，因为它们是同一个案件的诉讼当事方，因此处于"类似情况"。但仲裁庭认为两者作为诉讼当事方的情况是非常不同的，在适用第 1102 条的时候不可能援用 O'Keefe 公司的情形，因为该条要求的是将给予申请人的待遇和给予与申请人处于类似情况的个人的最优惠待遇进行比较。仲裁庭没有合适的参照物进行对比。

2.《北美自由贸易协定》第 1110 条

申请人主张，歧视行为、过分裁决和胁迫 Loewen 集团和解违反了《北美自由贸易协定》第 1110 条。仲裁庭认定，只有在申请人成功证明存在第 1105 条下的拒绝司法情形时，仲裁庭才会考虑其提出的第 1110 条的请求。

3.《北美自由贸易协定》第 1105 条

(1) 密西西比州法院的裁决是否违反了第 1105 条

仲裁庭从两个方面审查该问题，即密西西比州法院的裁决是否符合公正公平和充分保护待遇？申请人是否用尽当地救济？

A. 密西西比州法庭的裁决是否符合公正公平和充分保护待遇。

仲裁庭首先认定密西西比法庭庭审法官 Graves 并无尽到控制庭审过程的责任，使陪审团接触到了 O'Keefe 公司的律师和证人持续和公然的带有偏见性质的控诉。仲裁庭回顾了庭审过程中诉讼双方的表现指出，O'Keefe 公司在诉讼中引入了具有国籍歧视性、种族歧视性和阶级歧视性效果的策略，从这三个方面对陪审团施加影响。在国籍歧视性和阶级歧视性方面，O'Keefe 公司在整个案件始末强调其第二次世界大战英雄的身份，指控 Loewen 集团是一家为外国银行所控制的大型的富有的跨国公司，而自己是一家密西西比本地的家族小型企业，O'Keefe 公司将二者之间的竞争上升到保护美国利益的高度，其对抗 Loewen 集团这样的公司，堪比自己在第二次世界大战中打击日本人、为美国而战的行为。在种族歧视性方面，O'Keefe 公司主张自己在经营中同时雇用了白人和黑人，而 Loewen 集团只雇用白人。被申请人主张，Loewen 集团在庭审时没有反对 O'Keefe 公司上述可能会对陪审团产生不利影响的具有偏见性的行为，因此无权提出第 1105 条项下的请求。仲裁庭认为 Loewen 集团没有必要就每一个可反驳的意见或不可接受的证人证言提出反对意见。问题是 Loewen 集团律师的反对行为是否足够引起法官的注意，以及法官是否意识到这个问题，且自己应该采取措施。仲裁庭推测了 Loewen 集团没有就 O'Keefe 公司上述行为提出异议的理由，并列举了 Loewen 集团提出的几项动议，包括对陪审团遴选程序的异议、反对在陪审团前展示一张放大的 O'Keefe 公司创始人服役期间的照片和家庭合影的动议、要求法官对陪审团进行意在避免陪审团受歧视引导的指导动议等等。这些动议都被 Graves 法官拒绝了。在考察了审判历史和 Graves 法官的所作所为后，仲裁庭认为 Loewen 集团没有提出反对并不能为被申请人用作豁免责任的理由，否则将有违常理。仲裁庭指出，庭审法官犯了严重的错误，没有给予 Loewen 集团免受 O'Keefe 公司及其律师采取的诉讼策略的影响的正当程序权利。

关于该案法庭裁决的内容是否过度问题，仲裁庭回顾了裁决做出的过程。在涉及惩罚性赔偿的案件中，密西西比法律要求将审理程序分为两步：首先由陪审团确定责任和补偿金额，随后，陪审团考虑是否判处惩罚性赔偿。陪审团不能同时做出责任认定和惩罚性赔偿。仲裁庭认为，申请人有强有力的理由，主张陪审团裁决过度。首次裁决证明陪审团试图做出惩罚性赔偿，他们没有得到应有的指引，也没有计算赔偿额的证据。另外，首次赔偿包括了反托拉斯和压迫及欺诈请求的赔偿。关于违反涉案合同的裁决也过度，大大超过了这些合同的价值。同样，有关于 1991 年和解协议的裁决也是过度的，O'Keefe 公司提出了经济赔偿，但是其提出的数额中包括了未来收入（future revenue），而根据密西西比法，赔偿可涵盖未来利润（future profit），但不可以涵盖未来收入。关于精神损害赔偿部分，O'Keefe 公司创始人只提了自己遭受失眠困扰等情况，但缺少专家证明、医疗证明等。裁决中还包含了 O'Keefe 公司律师没有要求的关于欺诈的赔偿。被申请人声称的过度裁决是 Loewen 集团具有瑕疵的庭审策略所导致的，而非偏见或本地保护主义。但仲裁员认为被申请人所提供的证据不能说明该裁决不受偏见等不利因素的影响。相反，巨大的裁决金额表明了其受到偏见、歧视或同情情绪的影响。

总之，仲裁庭认为，根据国际法，国家（因而也包括国家的司法体系）有责任向作为当事方的外国投资者提供公正的审判机会。一个国家的司法体系有义务确保诉讼不对外国当事人产生歧视。本案中庭审法官和陪审团均没有给予 Loewen 集团应有的正当程序。

在对事实部分进行认定后，仲裁庭就整个庭审以及其相关结果是否符合国际法上的最低待遇标准，或公平公正待遇以及完全保护和安全标准进行了分析。

第 1105 条第（1）款规定："各缔约方应根据国际法，给予另一缔约方投资者投资相应的待遇，包括公平和公正的待遇以及完全保护和保障。"仲裁庭认为该条款的准确内涵，尤其是所根据的"国际法"的含义和解释性条款的效力是问题的关键。在 2001 年 7 月 31 日，自由贸易委员会通过了关于第 1105 条第（1）款的解释，具体为：

> 符合国际法的最低待遇标准
>
> （1）第 1105 条第（1）款规定给予另一缔约方投资者投资的最低待遇标准为习惯国际法上的给予外国人的最低待遇标准。
>
> （2）"公正和公平待遇"和"完全保护和安全"这两个概念不要求符合或超越习惯国际法上给予外国人之最低待遇标准待遇的待遇。
>
> （3）已存在违反《北美自由贸易协定》其他条款或违反某一具体国际协定情形的裁决，不能证明存在违反第 1105 条第（1）款的情形。

仲裁庭认为，根据《北美自由贸易协定》第 1131 条第（2）款，自由贸易委员会所发布的上述解释对其具有约束力。仲裁庭认为，FTC 解释的作用是确认"公平公正待遇以及完全保护和安全标准"并非一项独立的义务。

它们仅仅包括习惯国际法所承认的义务。同样地，违反第 1105（1）条的认定并不能证明存在违反《北美自由贸易协定》其他规定的情形。习惯国际法关注私人当事方之间诉讼的司法拒绝问题，本案争议双方对此没有异议。事实上，被申请人的专家 Greenwood QC 教授承认习惯国际法要求国家承担义务，“对外国人维持一套公正和有效的司法体系，并使其对外国人是可获得的”。

被申请人主张，为了符合公认的习惯国际法标准，Loewen 集团应证明密西西比州法院的决定构成了明显司法不公。仲裁庭认为，国家实践、国际仲裁庭的裁决或者评论人士的看法都不支持一个观点，即恶意是违反国际正义的不公平不公正待遇或拒绝司法的必要因素之一。违反国际法的法院是否违反国内法律不是本仲裁庭的管辖范围。但是国际法确实特别关注歧视性地违反国内法。一项违反国内法的决定，并且同时是歧视外国人的决定，等同于国际法上的明显司法不公。本案庭审法官允许陪审团受到了不利于外国诉讼当事人的地方保护主义的影响，整个审判及其相关结果明显不正确，不符合公平公正待遇以及完全保护和安全标准。

但是，仲裁庭紧接着提出，因为庭审程序只是当事方可使用的司法程序中的一个部分，在认定是否存在违反《北美自由贸易协定》第 1105 条行为之前，仲裁庭还需要审查余下部分的司法程序及其对 Loewen 集团的可获得性，仲裁庭必须考虑，在后续程序中，审理过程和相关裁决本身，或者它们和后续程序一起，构成了国际不法行为。

B. 申请人是否用尽当地救济。

仲裁庭将这个问题和被申请人提出的第二点管辖权异议理由一起审理，也即国家司法体系终局性的必要性问题。

仲裁庭讨论的第一个层次是国家终局司法行为的必要性问题。被申请人主张“一成员方采取或维持的措施”这一表述应当根据习惯国际法的原则来理解，即当一项损害请求是基于特定案件中的司法行为时，只有在国家司法体系作为一个整体是终局行为（final action）时，国家才承担责任。这个前提所基于的理念是，司法行为从开始到结束是一个独立的行为，国家只有在所有的申诉程序被穷尽之时方可以介入。也就是说，在法院判决尚未被上诉到终审法院之前，国家不应为其法院的错误行为承担责任。美国将这个习惯国际法上的实体要求和用尽当地救济原则进行了区别，认为后者是提起国际仲裁请求的程序性要求。其认为，没有证据显示，在第 11 章中，当一项违反《北美自由贸易协定》的仲裁请求是基于司法行为而提出时，成员方试图减损这个国际法的实体规则。只有当在用尽所有可获得申诉程序后，这些司法决定被作为一个整体的司法体系所接受或维持的时候，才能符合“维持或采取”所必要的终局性程度。申请人则主张《北美自由贸易协定》第1121（1)(b）条要求仲裁申请人放弃而非用尽当地救济。该条款消除了用尽东道国行政或司法当地救济的必需性，而且所谓的终局性的实体原则和用尽当地救济没有本质区别。对此，被申请人反驳，第1121（2)(b）条不是一个豁免条款，但是被申请人似乎承认，该条款部分地但非常有限地放松了当地救济的要求，但是对有限的程度没有进行定义或说明。

仲裁庭首先引用Greenwood教授的观点，指出通常要分别考虑三个问题：

（1）是否存在可归因于被申请人政府的行为；

（2）该行为是否违反了国际法；

（3）当用尽当地救济时，被申请人政府是否可以在国际程序中被认为应对该行为负责。

仲裁庭认为在本案中，其在2001年1月5日中的裁决已经承认了第一个前提。这里仲裁庭要考虑的是密西西比法院的相关裁决是否构成对国际法的违反，因为在本案中，被指控违反国际法的行为并不是一个非司法的行为或决定。当地救济规则要求声称一国对违反国际法的当事方在国际法层面提起请求前，用尽该国当地的救济措施，该原则在本质上是程序性的。最新的《联合国国际法委员会国家责任草案》第44条[①]指出，当地救济原则处理的是一项国际法上的请求的可接受性（admissibility），而非该请求是否源自对国际法的违反。仲裁庭还列举了一些国际条约草案和学者观点来支持自己的主张[②]。仲裁庭还认为，可以通过司法程序质疑法院裁决并不等同于国际法层面上的拒绝司法，后者通常与国家提供公正有效的司法体系这一国际法义务相联系。仲裁庭同意James Crawford教授和Jiménez de Aréchaga法官关于国际责任的观点，即一国为其违反国内法的司法决定负责的基本条件之一是，该决定必须是最终法院的裁决，所有的救济已经

① 2001年5月31日临时通过，UN Doc. A/CN 4/L 602。

② García-Amador，Sohn and Baxter，Recent Codification of the Law of State Responsibility for Injuries to Aliens（1974）pp.143，129-132；see also García-Amador's Draft Articles on State Responsibility prepared in 1960 for the International Law Commission；OECD Draft Convention on the Protection of Foreign Property，1967，Article 7（b）and Commentary OECD Publication No. 23081（1967）pp.36-41.

被用尽。仲裁庭认为，在国家为一个法院裁决所导致的国际不法行为负责前，一个低级别法院的裁决能够通过司法程序被质疑，这一要求的目的是国家有机会通过其司法体系矫正早期的低级别法院裁决所产生的国际不法行为。这个要求适用于违反《北美自由贸易协定》第 1102 条、第 1110 条和第 1105 条的情况。

仲裁庭讨论的第二个层次是《北美自由贸易协定》第 1121（1)(b）条是否豁免申请人用尽当地救济的义务。对于申请人提出的《北美自由贸易协定》第 1121（1)(b）条豁免申请人用尽当地救济义务的主张，仲裁庭指出，其在 2001 年 1 月 5 日关于管辖权的裁定中提到，"司法终局原则和用尽当地救济原则没有区别。它的目的是确保发生违法行为的国家应当有机会在其自己的司法体系框架内，用自己的手段矫正这种违法行为"。仲裁庭认为，在国际协定没有措辞明确表明要采取某项国际法原则时，该原则并不应该被默认为被该国际协定排除。这个意图可以用随着相关国际法原则的持续运用和实施而发生变化的条款用语来表示。虽然《北美自由贸易协定》第 1121 条的确切目的还不是完全清楚，该条要求将放弃国内程序作为向《北美自由贸易协定》仲裁请求的条件之一。但关于第 1121 条，有一点是很明确的，即它没有明确做出任何规定，要求在司法裁决违反国际法的情况下，司法程序必须诉诸最高层级。但是，仲裁庭指出，也不存在任何暗示摒弃该要求的理由。如果沉默的国际法将被移除出相关协定，那么这听上去将会是很奇怪的。仲裁庭认为，如果一国要为其地方法官或低层级司法官员违反国际法的行为承担责任，而此时国内申诉途径没有被使用，更不要说被用尽，那么这种情形将会是很奇怪的。如果《北美自由贸易协定》第 1121 条将产生这种效果，那么它将鼓励（申请人）诉诸《北美自由贸易协定》仲裁庭程序而非东道国国内上诉法院和审查程序。这种后果将是令人惊奇的，并且会产生一种效果，即当国内上诉或审查程序可能使国家免除责任时，使国家可能为违反《北美自由贸易协定》的行为负责。《北美自由贸易协定》缔约方在缔约时也不可能希望鼓励诉诸《北美自由贸易协定》仲裁庭程序而非东道国国内程序的行为。仲裁庭认为，如果违反国际法的行为不是司法行为，第 1121 条会有作用，但这不是本案考虑的。综上所述，当违反国际法的行为是司法行为时，第 1121 条不包含任何关于寻求当地救济义务的豁免。

仲裁庭讨论的第三个层次是用尽当地救济的范围和内容问题。根据上述情况，仲裁庭认为，这里的问题是当所谓的违反国际法指控是基于司法行为提出时，寻求当地救济义务的范围和内容是什么。仲裁庭认为，关键是救济的可获得性，而非它的充分性甚至是有效性。至少本案有上诉至密西西比最高院，它是一个充分和完全有效的申诉。仲裁申请人通过上诉到更高一级法院，给予东道国机会救济其下级法院的错误，这一义务受制于相当的实际局限性。Sohn 和 Baxter 在一部文献中曾经指出：

> 这一小节意在禁止被申请人国维持一种事实上诉诸该救济在实践中缺乏可能性的当地救济，并允许申请人引入证明实际司法工作情况的证据，这些情况与法典、法规和决定等规定的法律理论状态是完全不同的。外国人在实践中会发现其很难使用当地救济，因为法律中存在的某些程序性障碍，例如提交巨额诉讼保证金的要求，或者法律授予法官决定诉讼保证金大小的自由裁量权等等。由于该条款总体的目的是只有在救济是合理可获得时，才要求用尽当地救济，因此重要的是，不仅要规定救济作为一个法律事项是不可获得的情形，还要规定一种理论上可获得的救济在实践中无法使用的情形。①

仲裁庭认为，上述陈述准确地表达了当地救济原则的范围和内容。申诉人有义务用尽的当地救济是有效和充分的，但同时也是在申诉人所处的情况下对其合理可获得的救济。可获得性不是一个抽象决定或适用的标准。它意味着根据申请人的情况，可合理对其适用的救济，包括他们作为一个外国投资者的经济和财政状况，以及他们授予任何运用当地救济相关的任何条件的影响情况。如果一国政府对上诉权附加了条件，使该权利的行使变得不可能，那么这种权利的行使就不是可获得的，也不是充分或有效的。同样地，如果一国政府直接或间接地加重权利行使的负担，使申请人处于极其困难的财政状况，那么该国政府因自己的行为，使申请人没法为该政府提供机会矫正自己的行为。用尽当地救济的范围必须根据上述情况来考虑。

综上所述，仲裁庭认为，现在要讨论的是，在 Loewen 集团证明审判法院的陪审团裁决和法官判决构成被申请人“维持或采取的”违反第 1105 条的措施前，是否上诉至密西西比最高院是该公司应该寻求的可获得的救济。拒绝降低押金要求不是拒绝上诉。Loewen 集团理论上至少应该继续其上诉行为，虽然如果 Loewen 集团不选择采取第 11 章破产规定措施，其面临

---

① Sohn and Baxter，“Convention on the International Responsibility of States for Injuries to Aliens”，12th Draft（1961）168 in their commentary on Article 19，sub-paragraph 2（b）.

着财产被执行的风险。

此外，被申请人主张，面对密西西比最高院的不利押金裁决，Loewen 集团应该（1）寻求上诉，即使面临其财产被执行的风险；或者（2）寻求《美国破产法》第 11 章的保护；或者（3）提起调案复审令的申请，并请求美国最高法院暂停（押金）执行。被申请人主张的第一个替代方法引出的问题是，上诉是否是"一个合理可获得的救济"，考虑如果不交押金 Loewen 集团可能面临的财产被执行的风险。押金要求的实际影响将对 Loewen 集团的上诉权产生严重的影响。没有缴纳押金的话，Loewen 集团只有在面临以下风险的情况下才有可能提起上诉，即其在密西西比州的财产、进而在其他州的财产被执行，股价不可避免地下跌。因此，仲裁庭不赞同被申请人的观点：执行的风险是遥远的，仅是理论上的。尽管 O'Keefe 公司可能在执行的时候会有所克制，以免其输掉上诉审查，因执行不合法而遭受经济损失。但这种可能性并不能让仲裁庭信服立即执行的风险是不现实的。在这种情况下，如果冒着密西西比州财产被执行的风险行使上诉权是 Loewen 集团唯一可选择的救济方法，那么对于 Loewen 集团而言，它不是一种"合理的可获得的救济"。对于第二种选择，仲裁庭认为，根据破产法第 11 章提交申请会产生暂缓执行的效果。因此，第 11 章可以使 Loewen 集团的上诉能够继续，同时又不会产生执行所将引发的问题。第 11 章将会使企业在不破产的情况下重组，企业可以在法庭的监督之下继续原有的商业活动。虽然法庭的监督不会导致 Loewen 集团并购项目的终结，但法庭会限制和协调该项目。第 11 章的申请会对公众产生影响，进而对该公司的股价产生不良影响。那么问题则是，在这种情况下，寻求当地救济的要求是否延伸到要求申请人提交第 11 章的申请，以确保上诉权是有效和合理可获得的。毫无疑问，本案的一些情况可以使人合理地希望一个资金紧张的申请人提交第 11 章的申请，以确保上诉权是有效和合理可获得的。但是申请人提交第 11 章的申请这种希望是否合理，至少部分地取决于为何 Loewen 集团与对方达成了和解协议，而不采取其他的办法。第三个可选择的替代方法是申请复审令，这也会产生暂缓执行的效果。在这种情况下，复审令申请或担保复审这两种选择是不是合理可获得的和充分的救济？寻求任何一种救济，尤其是最高法院的救济，如果不能获得暂缓执行的裁决，将会进一步恶化该公司的状况，在市场上产生不好的影响。因此在决定涉及一个充分救济的上述任何一个替代选择是不是 Loewen 集团合理可以获得的选择时，任一选择的结果完全缺乏确定性是一个重要的考量因素。仲裁庭认为，这里要面对的是Loewen集团案中的核心困难。该公司没有提供证据，说明达成和解协议（而不是使用其他替代方法）的原因，特别是其之前积极地考虑并准备上诉至美国最高法院。这个问题的举证责任在Loewen集团。虽然达成和解协议是Loewen集团可以采取的合理手段，仲裁庭认为他们只是要考虑Loewen集团采取这个措施而非其他措施的原因。因为在本案中，该措施不是Loewen集团可以被合理期待采取的唯一措施。

因此，仲裁庭的结论是Loewen集团没有寻求当地救济，特别是美国最高法院这一救济措施，因此Loewen集团没能证明存在由被申请人政府负责的违反习惯国际法和《北美自由贸易协定》的行为。

（2）密西西比最高法院拒绝降低保证金的要求是否违反第1105条。

申请人认为拒绝降低押金要求的裁决是违反第1105条的行为，因为它是一种程序上的拒绝司法，因此违反公平公正待遇以及充分保护和安全待遇。然而仲裁庭认为，虽然他们对法官的裁决做出批评，但该裁决并没有违背第1105条的规定，该裁决充其量只是一个错误的裁决。

三、仲裁庭裁决

仲裁庭一致同意：

（1）就TLGI根据《北美自由贸易协定》提出的有关美国法院的请求，其没有管辖权，因为该公司将这些请求转让给了一家美国公司控制加拿大公司。

（2）其没有管辖权决定雷蒙德·洛温根据《北美自由贸易协定》提出的有关美国法院的请求，因为他没有证明当提交仲裁申请，或TLGI公司根据美国破产法第11章进行重组后，其直接或间接拥有或控制TLGI。

（3）争端双方承担各自的费用，并应同等承担仲裁庭和秘书处的费用。

四、案件简评

本案在以下方面对日后的投资者—国家争端解决实践有着重要启示。

首先，需要明确《北美自由贸易协定》第1101条所指称的“一缔约方采取或维持的措施”包括一国的司法行为。正如仲裁庭在仲裁裁决中所指出的《北美自由贸易协定》第201条“措施”定义为包括法律、法规、程序、要求或惯例。将司法行为排除出去显然不符合这个宽泛的定义。“法律”包括判例法和成文法，“程序”包括立法和司法程序。“要求”可以涵盖要求一当事方采取一行动或支付金钱的法庭令，而“惯例”包括法庭和其他机构的行为。但是同时也应该注意，根据《北美自由贸易协定》之规定，并非所有由一国行政、立法或司法机关所实施的措施均可被视为满足第 1101 条中对“措施”内涵与外延的界定。原因部分由于《北美自由贸易协定》第 1126 条已对用尽当地救济的除外性做出了明确的规定。

其次，需要明确“用尽当地救济”与“司法终局”是两个不同的实体法与程序法原则。习惯国际法上的实体要求和用尽当地救济原则进行了区别，后者是提起国际请求的程序性要求。正如美国在奥贝泰克制药有限公司诉美利坚合众国案中就“司法终局”问题所辩称的一般，司法终局与用尽当地救济的一般国际法的规则是截然不同的救济措施，其本质上是一个实体性规则。该原则之适用并不以用尽当地救济为前提，适用于将提出索赔第 11 章如果索赔是基于最终的政府行为。

梅赛尼斯公司诉美国案

Methanex Corporation.

v.

United States of America

（ICSID Case No. UNCT/10/2）

仲裁裁决 2005. 8.3

一、案件事实

（一）总体情况介绍

本案缘起于注册于加拿大、以生产石油产品添加剂为业的梅赛尼斯（Methanex）公司与被申请人美国政府就美国加利福尼亚州出台的相应法案所起的投资争端。

本案中，申请人是加拿大投资者梅赛尼斯公司。其是一家最初根据加拿大阿尔伯塔省法律注册，当下仍然继续根据《加拿大商业公司法》存续的企业。梅赛尼斯公司主要生产、运输和销售甲醇；在加拿大、美国、新西兰、智利和特立尼达和多巴哥均设有工厂并拥有相应设备。公司总部位于加拿大不列颠哥伦比亚省温哥华市。

梅赛尼斯公司是（并且仍然）是世界上最大的甲醇生产商，甲醇是本案相关措施主要针对对象甲基叔丁基醚（下文简称 MTBE）的原料。值得注意的是，梅赛尼斯公司从来无生产或销售 MTBE。另外，该案中还涉及与梅赛尼斯公司相关的两家控股公司，虽然这两家公司并非该案申请人，但是与该案相关，也是梅赛尼斯公司在美的投资。两家公司分别为 Methanex Methanol Company（下称梅赛尼斯美国分公司）以及 Methanex Fortier Inc.（下称梅赛尼斯福捷公司）。前者是根据美国得克萨斯州法律成立的一般合伙企业。其合作伙伴是梅赛尼斯公司和梅赛尼斯公司墨西哥湾海岸公司，公司根据美国特拉华州法律注册。后者是根据美国特拉华州法律注册成立的公司。梅赛尼斯公司间接拥有上述两家美国公司所有股份。

而被申请人则是美国，其是 1994 年 1 月 1 日生效《北美自由贸易协定》缔约国。因此，梅赛尼斯公司根据 1976 年《联合国贸易法委员会仲裁规则》相关规定，对美国政府相应立法措施提出质疑。

1999 年 12 月 3 日，申请人加拿大投资者梅赛尼斯公司根据《北美自由贸易协定》第 11 章第 1116（1）条规定，针对被申请人美利坚合众国相关立法启动本案的仲裁申请。根据其原来于 1999 年 12 月 3 日提出的仲裁申请请求内容，申请人梅赛尼斯公司申请仲裁指向的措施是加利福尼亚州于 2002 年 12 月 31 日生效的禁止销售、使用称为甲基叔丁基醚（“MTBE”）汽油添加剂的法律。梅赛尼斯公司认为被申请人的该行为违反《北美自由贸易协定》第 11 章 A 节中第 1105（1）条和第 1110（1）条相关规定，对梅赛尼斯公司在美投资造成损失。因此，连同利息和费用，梅赛尼斯公司向美国申请约 9.7 亿美元赔偿。

其后，仲裁庭于 2000 年 5 月 18 日成立，对相关争议进行仲裁程序处理。仲裁伊始，美国对仲裁庭就该案管辖权提出异议。同时，美国认为仲裁庭也应该全部驳回梅赛尼斯公司关于实体问题的仲裁请求。

在 2001 年 7 月几次书面材料提交、程序性会议和庭审结束后，仲裁庭于 2002 年 8 月 7 日发布部分裁决决定。在部分裁定中，仲裁庭根据《北美自由贸易协定》第 11 章规定，做出对梅赛尼斯公司在其原仲裁申请中提出的仲裁请求无管辖权的决定。但仲裁庭指出，梅赛尼斯公司可修正其仲裁申请，修正后的仲裁申请可能使得仲裁庭对该案有管辖权。在随后梅赛尼斯公司经过向仲裁庭就部分裁决做出澄清的背景下，经仲裁庭许可，梅赛尼斯公司以 2002 年 11 月向仲裁庭提交“第二次修正申请声明”的形式对其原有申请进行了重大修改。

在修正仲裁申请中，梅赛尼斯公司主张美国加利福尼亚州立法违反《北美自由贸易协定》第 1102 条、第 1105 条及第 1110 条。关于《北美自由贸易协定》第 1102 条，梅赛尼斯公司声称，加利福尼亚州的立法明确打算排除外国甲醇生产者，当中包括梅赛尼斯公司，由于梅赛尼斯公司参与甲醇生产，而加利福尼亚州的立法明显是对国内乙醇投资者提供更为优惠待遇，因此梅赛尼斯公司认为，加利福尼亚州的相关做法违反《北美自由贸易协定》第 1102 条及第 1103 条最惠国待遇及国民待遇条款。

就第 1105 条，梅赛尼斯公司声称美国的措施实际上已经构成了以不公平公正方式歧视外国投资者及其投资，因为该法律出台前梅赛尼斯并未享有充分说理机会。最后就第 1110 条，梅赛尼斯公司指称其投资很大一部分，包括其在加利福尼亚州和美国更大含氧化合物市场中的份额，被明显的歧视性措施所取代，并移交给美国国内乙醇生产企业。因此，梅赛尼斯公司认为，加利福尼亚州政府行为构成第 1110 条明文规定的征收。

作为回应，在所有后续提交的申请材料中，美国对其仲裁反驳进行了修正，继续对仲裁庭的管辖权提出质疑，拒绝接受梅赛尼斯公司对案情的修正申请，并认为梅赛尼斯公司对相关申请诉求的修正依然是毫无法律及事实根据的。具体而言，在管辖权问题上，美国依据《北美自由贸易协定》第 1101 条就仲裁庭部分裁决的主要决定的管辖权提出异议。美国认为，梅赛尼斯公司仍然没有表明美国的措施“涉及”甲醇生产商或梅赛尼斯公司，因此，仲裁庭根据《北美自由贸易协定》第 1101 条的规定依然缺乏管辖权。美国指出，甲醇不能与 MTBE 互换，并且不会在市场上与乙醇在汽油中使用的含氧化合物竞争，因此与梅赛尼斯的说法相反，甲醇和乙醇之间不存在“二元选择”。美国还认为，禁止 MTBE 的决定是尊重事实的，其是依据行政记录、统计报告的建议和调查结果而做出的结果，因此该结果具有权威性。

最终，仲裁庭于 2005 年 8 月 3 日发布裁决，驳回了梅赛尼斯公司的全部仲裁申请。

（二）涉及相关石油产品背景介绍

由于该案主要涉及甲醇及乙醇两种石油衍生品的争议，同时涉及两者是否为相似产品及在“类似情形”下的论证，故有必要在此对两种产品的背景做一介绍。

首先，关于该案主要石油产品 MTBE。梅赛尼斯公司的申请涉及生产和销售汽油中甲醇为基础的辛烷和含氧化合物，称为甲基叔丁基醚或简称 MTBE。根据梅赛尼斯公司介绍，MTBE 是汽油的安全、有效和经济的组成部分；并且是在允许自由和公平贸易的市场中选择的含氧化合物，据说也产生重要的环境和其他好处；并且不对人类健康或环境构成风险。

其次，甲醇。虽然梅赛尼斯公司并不生产或销售 MTBE，但梅赛尼斯公司的唯一业务是生产、运输和销售甲醇，而且其是世界上最大的甲醇生产商和营销商，占全球产能的约 17%。梅赛尼斯公司甲醇的情况是，大约三分之一的甲醇生产用于燃料行业，主要用于甲醇基 MTBE。梅赛尼斯公司指出，在加利福尼亚州，其并不存在甲醇生产厂；在 1993 年至 2001 年期间，其在美国任何地方只生产少量供在加利福尼亚直接消费的甲醇（总消费量 18.55 万公吨，平均产量为 20.2 万公吨）。梅赛尼斯公司在该期间消耗的大部分甲醇（72%）是在加拿大生产的，梅赛尼斯公司是加利福尼亚甲醇市场的最大供应商。

再次，乙醇。乙醇是被用于汽油的辛烷和含氧化合物的来源，通常由生物原料（例如玉米）制造。梅赛尼斯公司认为，与 MTBE 相比，乙醇明显是一种劣质产品，在环境和经济成本上均劣于 MTBE。梅赛尼斯公司指出，美国的乙醇工业几乎完全是一个国内工业，仅仅由于美国政府的保护而存在。

最后，甲醇与乙醇的互换性。梅赛尼斯公司在本案中的一个重要主张是甲醇和乙醇基本上可以互相作为含氧化合物互换，如它们各自的 MTBE 和乙基叔丁基醚（ETBE）。梅赛尼斯公司声称，正如美国 1990 年《清洁空气法修正案》所承认的，甲醇和乙醇都可以直接用作含氧化合物或者二者都可以用作原料以产生衍生物醚氧化物，MTBE 和 ETBE。因此，梅赛尼斯公司声称对于含氧化合物，消费者在甲醇和乙醇之间具有二元选择可能。梅赛尼斯公司认为，三个重要的含氧化合物消费者分别为：（1）综合炼油厂；（2）醚氧合物生产商以及（3）汽油搅拌机。在上述三类业务中，甲醇与乙醇均存在着可替代性的竞争。

（三）双方争议的措施及相关政治背景

该案中，申请人和被申请人双方争议的“措施”包括（i）加利福尼亚州 D-5-9 号行政命令和（ii）加利福尼亚州 CaRFG3 条例。1999 年加利福尼亚行政命令：这是第一项被梅赛尼斯公司质疑的美国政府所采取的措施。1999 年 3 月 25 日，加利福尼亚州州长签署的加利福尼亚行政命令记录了总督的认证，其内容主要是在加利福尼亚州，在汽油中使用 MTBE 对环境有重大风险。但值得注意的是，梅赛尼斯公司和甲醇没有出现，明确地，在加利福尼亚州法案和加利福尼亚行政命令。经修订的加利福尼亚州条例：梅赛尼斯公司声称，如加利福尼亚州在 2004 年 6 月 13 日的信函中所述，自 2003 年 5 月 1 日起生效的《加利福尼亚条例》（“2003 年 5 月修订的加利福尼亚州条例”）明确禁止使用甲醇作为含氧化合物。

同时，梅赛尼斯公司认为，加利福尼亚州出台上述措施是有其背后的政治考量的：梅赛尼斯公司声称，加利福尼亚州对 MTBE 表示的关注是由于汽油地下储罐（UST）的不良调节，这不仅允许 MTBE，而且许多其他化学品通过汽油泄漏逃逸到环境中。但是，加利福尼亚州只禁止MTBE，这是不公平的。梅赛尼斯公司进一步指出，正如加利福尼亚州政府所承认的，真正的问题是地下储罐物质的泄漏，加利福尼亚州只禁止汽油的其中一个成分（MTBE），但同时允许同样存在和潜在致命的其他成分如苯继续污染加利福尼亚的地下水，此做法是不合理的。应该明确的是，事实上，在加利福尼亚州的供水中也发现了乙醇。梅赛尼斯公司认为，补救地下储罐泄漏的成本远远低于禁止MTBE的预计成本。加利福尼亚州选择其不合理的行动方案的事实表明它意图实现含氧化合物市场从（a）甲醇和MTBE生产者到（b）乙醇生产者的歧视性转移。所以，梅赛尼斯公司认为，加利福尼亚州所出台的上述措施与加利福尼亚州保护州内的乙醇产业以及时任州长格雷·戴维斯先生与ADM公司和其掌权的安德烈亚斯（Andreas）家族的关系有关。

另外，仲裁庭注意到，加利福尼亚州州长戴维斯先生与本案的关系，即使戴维斯先生并非本仲裁的当事人。梅赛尼斯公司对他连续作为加利福尼亚州副州长和州长时所从事的活动提出了质疑。1998年，戴维斯先生是加利福尼亚州州长。这是他第一次作为加利福尼亚州州长任命，1998年8月4日，戴维斯先生与来自伊利诺伊州迪凯特的Archer Daniels Midland公司（“ADM”）的某些高管在晚宴上出席了会议。1999年3月25日，戴维斯先生以他作为加利福尼亚州州长的身份签署了D-5-99行政命令（“加利福尼亚行政命令”）。

而另一个与本案背景相关的则是ADM公司和安德烈亚斯家族：ADM公司是美国最大的乙醇生产商。在争议发生期间，安德烈亚斯家族的多名成员在ADM担任高级管理职位：德韦恩·安德烈亚斯（Dwayne Andreas）先生担任主席；阿伦·安德烈亚斯（Allen Andreas）先生是总裁兼首席执行官；马蒂·安德烈亚斯（Marty Andreas）先生是高级副总裁。ADM公司或安德烈亚斯家族的任何成员都不是本仲裁的当事人；但他们的活动（如梅赛尼斯公司所称）也是本案争议的核心。特别是在1998年至1999年，ADM公司为加利福尼亚州的格雷·戴维斯州长竞选活动提供了一系列财政捐款；ADM公司邀请戴维斯州长于1998年8月4日参加在伊利诺伊州迪凯特举行的晚宴。

总之，梅赛尼斯公司声称美国的措施确实存在，因为加利福尼亚州打算实行乙醇的排外保护主义，同时对甲醇、甲醇MTBE和梅赛尼斯公司进行惩罚。梅赛尼斯公司声称，从事实可以合理地推断，美国加利福尼亚州所颁布的措施，旨在该州新创设一个之前本地不存在的重要工业——乙醇工业；从而有利于美国乙醇工业，并通过禁止乙醇及相关竞争产品即甲醇和 MTBE 的竞争来实现上述目标。诚然，加利福尼亚州有保护乙醇的动机，这部分是因为美国乙醇工业为加利福尼亚州州长精选提供了政治和金融资助（但不是贿赂）；另外部分原因是固有的还是公开的民族主义偏见，这些歧视均损害了梅赛尼斯公司作为加拿大实体和所有其他外国甲醇生产商的利益。

二、法律争议推理过程

仲裁庭首先理清了双方争议的措施及争议的法律问题，仲裁庭指出，根据梅赛尼斯公司的第二次修正申请陈述，梅赛尼斯公司声称，加利福尼亚州禁止 MTBE 作为汽油添加剂的做法，违反美国在《北美自由贸易协定》项下第 1102 条、第 1105 条和第 1110 条下的义务，美国应当赔偿加拿大投资者，梅赛尼斯公司及其投资（包括梅赛尼斯美国分公司和梅赛尼斯福捷公司）因该违约行为而导致的损失，而相关争议措施是据称导致梅赛尼斯公司和梅赛尼斯公司投资损失的一项或多项违约行为的美国相关措施包括（i）加利福尼亚州第 D-5-99 号行政命令和（ii）加利福尼亚州 CaRFG3 条例。

梅赛尼斯公司的所谓损害或损失是“失去了在加利福尼亚的甲醛使用客户对其商誉和市场大面积占有率”。梅赛尼斯公司称，美国的措施还“导致梅赛尼斯福捷公司在美国的工厂继续闲置”；此外，这些措施已减少了梅赛尼斯公司对美国 MTBE 市场的开发和服务以及资本投入，梅赛尼斯美国分公司和梅赛尼斯福捷公司的回报，增加了他们的资本成本，并降低了他们的投资价值。梅赛尼斯公司还声称，美国的措施已经并将继续对全球甲醇价格造成“大幅下行压力”，因此对该损失提出申请。它还要求在美国赔偿梅赛尼斯公司由于美国所施行的措施造成甲醛价格大幅下行在其他国家和外国造成的损害。所有损失合共，梅赛尼斯公司要求赔偿的损失合共约 9.7 亿美元，包括仲裁费用、律师费和专家费，加拿大商品和服务税应付上述金额和适用利息。

针对申请人梅赛尼斯公司修正后的仲裁请求，美国的答复是基于事实和法律的管辖权及实体争议两方面提出的。如上所述，仲裁庭在 2003 年 3 月举行的程序性会议之后，根据 2003 年 6 月 2 日的部分裁决和命令决定，在听取与梅赛尼斯公司的申请有关的不同事实证据之前，不可能决定美国现行的管辖权异议。

仲裁庭认为，虽然许多相关的事实问题和许多法律材料考虑到仲裁庭在本仲裁中已经作出的事实决定，但依据《北美自由贸易协定》第 1101 条、第 1102 条、第 1105 条和第 1110 条，分别考虑梅赛尼斯公司案的情况还是方便且必要的。仲裁庭后续分别分析了第 1102 条、1105 条以及 1110 条相关义务违反情况，而后再讨论了第 1101 条管辖权问题。

1.《北美自由贸易协定》第 1102 条（国民待遇）

根据《北美自由贸易协定》第1101条，仲裁庭在部分裁决中已经对《北美自由贸易协定》第 1101 条做出了明确，认为只有当涉案的争议措施必须与相应投资及投资者具有重要的法律联系，仲裁庭方可对该争议拥有管辖权。此种“重要法律联系”并非一般的联系即可。根据仲裁庭的意见，该联系必须是具有重要的法律联系，具有重要之影响。

因此，虽然在部分裁决中，仲裁庭已经指出对该案没有管辖权，但是仲裁庭认为，如果仲裁庭在实体问题之审理上发现美国政府之争议措施确实违反了第 1102 条等实体性条款，则可以反向证明第 1101 条中所谓的“重要法律联系”之存在。

因此，为本案目的而在部分裁决中决定的必要“关系”的肯定结论不一定表明美国违反了《北美自由贸易协定》第 1102 条。但是，根据《北美自由贸易协定》第 1102 条，不需要证明梅赛尼斯公司所述的恶意目的的肯定结论可以想象地提供与确定在这种情况下《北美自由贸易协定》第 1101 条所要求的“关系”有关的证据。这两个第 11 章中的规定之间可能不对称的联系是仲裁庭认为在《联合国国际贸易法委员会规则》第 21（4）条的主要审理中结合管辖权和实体阶段进行审理的一个原因。

因此，虽然就梅赛尼斯公司而言，直接讨论第 1101 条管辖权问题的主要论点可能导致其不充分，但仲裁庭对梅赛尼斯公司的管辖可能性，仍然可能得到其根据第 1102 条提出的论点的支持。为此，仲裁庭认为应讨论梅赛尼斯公司对第 1102 条所做出的请求，只要上述申请于法于事实有据，它们可以修补关于根据第 1101 条对“关系”的必要表述的不足之处。根据其性质，这种调查需要考虑部分仲裁庭在其他地方审查的同样材料，但这种审查将通过对第 1102 条的分析而进行。

在仲裁裁决中，仲裁庭指出，其注意到梅赛尼斯公司最初并没有就违反《北美自由贸易协定》第 1102 条提出任何申请。只有在 2001 年 2 月 12 日修正的申请说明草案中，梅赛尼斯公司方试图引入基于对外国甲醇生产商包括梅赛尼斯公司歧视的申请。关于第 1102 条的申请仍然成为梅赛尼斯公司提交的关于违反《北美自由贸易协定》第 11 章的主要焦点。梅赛尼斯公司对第 1102 条提交的材料有三个层次的内容："类似情况"：梅赛尼斯公司对第 1102 条的分析的出发点是，第 1102 条不要求投资是相同的，只要两个投资者或投资处于"类似情况"。在这个基础上，梅赛尼斯公司与其他美国甲醇生产商在相同的情况下是不相关的，并且它与美国乙醇生产商不在相同的情况下。唯一的问题是梅赛尼斯公司是否（正如它声称）与美国乙醇生产者处于"类似情况"下。根据已故罗伯特·詹宁斯爵士的专家法律意见，梅赛尼斯公司提出，GATT 或 WTO 的裁决在确定第 1102 条规定"类似产品"范围方面能作为特别有用的先例予以参考。

此外，申请人梅赛尼斯公司还依赖 Claus-Dieter Ehlermann 博士的专家法律意见，WTO Asbestos 案以及 S.D. Myers 案件为其理论支持，力主梅赛尼斯公司认为最相似和最广泛认可的标准是"两者具有竞争性"。梅赛尼斯公司总结认为，如果两个或更多的投资者或他们的投资处在"类似的情况下"，则他们处于竞争环境中。梅赛尼斯公司声称梅赛尼斯公司和其他甲醇生产商在类似情况下与美国国内乙醇生产商处于竞争环境中，因为他们都生产用于制造汽油的含氧化合物，并且他们在含氧化合物市场上竞争客户。在这方面，梅赛尼斯公司依靠美国环境保护局（EPA）制定的列表，将甲醇和乙醇鉴定为含氧化合物。它坚持认为，甲醇和乙醇以略有不同的方式影响竞争关系之存在，其核心情况是：综合炼油厂购买甲醇或乙醇，即在加利福尼亚禁止 MTBE 之前，梅赛尼斯公司销售甲醇到加利福尼亚的一体化炼油厂用于制造 MTBE，而自禁令以来，这些炼油厂已转向使用乙醇。它声称每次乙醇出售都夺走了甲醇的销售量，就此，梅赛尼斯公司依赖于与瓦莱罗能源和销售公司签订的一份未签署的合同，授予瓦莱罗能源停止购买甲醇的权利，其中 MTBE 的需求减少导致 MTBE 禁用。关于汽油搅拌机，梅赛尼斯公司声称，汽油搅拌机之前从 MTBE 生产商购买了 MTBE，而且每次通过汽油搅拌机购买乙醇都会将甲醇销售转移给 MTBE 生产商。因此，它声称消费者在购买甲醇和购买乙醇之间有二元选择。

此外，适用高度相似的 GATT 或 WTO"类似产品"标准也能得出乙醇和甲醇"相似"的结论。参考 Ehlermann 博士法律意见中所提出的标准，梅赛尼斯公司强调，甲醇和乙醇能够服务于相同或类似的最终目的，消费者已经察觉此种类似，并会把甲醇和乙醇视为替代品。梅赛尼斯公司声称，毫无疑问，梅赛尼斯公司和梅赛尼斯公司在加利福尼亚州投资并没有受到与乙醇相同的对待，梅赛尼斯公司声称加利福尼亚已经禁止 MTBE 和甲醇进入市场，并有效地为乙醇提供了垄断市场的土壤和条件，而此种歧视是毫无道理的。

鉴于梅赛尼斯公司的申请请求，仲裁庭主要分两步对“类似情形”做出了分析，以考察“类似情形”是否存在，且在类似情形下，美国政府是否对梅赛尼斯公司实施了歧视性待遇。

第一步，仲裁庭考察“投资者”的类似情形。

仲裁庭认为，为了支持其根据《北美自由贸易协定》第 1102 条第 3 款的主张，梅赛尼斯公司必须证明梅赛尼斯公司和据称被加利福尼亚支持的美国国内投资者处在同样的情况下，加利福尼亚州打算通过歧视外国投资者而支持本国投资者的情况存在。梅赛尼斯公司回复仲裁庭的理由是：第一，加利福尼亚州决定禁止 MTBE，旨在支持 ADM 公司成员的美国国内乙醇生产商，并损害甲醇生产商；第二，梅赛尼斯公司认为乙醇和甲醇处于相似的情况下。但是被申请人美国在法律和事实上均反对这两个论点。

仲裁庭认为：其实，申请人和被申请人在判断第 1102 条是否违反上述适用的方法之不同是导致两者对该案措施是否构成对 1102 条违反的关键。仲裁庭指出，争端双方为适用第 1102 条《北美自由贸易协定》提出了不同的方法。梅赛尼斯公司的方法是：就《北美自由贸易协定》第 1102 条而言，对《北美自由贸易协定》第 1102 条的违反需满足三个条件。第一，仲裁庭必须确定美国乙醇工业是否与梅赛尼斯公司及其投资在“类似情况下”。第二，如果他们在“类似情况下”，仲裁庭必须确定美国国内乙醇工业的任何部分是否获得比梅赛尼斯公司及其投资获得更好的待遇。第三，如果仲裁庭认为梅赛尼斯公司没有得到更好的待遇，那么负担就转移到被申请人美国上，美国必须证明给予甲醇生产者的不同待遇，表明应该允许这些措施，因为它们实施了有效的环境目标。

而美国则提出了与梅赛尼斯公司对第 1102 条理解不同的另一种方法。美国认为：“国民待遇规定的功能是解决基于投资所有权国籍的歧视。处理基于国籍的歧视的功能是通过将外国投资者的待遇与给予其最相似的国内投资者的待遇进行比较。在理想情况下，外国投资者或外国投资应与国内投资者或在所有相关方面类似于所有权国家的国内投资进行比较。当国籍是唯一的不同时，这种比较适用于该条的目的，即确定根据国籍给予的待遇是否不同。”

因此，如何理解“在相似的情况下”，如何选择相比较的对象是仲裁庭解决双方就国民待遇中是否存在歧视性待遇的根本核心所在，也是仲裁庭认为本法律争议的重中之重。根据被申请人美国的观点，对于在类似情形下的理解，不应认为类似情形就是具备同一性，并对同一性进行比较："在相似的情况下，应该允许在国家对待不同投资者的处理中有一定程度的灵活性，例如没有相同的国内投资者，在外资中没有完全相同的投资者等。在这种情况下，仲裁庭可以看起来更远，扩大国内比较国的范围，只要它们足够相似，足以证明他们的情况是'像'外国投资者或投资"。加拿大政府在其第四条第 1128 款中建议类似于美国的公式。

两种提议的方法之间的主要区别在于选择美国称为"比较对象"的具体方法，用于确定类似情况的目的。仲裁庭支持美国的方法。在上面引用的方法中，梅赛尼斯公司的方法开始于假设它的比较者是乙醇工业，而美国则提出了一个建议，认为其中要选择的比较者是国内投资者或国内投资。如果没有完全适当的比较者，也要选择靠近外国投资者或在所有相关方面的投资。尽管方法有所不同，但很显然，如果美国方法的应用结果是鉴定乙醇工业作为比较者，梅赛尼斯公司的方法将只是美国方法中的最后一个可能选择。

仲裁庭进而一针见血地质疑了申请人梅赛尼斯公司所运用的方法，仲裁庭质疑梅赛尼斯公司是基于何种理由在解读《北美自由贸易协定》第 1102 条"类似情形"措辞时已经先入为主地把可比较者默认为是乙醇生产商。仲裁庭诘问："关键问题是：谁是正确的比较者？"在此，如果简单地假设乙醇工业或特定的乙醇生产商是比较者的话，就无可避免地碰到这一问题。鉴于《北美自由贸易协定》第 1102 条的目的和该条款在通过"类似情况"时所可能出现的灵活性，如果可以得到相同的比较情况，并且使用不那么"像"的比较者，我们并不应该仅仅把乙醇生产者列为比较的对象。这样的比较也是不正确的。梅赛尼斯公司并没有找到一些与它相同的比较者。

仲裁庭认为：在这方面，可以参考 Pope & Talbot 诉加拿大案的具体情况。该案在本问题上对于本案具有启发性。仲裁庭在简要回顾了该案案情后指出，在该案中，一个美国投资者在加拿大，声称是在类似的情况下，有义务支付出口费，而加拿大生产商在其他省份则不受出口费所调整。然而，仲裁庭拒绝了这一说法，因为在其他省份有超过 500 名加拿大生产商受到收费。也就是说，仲裁庭选择了最"类似情形"的实体，而不是少数"完全一样的情况"。如果一个仲裁庭忽略同一个比较因素，并试图在一个最好是近似（可以说是不适当的）进行比较，这将是第 1102 条的强制适用。仲裁庭进而指出，事实证明，生产甲醇的梅赛尼斯公司在加利福尼亚州并没有得到比相同的美国内可比较产品更为不利的对待。

最后，仲裁庭认为，上述才是对第 1102 条的完全合理解读：如果一个组成部分国家或省根据国内法或政策在国内类别的成员之间区分哪一类恰好是一个条款的比较者，另一方的投资者或投资有权享受国内一些类别的某些成员的最优待遇。然而，仲裁庭不需要参加梅赛尼斯公司对 WTO 案件的引用，因为第 1102（3）条根本不能解决梅赛尼斯公司的困难。加利福尼亚州的禁令不区分外国投资者或投资与加利福尼亚的各种 MTBE 生产商或美国甲醇原料生产商（如果相关）。这里没有更多或更少的好处。加利福尼亚州的立法对待所有投资者均是统一的，该禁止令适用于所有 MTBE 的制造商。

因此，即使假设作为甲醇生产商的甲烷公司被视为受法律和事实影响，根据《北美自由贸易协定》和国际法，加利福尼亚州禁止 MTBE，梅赛尼斯公司根据第 1102 条的要求将失败，因为它没有接受治疗，在同样情况下不如美国投资者。仲裁庭进一步指出，即使加利福尼亚州的相关措施是对梅赛尼斯公司造成了影响，但由于此种影响并非基于国籍而得以区分，其对外国投资者与美国本地投资者本质上是一视同仁的，因此，美国政府的措施并没有构成歧视性待遇。

第二步，仲裁庭考察了“相同产品”的类似情形。

仲裁庭在详细审议争议双方就甲醇和乙醇的“类似情况”提出的论点后支持了被申请人美国对申请人的质疑，即 GATT 判例对《北美自由贸易协定》第 11 章并不适用。仲裁庭援引美国的观点认为，正如美国所辩称的，《北美自由贸易协定》起草者在起草第 1102 条中“类似情况”一词时已经打算避免使用“同类产品”措施，表示意图区分两个术语，原因在于 GATT 的目的和宗旨与《北美自由贸易协定》第 11 章的目的和宗旨不同。

仲裁庭进一步指出，正如仲裁庭在上文和其他部分裁决一样，《北美自由贸易协定》作为一项条约，应根据《维也纳条约法公约》第 31 条和第 32 条进行解释。因为上述两个条款反映了条约解释的习惯国际规则。因此，通过对《北美自由贸易协定》第 1102 条第 1 款、第 2 款及第 3 款的考察，仲裁庭认为“同类产品”一词并无在《北美自由贸易协定》第 11 章中出现。这也是《北美自由贸易协定》起草者刻意为之的。

因此，仲裁庭支持了美国的观点决定，驳回申请人就《北美自由贸易协定》第 1102 条所提出的诉请。

2.《北美自由贸易协定》第 1105 条

梅赛尼斯公司提出，美国的措施旨在歧视外国投资者及其投资，而且蓄意歧视的定义是不公平。因此，申请人声称美国违反《北美自由贸易协定》第 1102 条的同时，也违反了《北美自由贸易协定》第 1105 条。申请人梅赛尼斯公司进而请求仲裁庭支持其认为《北美自由贸易协定》三个缔约方在自由贸易委员会于 2001 年 7 月 31 日通过的以下关于根据《北美自由贸易协定》第 1105（1）条规定的最低待遇标准的解释说明：其标题为《根据国际法最低待遇标准》：（1）《北美自由贸易协定》第 1105 条第 1 款规定习惯国际法外国人最低待遇标准作为另一缔约方投资者投资的最低待遇标准；（2）"公平和公正待遇与全面保护和安全"的概念并不要求给予超出习惯国际法下外国人最低待遇标准的额外待遇；（3）违反《北美自由贸易协定》其他条款或者另一项单独的国际协定的认定并不能证明对《北美自由贸易协定》第 1105 条第 1 款的违反的解释不具有法律拘束力。

作为回应，美国辩称，申请人在仲裁申请中主张北美自由贸易委员会（FTC）的解释对该案没有拘束力的观点是错误的。美国进一步指出，FTC 的解释对本仲裁庭具有约束力，并且根据其条款，排除了违反《北美自由贸易协定》第 1102 条的措施也违反了第 1105 条的主张。美国认为，即使不考虑 FTC 的解释，基于国籍所产生的歧视也只能属于《北美自由贸易协定》第 1102 条的调整范围，并非属于《北美自由贸易协定》第 1105 条的调整范围。此外，美国力主，梅赛尼斯公司并没有证明存在一项习惯国际法规则——禁止一个国家基于国籍区分国民和外国人，而该种区分违反习惯国际法规则的义务。

仲裁庭认为，申请人认为自由贸易委员会的解释没有拘束力是没有法律依据的。仲裁庭通过援引蒙德弗（Mondev）案仲裁庭裁决强调习惯国际法标准的适用本身不允许诉诸《北美自由贸易协定》缔约方的其他条约，或者实际上诉诸《北美自由贸易协定》内的其他条款。

随后，仲裁庭通过对相关国际法学家学说及案例的援引，进一步指出根据《维也纳条约法公约》的规定，并不能认为 FTC 的解释不当，对本仲裁庭没有拘束力。仲裁庭指出，最为重要的原因在于根据国际强行法的规定，"缔约方的真实意图表示必须尊重"，而《北美自由贸易协定》中已经对 FTC 的解释对仲裁庭具有拘束力做出了明确的规定。

鉴于上述原因，仲裁庭决定驳回梅赛尼斯公司根据《北美自由贸易协定》第 1105 条所提出的请求。

3.《北美自由贸易协定》第 1110 条

正如仲裁庭之前审议梅赛尼斯公司根据第 1102 条和第 1105 条提出的申请一样，仲裁庭认为应审查梅赛尼斯公司根据第 1110 条提出的申请，以确定梅赛尼斯公司是否能满足第 1101 条《北美自由贸易协定》所要求的“与……有关”的门槛要求。

就本条，申请人梅赛尼斯公司认为加利福尼亚州法律违反了公平与平等待遇条款，并构成了间接征收。申请人梅赛尼斯公司理由如下：第一，梅赛尼斯的大部分投资，包括其在加利福尼亚州和更大的美国含氧化合物市场的份额，都是通过在歧视性措施实施的背景下被迫转交予美国国内乙醇产业。为此，加利福尼亚州的上述措施与《北美自由贸易协定》第 1110 条中的“征收”至少在语意上是相同的。

第二，这些措施并不是为了如同被申请人所主张的实现第 1110（a）条所要求的“公共目的”，相反，其主要是针对梅赛尼斯公司、梅赛尼斯美国分公司和梅赛尼斯福捷公司三家公司在加利福尼亚州含氧化合物市场的份额，并直接影响到国内乙醇行业。

第三，申请人认为，上述措施的歧视性质不符合第 1110（c）条的要求，这些措施也并不符合第 1105（1）条所规定的“正当法律程序”。

仲裁庭在充分审查科学研究结果以及专家证词之后认定：加利福尼亚州立法是对 MTBE 污染水资源问题的合理回应（reasonable response），其并不构成间接征收。仲裁庭的理由主要有两点：一是美国联邦和州的政府性环境与健康保护组织一直在监测这一化学物的使用及其带来的后果，而且通常也会禁止或限制某些对环境和健康有害的化学物质的使用，加利福尼亚州政府采取的这一行为的根本出发点在于保护加利福尼亚州环境以及公民的健康与安全，而并不是刻意损害国外的甲醇生产商的利益；二是仲裁庭并无发现任何证据证明美国政府存在故意歧视。因此，一项为了公众利益、通过合法程序颁布的法律，如果没有构成“歧视”，并不能认定是征收或者可补偿的。而且，除非做出规则措施的政府在当时对潜在的外国投资商做出了“特定的承诺”，表明政府将不会采取这类规制措施。但仲裁庭发现，关于 MTBE 的日后监管政府没有做出任何承诺。因此，美国政府的行为是非歧视性的环境规制措施，不构成征收。

梅赛尼斯公司认为该法律对公共卫生的保护是“等同于征收”。在裁决美国的法规不是“等同于征收”的措施时，仲裁庭坚持，作为一项一般国际法原则，“一项为了公共目的或非歧视性的法规，是根据正当程序颁布……

不被认为是征收性的或可补偿性的，除非颁布法规的政府曾给了考虑投资的外国投资者以具体承诺，即承诺该政府不会颁布此类法规”。在该案中，美国加利福尼亚州的法律是为了保护本州的环境卫生，并不具有歧视性。而且根据美国在服务贸易领域的承诺表，美国并没有做出此类承诺，可见，为公共目的政府进行规制不具有征收的性质，投资者不能得到补偿。虽然以公共目的为理由进行裁判，法官具有很大的自由裁量权，但公共目的、国家的根本利益是不能忽视的，它不仅关系到一国的持续发展，也关系到全球的健康发展。

4.《北美自由贸易协定》第1101条

最后，仲裁庭认为，即使在上述决定中，通过对《北美自由贸易协定》第1102条、第1105条和第1110条的分析，仲裁庭认为争议措施并无违反上述相关条款之规定，但是仲裁庭仍然需要确定是否已满足第1101条的要求。

仲裁庭回顾：在部分裁决的时候，仲裁庭已经对《北美自由贸易协定》第1101（1）条做出了明确的解析。即《北美自由贸易协定》第1101（1）条要求的不仅仅是一项措施的效果，而且要求该措施与投资者之间具有法律上的重要联系及其所称的损失，这是三个《北美自由贸易协定》缔约方在该仲裁中所同意及支持的解释。

而申请人梅赛尼斯公司通过对相关科学机构出具报告的批判及相关证据及ADM公司与加利福尼亚州行政长官可能收受政治选金资助的事实的分析，从而认为加利福尼亚州所采取的措施是有针对性、有歧视性的，有充分的歧视目的，特别是加利福尼亚州在通过2003年对加利福尼亚州条例的修订，明确禁止了甲醇（Methanol）作为汽油添加剂，这一举措显然已经符合第1101条所要求的在措施与投资者或投资之间产生重要的法律联系。

为回应申请人梅赛尼斯公司所主张的该案的措施满足了第1101（1）条《北美自由贸易协定》的管辖要求论点，美国提出了四点异议。

第一，根据部分裁决决定，美国认为，梅赛尼斯公司以其措施损害MTBE生产者或使乙醇生产者受益的证据，并不足以证明美国的措施违法。梅赛尼斯公司必须证明禁止MTBE的意图是歧视性地针对甲醇生产者的。美国认为，梅赛尼斯公司并没有接近事实所需的证据。在2004年6月的主要听证会上，美国还提出，鉴于将管辖权问题同《联合国国际贸易法委员会仲裁规则》第21（4）条的规定相结合，美国措施是否“与甲醇生产者有关”的问题必须是有事实证据为支持的，而并非根据任何假设的事实以支持梅赛尼斯公司的主张。

第二，美国认为，梅赛尼斯公司错误地表明，尽管没有直接证据表明加利福尼亚意图影响甲醇生产商，仲裁庭应该考虑其乙醇的相关证据，因为乙醇和甲醇是同质竞争产品。但是，美国进一步指出，梅赛尼斯公司的这一论点在法律和事实基础上均是站不住脚的。就法律依据而言，美国认为，梅赛尼斯公司关于竞争的主张与梅赛尼斯公司最初提出的要求没有什么不同，而且仲裁庭在部分裁决中已经驳回了这一请求。这表明仲裁庭认为必须驳回如此主张，即原料（如甲醇）和下游产物（如乙醇）可能提供原本缺乏的法律上重要的联系。美国进一步认为，部分裁决是最终的，对争议各方包括梅赛尼斯公司有最终约束力。

第三，美国认为，梅赛尼斯公司在其答复中只是将限制其竞争的证据缩小到市场的其中一个小方面而已，即在加利福尼亚州拥有汽油精炼、MTBE 生产和汽油分配设施的综合炼油厂，这一说法并不全面。美国继续争辩，证据记录并没有确定在梅赛尼斯公司所依赖的加利福尼亚州有炼油厂，或者说对于任何这样的一体化炼油厂有一个市场，其中甲醇和乙醇可以被认为实在经济意义上的竞争。其还认为，证据证明市场上的参与者认为甲醇只不过是一种原料，而没有梅赛尼斯公司受 MTBE 禁令影响的证据证实美国措施与梅赛尼斯公司无关。

第四，美国认为，相关证据并不支持梅赛尼斯公司所谓的“美国措施旨在使国内乙醇生产者受益”的主张。禁止 MTBE 的决定有着坚实及充分的行政和科学记录，当中就包括加州大学出具的相关科学性报告。禁止 MTBE 是建基于上述夯实基础上所得出的建议和调查结果。庭审过程中，美国同时依赖于 Fogg 博士、Happel 博士和 Whitelaw 教授的专家证据，力主确定美国措施在采取措施时的科学信息得到充分支持。

仲裁庭认为，如加利福尼亚州行政命令和加利福尼亚州条例所反映的，加利福尼亚州的行为和措施并非出于恶意的责难。仲裁庭进一步指出，科学和行政记录清楚地表明，戴维斯州长和加利福尼亚州机构采取行动是为了保护加利福尼亚公民的环境利益，而不是为了危害外国甲醇生产者。面对广泛的和可能严重的 MTBE 污染其水资源，加利福尼亚州下令仔细评估该问题，此后的研究调查发现，大量的地表和地表水已被 MTBE 污染，应采取预防措施。证据记录表明对梅赛尼斯公司或甲醇没有不良的意愿。同时，根据证据记录，加利福尼亚州的行为并没有任何非法借口，同时梅赛尼斯公司也没能证实美国措施旨在损害外国甲醇生产商（包括梅赛尼斯公司）

或受益国内乙醇生产商（包括 ADM 公司）。在这种情况下，出于事实，美国措施与梅赛尼斯公司及其投资之间没有法律上的重要联系。因此，美国的措施并不与第 1101（1）条所要求的梅赛尼斯公司或其投资相关。

因此，根据第 1101 条，美国在其第二次修正的申请声明中提出管辖权异议应该得到支持。因此，仲裁庭得出结论认为，仲裁庭缺乏确定梅赛尼斯公司根据《北美自由贸易协定》第 1102 条、第 1105 条和第 1110 条所称的实质性申请的管辖权。

三、仲裁庭裁决

由于上述原因，仲裁庭在本案中作出以下裁决：

（1）管辖权：仲裁庭根据《联合国贸易法委员会仲裁规则》第 21 条和《北美自由贸易协定》第 1101 条的规定决定，它对梅赛尼斯公司在其第二次修正的申请说明中提出的仲裁请求没有管辖权。

（2）实体争议：假设仲裁庭有权确定梅赛尼斯公司在其第二次修正的申请说明中提出的申请，仲裁庭根据《联合国贸易法委员会仲裁规则》第 21 条第（4）款和《北美自由贸易协定》第 1102 条、1105 条和 1110 条，驳回所有由梅赛尼斯公司提出的申请。

（3）法律费用：仲裁庭根据《联合国贸易法委员会仲裁规则》第 38（e）条和第 40（2）条决定，梅赛尼斯公司应在 30 天内向美国支付 2989423.76 美元的费用。

（4）仲裁费用：仲裁庭根据《联合国贸易法委员会仲裁规则》第 38（a），（b），（c）和（f），39（1）和 40（1）条，裁决梅赛尼斯公司承担本案全额仲裁及其他相关费用，要求在本仲裁做出之日起 30 日内向美国进一步的赔偿 1071539.21 美元。

四、案件简评

梅赛尼斯案在《北美自由贸易协定》项下投资者诉美国的所有相关案件中扮演重要地位。除与软木案一般，首次有法庭之友参与，为仲裁庭提供专业意见外，本案有以下几点值得继续探讨与关注。

首先，关于征收的文义解释，仲裁庭第一次给出明确的分水岭和解释。关于第 1110 条，本案仲裁庭第一次在《北美自由贸易协定》中对该条款征收给出明确的划分，即明确了“一项为了公共目的或非歧视性的法规，是根据正当程序颁布……不被认为是征收性的或可补偿性的，除非颁布法规的政府曾给了考虑投资的外国投资者以具体承诺，即承诺该政府不会颁布此类法规”。

其次，该案是第三方参与仲裁机制在《北美自由贸易协定》项下的第一个实践，对于第三方参与仲裁应该给予高度关注。其实，法庭之友制度始于罗马法，发展于英国普通法，后来移植到美国法律体系中并得以繁荣，近来在国际性的争议解决程序中也逐渐得到了不同程度的认可。法庭之友并非争议当事人，但是其立场往往使其可以向法院或者仲裁庭提供与争议相关的独特观点和专业知识。法庭之友参与争议解决一般是通过向裁判者提交书面意见（amicus brief）的形式，另外也可包括参与口头庭审程序，获得争议方的文件，或是参与对证人的交叉询问。

由于仲裁和诉讼在本质上存在不同，国际投资仲裁最初拒绝任何第三方参与仲裁程序。在 ICSID 仲裁首次涉及法庭之友意见的 Aguas del Tunari，S.A. 诉玻利维亚案中，投资者指控玻利维亚违反了荷兰和玻利维亚之间的双边贸易协定。一些非政府组织（NGO）认为该案所涉水务工程关乎公共利益，因而要求参加仲裁程序。仲裁庭最终根据传统的仲裁原则，认为在未经当事人同意的情况下，任何第三方不得被允许参与仲裁程序。① 然而，仲裁庭在这一决定作出之后饱受批判，被认为是剥夺了公众的合理期待。同时，在奥贝泰克制药诉美国案中，仲裁庭拒绝了“可持续金融研究中心”作为第三方参与仲裁的请求。仲裁庭认为根据北美自由贸易委员会于 2003 年 10 月 7 日就第三方参与仲裁所作出的要件指示，本案中“可持续金融研究中心”并不满足该指示中所列的要件要求，且仲裁庭在 2012 年 10 月 11 日做出的第二号程序性命令中已就此作了充分的说明和论证。仲裁庭认为本案中“可持续金融研究中心”并不符合作为第三方参与仲裁的要求，其资格与要件指示不符。因此，对法庭之友的权利的明确承认，是对 ISDS 机制内在合法性改革的一个重要之举。例如《跨太平洋伙伴关系协定》中就对第三方参与仲裁做出了细化性规定。其承认了法庭之友的权利，以更好地保证仲裁庭的正当性。第 9.22 条“仲裁的进行”第 3 款规定：

---

① Aguas del Tunari，S.A.v.Republic of Bolivia，ICSID Case No.ARB/02/3，Decision on Respondent’s Objections to Jurisdiction [EB/OL]. [2005-1-11][2012-3-11]. http://works.bepress.com/david_caron/49.

“经争议双方商议，仲裁庭可接收和考虑法庭之友的陈述，”但在此基础上，该条款对于法庭之友的参与又苛以条件，在法庭之友的适格要件上，其规定“此类法庭之友陈述是对仲裁程序具有实质性利益的人员或实体提交的非争端方提交的，涉及争端范围内的事实或法律问题，并能协助仲裁庭评估争端双方陈述和观点”。[①]同时，在法庭之友陈述的形式要件上，其规定：“每份陈述应写明作者，披露其与任一争端方之间的直接或间接从属关系，指明其在准备该陈述过程中向其提供过帮助或将向其提供帮助的任何人、政府或其他实体。”

除此以外，本案尚有以下三个信息点需要注意：第一，国际投资争端往往涉及重大的公共利益，国际投资仲裁制度的合理设置有助于维持正常的国际经济交往秩序、保障公共利益。然而随着国际投资自由化的推进，国际社会片面强调对私人投资者利益的保护，国际投资仲裁程序缺乏透明度以及投资者享有争端解决选择权等因素制约着国际投资仲裁对公共利益价值的维护和追求。第二，WTO 条款与《北美自由贸易协定》条款适用之维在梅赛尼斯公司案中，仲裁庭对《北美自由贸易协定》条款与 WTO 条款进行了详细的比较分析，认为《北美自由贸易协定》当事方认识到 WTO 体制中“同类产品”与《北美自由贸易协定》有关外国投资的“同类情势”（like circumstances）用语的不同。根据传统的国际法解释规则，仲裁庭裁决，外国投资语境中的“同类情势”不能视为与 WTO 体制的“同类产品”概念相同，因此，双边贸易协定应以自主的方式解释，独立于 WTO 争议解决实践。

简而言之，毫无疑问，梅赛尼斯案件在开始将国际投资仲裁从秘密和秘密过程转变为更透明，更便利和更负责任的过程方面发挥了关键作用。在这方面还有许多工作要做，但起点线已经过去了，不言而喻，在后梅赛尼斯时代，这一进程没有回头。这就将梅赛尼斯仲裁标志为这一领域国际法发展的一个重要部分。

① Art 9.22，TPP，https://ustr.gov/tpp/#text.

格兰德河企业六部落有限公司等诉美国案

Grand River Enterprises Six Nations，Ltd.，et al.

v.

United States of America

仲裁裁决 2011.1.12

一、案件事实

本案源起于美国所实施的香烟管制措施。申请人由一家公司和三位自然人组成。该公司是一家加拿大公司，名为格兰德河企业六部落有限公司（Grand River Enterprises Six Nations，Ltd.，以下称“格兰德河公司”），位于加拿大安大略省奥斯维根，于1996年4月按照加拿大法律组建而成。公司主要在安大略省工厂生产烟草，烟草在加拿大销售并出口美国。三位自然人分别是：来自加拿大奥斯维根的杰瑞·蒙图尔（Jerry Montour）、肯尼斯·希尔（Kenneth Hill），来自美国纽约州佩里斯堡赛内加部落区（Seneca Nation Territory）的小阿瑟·蒙图尔（Arthur Montour，Jr.）（以下称“个人申请人”）。三位个人申请人均出生在加拿大，是原住民或易洛魁联盟六部落中第一部落成员。其中，杰瑞·蒙图尔是格兰德河公司的总经理，肯尼斯·希尔是公司的董事长，两人同时是公司的控股股东。小阿瑟·蒙图尔是美国本地批发供应公司（Native Wholesale Supply Company，以下简称NWS公司）的所有者，从事格兰德河公司在加拿大生产烟草的进口，以及再销售给批发商和零售商。

20世纪90年代，美国40个州的检察官对主要的烟草生产商提起了诉讼，要求它们赔偿这些州在应对吸烟引起的相关疾病方面所支出的医疗费用。1998年6月，原本希望通过美国国会立法来解决诉讼问题的努力没有取得成功。随后，开始通过谈判来寻求合理的解决方案。1998年11月，这些谈判取得成功，州检察官团组和4个主要的烟草生产商达成了一个《总解决协议》（Master Settlement Agreement，以下简称MSA），其他州随后也加入了 MSA。州份数量最后达到 46 个，外加哥伦比亚特区和 5 个美国领地。

MSA 要求加入协议的每个参加公司（以下简称“参加制造商”或“PMs”）按照烟草的销售量永久地向中央账户（central account）缴纳保障金，保障金按参与州对该公司征税烟草的数量来计算。每一个参与州从 PMs 每年缴纳的保障金中分得一份费用。每一份香烟（per cigarette）所缴纳的费用将按照一个约定的规则逐年增加。PMs 同意在广告和其他市场行为上接受限制，并为烟草的控制和最终消除积累资金。

加入 MSA 的 PMs 的香烟销售成本明显增加，在第一年每箱香烟的批发价格就增加了 4.50 美元，接下来几年更是大幅提高。由于成本过高，PMs 相比没有受到 MSA 或其他限制的竞争者而言，逐渐失去了销量和市场份额。为了鼓励其他公司加入，MSA 纳入新的措施，允许其他烟草厂商在 1998 年 11 月协议达成后的 60 天内加入 MSA，后来延续到 90 天。那些在 1998 年 11 月 23 日后加入的厂商称为后续加入商（Subsequent Participating Manufacturers，以下简称为“SPMs”）。SPMs 可以享受大约是其 1997 年市场份额的 125% 或者 1998 年市场份额的 100% 的免付额，超过这些额度的销售份额将要强制缴纳保障金，但在这些额度之内的销售额可永久不缴保障金。第五个主要烟草商利格特集团公司（Liggett Group）利用这项优惠待遇，在 90 天的期限内加入了 MSA，40 个其他的烟草商也如此加入 MSA。格兰德河公司没有加入，属于没有加入者（Non-Participating Manufacturer，以下简称为“NPM”），本诉讼的重要因素也就是 NPM 与 SPM 之间的差别待遇。

为了限制没有加入协议的厂商夺取市场份额，MSA 主要的措施是要求 46 个参与州依照附加在 MSA 后的法律草案通过托管立法，规定每一个没有加入 MSA 的厂商每年必须按照它在该州的缴税额相应地缴纳一笔基金。NPM 名义上拥有该基金及其利息，但基金要被托管 25 年，且只能用来支付 NPM 因烟草引起的健康损害的法定赔偿。46 个参与州都通过立法确认了 MSA 所附加的立法草案。NPM 每份香烟缴纳的金额要稍高于加入 MSA 的厂商向中央账户缴纳的金额。

托管法令包括“可分配份额”（allocable share）条款，其规定可能会显著降低在一个特定州所要托管的金额。例如，某个州的烟草销售在全部烟草销售中的比例是 1%，该州便能获得 PMs 支付的所有资金 1% 的份额。如果某个 NPM 所有的烟草销售都在该州，只需要缴纳假设其是 PMs 需要向 MSA 基金缴纳的数额。由于该可分配份额规定，该 NPM 将直接获得 99%

已托管资金的返还，因为该州将仅获得该NPM假定为PMs时所支付的金额。

1998年，在MSA达成时，格兰德河公司“塞内卡”(Seneca)牌卷烟还没有生产，在美国没有市场份额。然而，在2002年或者2003年的早期，其为利用该可分配份额规定调整了市场策略，决定将保留地外的烟草销售集中在某些州，并把格兰德河香烟引入这些州。这些州包括北卡罗来纳、南卡罗来纳、俄克拉荷马、阿肯色和乔治亚州，这个市场策略也的确在一段时间内取得了成功。

在1998年MSA达成时，MSA机制外的小烟草制造商仅占美国市场0.4%的份额。在MSA实施后，PMs提高了他们的价格，并且限制广告和其他市场行为，主要烟草商的销售价额显著提高，随之PMs的整体销量和市场份额下降，NPM的销量和市场份额增加。

为此，参与州在2001年末2002年初以颁布补充立法的方式强化之前托管法律的实施。这些补充法令要求州检察长列出未遵守托管法律的NPM名单，并禁止州税务相关部门为未遵守厂商的香烟粘贴印花。未贴印花的香烟将被当作走私物品没收。从2003年开始，参与州开始修订托管法令以废除可分配份额规定。这些州认为可分配份额规定是个“漏洞”。证据显示，到2004年9月，38个州已通过修订法令来“弥堵这个漏洞”。但申请人认为，可分配份额规定不是漏洞，而是有意包括在MSA中，以确保NPM和享受豁免的SPMs之间的公平竞争。

2004年3月12日，申请人基于《北美自由贸易协定》第11章提出仲裁申请，认为美国不同州为实施1998年MSA所采取的行动侵犯了其依据《北美自由贸易协定》第11章所享有的权利。具体包括《北美自由贸易协定》下的合理期待，最惠国及国民待遇，公平公正待遇。

二、法律争议推理过程

本案中，仲裁庭审理了程序和实体方面的法律争议。

（一）法律适用

仲裁庭首先讨论了本案的法律适用问题。关于法律适用，《北美自由贸易协定》第1131条第1款规定：“应当依据本协议和可适用的国际法规则对争议事项进行裁决”，第2款规定：“委员会对本协议某一条款的解释对根据本节组成的仲裁庭具有约束力”。

双方对于第 11 章所涉及的关键词，例如“投资”“企业”是否应该扩大解释存在争议。对为解释《北美自由贸易协定》而考虑的其他国际法规则的义务范围也有分歧。申请人认为，为了与序言以及第 1102 条第 1 款中《北美自由贸易协定》的目标和原则一致，当解释文本时，仲裁庭应该选择最能够促进投资以及竞争机会的扩大解释。其次，申请人认为仲裁庭应该考虑加拿大与美国之间的其他条约规定以及相关习惯法：条约方面尤其应关注 1794 年的《杰伊条约》(*Jay Treaty*) 的第 3 条，因为该条款确保了他们在美国的烟草贸易不受美国及各州干扰的权利；习惯国际法方面应关注尊重和保护原住民在其领地从事传统跨境商业活动权益。被申请人则认为，申请人忽视了《杰伊条约》的文本内容及其在美国和加拿大中的一贯司法实践。另外，申请人引用习惯国际法的主张曲解了习惯国际法的适用原则。

仲裁庭认为，不应该对《北美自由贸易协定》的术语作扩大或缩小解释，或者以任何方式背离《维也纳条约法公约》的解释规则。在这方面，《北美自由贸易协定》涉及一个权利和义务的平衡。虽然《北美自由贸易协定》在序言中要求促进投资，但其同样保障缔约方有保护公共福利的“弹性”。另外，仲裁庭认可参照其他国际法规则的必要性，但不认为需要把其他条约纳入《北美自由贸易协定》的法律要素，仲裁庭将一直谨记自由贸易委员会（Free Trade Commission，下称 FTC）的指导性意见，即对其他条约的违背并不导致对《北美自由贸易协定》第 1105 条的违反。

（二）管辖权问题

在仲裁程序中，被申请人首先于 2005 年基于以下五点理由对仲裁庭的管辖权提出异议。

第一，仲裁申请超出了《北美自由贸易协定》第 1116（2）条和 1117（2）条的时效规定；

第二，仲裁申请不属于《北美自由贸易协定》第 11 章的调整范围；

第三，阿瑟先生没有提交有效的加拿大国籍证明；

第四，与税收措施相关的申请并不属于《北美自由贸易协定》第 1105（1）条及第 1110 条调整范围；

第五，包括申请人意向通知中未明确，且未根据《北美自由贸易协定》第 1119 条和第 1120 条的适当提交的申请。

在广泛考虑各方意见后，仲裁庭于 2006 年 7 月首先就被申请人的第一项管辖权异议作出裁决，裁定驳回了被申请人的异议，第三项异议由阿瑟先生亲自澄清，双方都认可了他的加拿大国籍，第五项异议由仲裁庭决定允许申请人修改诉求而解决，第二和第四项异议即可在《北美自由贸易协定》第 11 章适用范围外以及与之相关的特定税收措施是否违反《北美自由贸易协定》第 1105（1）条及第 1110 条，仲裁庭对此进行了如下分析：

1.《北美自由贸易协定》第 11 章的适用范围——管辖门槛

《北美自由贸易协定》第 1101 条规定："1、本章适用于由一缔约方采取或维持涉及以下的相关措施：（a）另一缔约方的投资者；（b）一缔约方境内的另一缔约方投资者的投资"，因此一个《北美自由贸易协定》仲裁庭仅对"一方采取或维持"的措施有管辖权。此外，这些措施必须"有关于""另一缔约方投资者"或"一缔约方境内的另一缔约方投资者的投资"。

本案中，双方对于"一方采取或维持"的措施这两项要素不存在争议，双方都承认各州采取的可分配份额修正案的撤销，及美国州当局依据补充立法采取的实施措施构成缔约方采取和维持的措施。双方同时也都承认格兰德河公司和 3 个自然人的加拿大国籍身份，认可阿瑟先生在美国的投资。然而被申请人首先不认可其他 2 人和格兰德河公司在美国有投资行为，其次不认可争议措施与阿瑟相关。故仲裁庭就上述投资行为展开论证。

2. 仲裁庭首先回顾了《北美自由贸易协定》下投资的界定

《北美自由贸易协定》第 1139 条将"投资"界定为：

（a）企业

……

（d）对企业的贷款

（i）企业是投资者的隶属机构，或

（ii）企业贷款的原始到期期限至少 3 年

（e）所有者有权分享企业所得或利润的企业利益；

……

（g）为经济利益或其他商业目标而购得或使用不动产或其他财产，无论是有形资产或无形资产；和

（h）资本或其他资源在一缔约方境内对经济活动的投入所产生的利益，例如：

（i）投资者需在该缔约方境内投入资产的合同，包括交钥匙或建设合同或特许权，或

（ii）报酬实质上取决于企业的产量、收入或利润的合同；

但是投资并不是指：

(i)金钱请求权，该请求权来自：

(i)只是由于出售货物或服务的商业合同，或

(ii)与商业交易有关的信用展期，例如贸易融资，但不包括(d)中的贷款，或

(j)任何其他金钱请求权但不涉及(a)到(h)列举的利益。

第 1139 条同样定义企业为："企业是指第 201 条（普遍适用的定义）所定义的企业，以及一企业的分支机构"。第 201 条将企业定义为："根据适用法律组建或组织的任何实体，无论是否以盈利为目的，无论是私有还是政府所有，包括公司、信托、合伙、独资、合资或者其他组织……"

仲裁庭指出，是否某一特定活动构成第 1139 条意义上的投资，在过去的《北美自由贸易协定》案例也没有权威的阐述。在涉及《北美自由贸易协定》三个缔约方中每一方的案子，通常外国投资者会在被申请人境内拥有公司、分公司、子公司或 1139 条规定的其他组织，因此不会产生有关投资认定问题，或很容易认定。仲裁庭而后分别从有关奥斯维根卷烟厂，是否有在美国经营的企业以及其他可能的投资三方面对相关投资进行分析。

(1) 有关奥斯维根卷烟厂。

本案区别于其他案件的不同之处在于，格兰德河公司的生意是利用位于加拿大奥斯维根的工厂生产香烟，然后销售和出口至美国的两个分销商。因此格兰德河公司和其他两个申请人最主要的投资——卷烟厂——坐落在加拿大境内。其中一个分销商阿瑟先生（本案中的第四申请人）毋庸置疑可以被认为是在美国投资的一个投资者，而另一个分销商 Tobaccovile 则是一家独立的美国当地公司，不是也不可能是申请人所主张之投资的一部分。

之前的《北美自由贸易协定》仲裁庭都认为对于一《北美自由贸易协定》缔约方境内的投资由于另一《北美自由贸易协定》缔约方采取的措施而受到损失的，不具有管辖权。《北美自由贸易协定》只适用于一缔约方的投资者寻求进行，正在进行或者已经进行的在另一缔约方的投资。缺少这一要件，则投资者将无法获得第 11 章 A 部分的实体性保护及 B 部分的程序性救济。

仲裁庭基于此认定申请人在加拿大格兰德河公司卷烟厂的投资并不满足于在据《北美自由贸易协定》第 1101 条所提申请的管辖要求。

(2) 是否有在美国经营的企业。

申请人认为，格兰德河公司和 3 个独立申请人实质上组成了一个在

美国经营的企业，即第 1139 条所规定的第一种投资形式，并提供文件来证明该企业的存在，包括 1999 年 3 月 15 日签订的“香烟生产协议”，与 Tobaccovile 公司的分销协议，以及阿瑟先生对“塞内卡”香烟的所有权凭证等。

仲裁庭认为，上述文件并不能作为《北美自由贸易协定》第 1139 条和第 201 条意义上企业存在的证明，前两个合同只是反映了烟草业两个不相关实体的一般交易关系。格兰德河公司和 Tobaccovile 公司的协议仅仅表明格兰德河公司和一个无关联的美国公司之间生产和销售方面的关系，“塞内卡”商标的相关文件也只是证明了商标的所有者是 NWS 以及阿瑟先生在美国的投资。

其他证据都与证明该企业存在不相符，如格兰德河公司主席斯蒂芬·威廉姆斯在本案庭审中作证，强调格兰德河公司与美国之间缺乏联系：格兰德河公司没有直接在美国销售香烟，或者销售香烟给美国的当地消费者。未在美国任何州拥有营业场所，其在任何州均无员工、办公室、不动产，或者销售代理，其本身也不在任何州做广告推销。

在另一个庭审中，威廉姆斯又作证强调格兰德河公司作为加拿大制造商和出口商的身份：格兰德河公司是一家加拿大公司，其主要经营活动在加拿大，其为 NWS 公司和 Tobaccovile 公司生产的塞纳卡牌香烟一直在离岸价格基础上销售，香烟的生产、包装和运输均严格按照 NWS 公司和 Tobaccovile 公司的要求进行。

此外，Tobaccovile 公司的主席菲利普斯先生在一个行政程序中证实：格兰德河公司所有销售给 Tobaccovile 公司的行为都发生在加拿大，由 Tobaccovile 公司自身进口回美国。格兰德河公司并不在美国销售，也不关心在哪里销售，销售给谁，多大的量，以什么价格。格兰德河公司只是在加拿大销售。因此，仲裁庭认为申请人没有解决第 201 条规定“根据适用法组建或组织企业”的要求。

但申请人认为，《塞内卡印第安部落商业法典》(Seneca Nation of Indians Business Code) 是有关的适用法律，申请人依据该法典组建和经营企业。这部法典是在 1988 年通过，“规范塞内卡部落保留地外部边界内的商业活动”。申请人认为引用该法典第 1-102 条“传统习惯和实践”以及第 1-105“与美国法律不相冲突的塞内卡法律和习俗用来规范塞内卡部落内民事案件”来证明在塞内卡法律下已形成了一个企业。为了支持该观点，申请人也引入了专家意见说明在《塞内卡商业法典》下申请人之间组建企业的存在。

仲裁庭认为，提供意见书的专家精通国际法，但是对美国国内法和《塞内卡商业法典》并不擅长。塞内卡商业法典并没有设立企业的规定，第 1-102 条和第 1-105 条也只是一般性规定，不能证明申请人构成了《北美自由贸易协定》意义上的企业。虽然申请人一再强调塞内卡传统习惯法的存在，却不能证明其与商业组织建立之间的关联性。

基于以上推论认定，仲裁庭认为申请人没有证明，其有依据第 1139 条和第 201 条要求组建的企业形式的“投资”。

（3）其他可能的投资形式。

申请人认为除了以企业方式进行投资外，同样引证说明存在符合第 1139 条规定的其他投资形式。他们提供了杰瑞和阿瑟的证人证言，以期说明格兰德河公司对阿瑟在美国当地分销公司的投资。杰瑞在陈述时表示，格兰德河公司向美国 NWS 公司提供了 100 万美元到 450 万美元不等的无确定到期日、无利息的贷款；另一方面也向 Tobaccovile 公司提供了巨额的存货贷款。

事实上，双方并没有借款协议以及证明该贷款存在的证明文件，格兰德河公司的财务证实应收款项也不包括这两笔贷款。相应的，2001 年底 NWS 公司的已审计资产负债表显示应付账款为 2280656 美元，也显示其为贷款负债。

《北美自由贸易协定》第 1139 条对投资的定义排除了：“与商事交易有关的信用展期，如贸易融资，但不包括（d）项所指的贷款”，即给企业的贷款除非符合（d）项规定才构成投资。第 1139 条的（d）项规定：“对企业的贷款（i）企业是投资者的附属机构，或（ii）贷款原始到期期限至少为三年。”《北美自由贸易协定》没有对“附属机构”的定义，但一般认为是一个企业对另一个企业一定程度拥有或控制，或子公司被一个单一母公司拥有。NWS 是阿瑟所有的独立企业，不存在被格兰德河公司或其他申请人拥有或控股的情况，因此不符合（d）项的第一个设定。同时，存货贷款没有规定明确的到期日，也不符合（d）项第二个设定。并且证据表明，申请人的资产负债表也未将其作会计目的的贷款处理。因此，仲裁庭认为申请人商业交易的这些方面无法构成一种投资。

申请人认为，其在美国一些州的托管账户存有数百万美元，这些钱以及作为罚金支付给一些州的钱构成了投资。杰瑞声称，截至案件审理时，与格兰德河香烟销售有关的约 2900 万美元已存在各州。经调查，这笔钱的大多数并非由申请人，而是 Tobaccovile 公司来支付。在这一点上，申请人的估价师证实在计算损失的时候已将该笔钱从生产成本中排除，因为“律师认为 MSA 规定的基金义务是美国进口商的责任，因此，鉴于格兰德河公司没有支付基金的义务，自然不被包含在成本中”。申请人承认 2007 年和 2008 年 Tobaccovile 公司为此支付了 1100 万美元，无疑也表明 Tobaccovile 公司支付的这笔基金不构成申请人的投资。

被申请人则认为，首先，申请人始终享有托管资金及相关利益的所有权，其次，第 1139 条对投资的定义不包括产品在销售中按照各州常规管理产生的费用。

仲裁庭认为，第一点并不是决定性的，在申请人将自己的资金投入到托管账户情况下，他们确实在托管期间失去了对该资金的使用和收益。第二点才更具有说服力，缴纳资金或者遵守其他管理要求只有在烟草销售中才存在。这属于是“货物或者服务贸易的商业合同”的事情，通常是不包含在第 1139 条投资定义范畴内的。记录也未显示申请人已支付了多少托管资金，以及该种支出是格兰德河公司在加拿大生产的香烟销售的法律结果，因为这种缴纳资金不构成第 1139 条的投资。

申请人主张，共同努力创造“塞内卡”商标所享有的知识产权形成了有效的投资，其原因在于，每一个申请人在商标的形成中倾注了时间和专业知识。

仲裁庭认为，根据烟草生产协议可以看出，格兰德河公司对于该商标的核心利益在于有限的商标许可。阿瑟先生的证词表明，他为“塞内卡”香烟在非保留地的销售做出了巨大的努力。证据同样显示，NWS 公司花费巨资用于品牌促进，包括做广告，推销货物等。阿瑟先生的行为属于投资毋庸置疑，但是他为“塞内卡”商标所做的努力并不能成为其他申请人在该商标上的投资。

对有关非保留地的销售，另一个美国分销商 Tobaccovile 公司则是发展该品牌的主力。根据 2002 年双方的烟草生产协议，由 Tobaccovile 公司决定烟草的配方以及包装，格兰德河公司只需要按照 Tobaccovile 公司的质量标准来生产，并由 Tobaccovile 公司负责到美国的非保留地销售。Tobaccovile 公司的主席菲利普斯也强调 Tobaccovile 在发展该商标中的核心作用。因此仲裁庭认为，除阿瑟先生外，申请人在“塞内卡”商标上并无一种构成《北美自由贸易协定》第 1139 条意义上之投资的利益。

最后，申请人还提出了其他支出证明存在第 1139 条的投资，包括租借给阿瑟公司 2000 辆卡车和拖车等。申请人认为在论证是否存在投资的同时，仲裁庭应该整体考量而非分开讨论每一个要素。仲裁庭表示同意。但是，仲裁庭认为申请人至少应该能满足第 1139 条规定的投资类别，例如企业、贷款、知识产权或者其他，申请人提供的证据事实上并不能证明存在以上任何一个形式投资。因此，仲裁庭认为其对与格兰德河香烟在保留地外（off-reservation）销售相关的诉求无管辖权，驳回申请人的上述仲裁申请。

3. 税收措施

除上述主张以外，申请人主张引发的一个单独的管辖权问题，是其认为《密歇根州股权评估法》（Michigan Equity Assessment Act）的实施未给其国民待遇，因为该法规定如果申请人在该州保留地外销售香烟，需额外缴纳税款（除了要求基金之外）。美国则辩称申请人未遵守《北美自由贸易协定》第 2013 条的程序要求，且该条排除了此等有关新税收措施的仲裁申请，因此仲裁庭对此项申请无管辖权。

仲裁庭认为，由于其之前已裁定对于格兰德河公司在保留地外的销售无管辖权，对于密歇根州歧视性对待格兰德河公司烟草在保留地外销售的诉求自然也没有管辖权。

（三）《北美自由贸易协定》第 1110 条——征收与合理预期

申请人诉求主要牵涉两组美国各州的措施，首先是有关“可分配份额修正案”对格兰德河公司香烟在美国保留地外销售的负面影响。由于仲裁庭已裁定其只对阿瑟先生与在保留地或其他印第安领地销售相关的投资有管辖权，因此有关保留地外销售的诉求被驳回。

其次是有关被申请人依据补充立法实施的措施对阿瑟先生和其分销公司的影响。该诉求是在仲裁庭的管辖权范围内的，在这方面，仲裁庭主要讨论阿瑟先生有关《北美自由贸易协定》第 1110 条下征收的主张，以及与第 1105 条有关的合理期待的主张。

1. 合理期待

阿瑟认为，美国的有关措施（包括补充立法）与他投资时的合理预期不一致。被申请人承认，投资者的合理期待可能与根据《北美自由贸易协定》第 1110 条规定的管理征收诉请相关联，但是这种期待在法律上与《北美自由贸易协定》第 1105 条习惯国际法最低待遇标准下有关拒绝公平公正待遇的诉请没有关联。考虑到双方的争议，仲裁庭着重讨论第 1110 条背景下投资者合理期待的问题。

阿瑟强调他的身份是北美的第一部落（First Nations）成员，其所从事的商业活动涉及有主权的原住民之间的交易。据此，其认为有香烟买卖不受美国各州与 MSA 相关管理行为制约的合理期待。他着重引用了《杰伊条约》的第 3 条来说明：

> 双方达成共识，任何时候，美国的公民，以及居住在边境任一边的印第安人都可以自由的进出美国大陆的各个地区，通过任何的湖泊，河流和水域，开展商业和贸易……
>
> 无论是从内陆还是内河进入地区的皮货（Peltries），以及印第安人通过边境时携带的自身货物都不进行征税，但是包装好的大宗货物不被包含在该范围。

阿瑟还强调，按照美国国内法，各州对于印第安人（原住民）的商业活动没有管辖权，尤其是涉及各州地理边界之外或者印第安领地内的贸易时。事实上，其众多从加拿大进口到美国的烟草，都被批发给了纽约北部塞内卡部落领地（Seneca Nations Territory）内的保留地购买者，再由他们在塞内卡保留地内零售，或者通过网络卖给全美的顾客。

据了解，纽约州没有对塞内卡保留地的阿瑟公司适用有关 MSA 的立法，也没有对烟草的销售征收托管基金，以及依据补充立法采取执行措施。基于此，NWS 在塞内卡保留地的销售不存在争议。然而，NWS 也把大量的格兰德河香烟销售给美国其他州保留地的批发商和零售商，这些州的一些当局已寻求对申请人保留地和其他印第安领地内的销售适用补充立法。

申请人的两位专家提出，根据美国国内法律中涉及“印第安人”的商业条款，有权规范这些原住民商业活动的只能是联邦政府，除了有限的例外，各州没有管理该活动的权力，各州对申请人的活动不能适用托管立法、可分配份额修正案，或依补充立法采取执行措施，并引用了一系列的司法判例，强调了申请人商业活动、其原住民身份与贸易地点之间的关联性。

被申请人不同意申请人对《杰伊条约》和美国相关国内法的解读，否认阿瑟可以合理期待其活动完全免除各州管理。《杰伊条约》只是确保原住民往返美国与加拿大边境，以及有限的携带皮毛和个人货物的权利，申请人不能期待依据该条约，可以使涉及数十亿美元的跨国及跨州烟草交易规避政府的管理。被申请人接着引用了美国和加拿大法院的数个判决，表明《杰伊条约》并不赋予原住民商业货物免税通行的权利。对于国内法的适用，被申请人也援引了专家意见，认为“印第安领地”只是美国法的一个术语，包含了保留地和其他特定的地区，美国各州可以管理“印第安领地”外原住民的经济活动，以及部分在领地内部分在领地外的经济活动。被申请人认为，申请人的大量销售其实是在保留地外，NWS 公司运送到保留地的大量香烟被转售给了保留地外的非印第安顾客。

c. 仲裁庭分析

仲裁庭认为，美国《联邦印第安法》是一个由宪法条款、联邦立法和美国最高法院和其他法院判决所组成的复杂且并非完全一致的混合体，确定《联邦印第安法》的内容及其对特定类型州法的可能影响，这类高度争议性的国内法问题，不是仲裁庭在本案中应该考虑的事情。仲裁庭理解，《北美自由贸易协定》框架下合理期待应该与东道国一方所做出的承诺为相一致。在 Thunderbird Gaming[①] 一案中，仲裁庭解释："'合理期待'的与这样一种情形相关……缔约一方的行为创造投资者依据该行为行事产生的合理与正当的期待，以致《北美自由贸易协定》缔约方未能满足这些期待可能给投资者带来损失。"仲裁庭认为《北美自由贸易协定》所保护的合理或合法的预期应该产生于国家一方以明示或默示的方式明确表述或保证的内容。香烟贸易历来就受美国政府严密而广泛的管制，申请人根据以往的商业经验应该了解这一点。很难想象，阿瑟作为一个谨慎的投资者，会期待在不受政府立法管制的情形下在美国经营大规模烟草贸易。基于以上分析，仲裁庭驳回阿瑟先生合理期待的主张。

2. 征收异议

a. 申请人主张

除合理期待外，阿瑟先生还主张，美国一些州不合适的执法行动，影响了 NWS 公司的销售，造成其投资价值很大一部分被征收。《北美自由贸易协定》第 1110 条第 1 款规定："任何缔约方不得直接或间接国有化或征收缔约另一方投资者在其境内的投资，或者对该投资采取相当于国有化或征收的措施"，除非符合某些条件。该条款文本强调的是"投资"，而不是"投资或其某些部分"，即任何的征收行为影响的是投资的整体。其他《北美自由贸易协定》仲裁庭通常对第 1110 条的解释，是完全或实质性地剥夺所有人对投资总体的权利。

在 Pope & Talbot Interim Award[②] 一案中，申请人声称影响其经营的措施实质上构成了征收，被仲裁庭驳回，理由是申请人在继续从事有利可图

① Thunderbird Gaming Corporation v. Mexico，UNCITRAL，Firal Award，26. Jan. 2006.

② Pope & Talbot Inc. v. Canada，Interim Award，26. June. 2000 paras. 100-102.

的原木出口。S.D. Myers① 一案的仲裁庭认为：征收等同于投资人被持续剥夺使用其经济权利的能力。Feldman 诉墨西哥②一案中，仲裁庭认为，管理行为并没有使申请人失去对投资的掌控，尽管被限制了出口香烟，但申请人仍可以继续自由进行其他出口贸易，例如酒精饮料、摄影器材等，因此仲裁庭驳回了申请人有关征收的主张。非《北美自由贸易协定》仲裁庭也认为，征收成立与否要看申请人的所有投资是否遭受极大损失或损害。ICISD 仲裁庭不认为申请人财产的价值显著减少但申请人仍然具有所有权和控制权的情形属于征收。CMS 诉阿根廷③一案仲裁庭驳回申请人的申请，因为申请人仍然享有其投资的所有权和控制权，尽管其价值已经减少了 90%。在 LG & E 诉阿根廷④一案中也是类似。

阿瑟先生基于第 1110 条提出的征收诉求，仅涉及其不断增长的且有利可图的部分现行投资，而且阿瑟先生对其投资拥有所有权和控制权。美国海关报表显示，2007 年至 2009 年间，NWS 公司一直从格兰德河公司进口香烟。根据一家媒体报道，从 2007 年到 2008 年，"塞内卡"牌香烟在纽约北部的销售量增长了 2 倍，超过了这一地区万宝路香烟的销量。被申请人专家提供的报告也显示，在 2005 年至 2007 年期间早期，格兰德河公司出口到 NWS 公司的数量就在增加。2009 年 3 月申请人专家也证实："在过去的 4 年里，NWS 公司在加利福尼亚州的销量以平均每年 ×%（仲裁裁决将其作为商业秘密隐去）的数量增长"。

仲裁庭收集的关于 NWS 公司的经济状况的证据有限，但其财务证实，从 2001 年到 2006 年，公司的市值有了实质性增长，甚至在 2006 年的前九个月仍然都在增长。NWS 公司进口的格兰德河公司香烟销售量的增长表明投资仍然是盈利的。

第 1110 条的表述和大量的仲裁案例表明，征收必须是申请人的财产权益全部或极大部分被剥夺。申请人声称州政府的行为损害了其一部分投资的利益，但没有案例支持这是一种征收。仲裁庭认为，对《北美自由贸易协定》第 1110 条第 1 款不存在其他解释，征收的行为必须涉及"投资者的投

---

① S. D. Myers v. Canada，First Partial Award，13. Nov. 2000，para. 283.

② Maroin Feldman v. Mexico，Case No. ARB（AF）/99/1，Award，16. Dec. 2002，para. 152.

③ CMS Gas Transmission Co., Inc. v. Argentina，ICSID Case No. ARB/01/8，Final Award，12. May. 2005. paras. 262-264.

④ LG & E Energy Corp.，LG & E Capital Corp and LG & E International Inc. v. Argentina，ICSID Case No. ARB/02/1，Decision on Liability，3. Oct. 2006，para. 191.

资”，而不是投资的部分，尤其是在投资者仍然享有财产权，并获得盈利的情况下。基于上述推论，仲裁庭驳回了阿瑟先生有关征收的诉求。

（四）《北美自由贸易协定》第 1102 及 1103 条—国民待遇和最惠国待遇

1. 申请人主张

申请人的主张中包括被申请人违反了《北美自由贸易协定》第 1102 条的国民待遇和第 1103 条的最惠国待遇义务的诉求。第 1102 条“国民待遇”规定为：“1. 在投资的设立、并购、扩大、管理、经营、运营以及出售或其他处置方面，每一缔约方给予另一缔约方投资者的待遇，应不低于在相似情形下其给予本国投资者的待遇。……”

第 1103 条“最惠国待遇”规定为：“1. 在投资的设立、并购、扩大、管理、经营、运营以及出售或其他处置方面，每一缔约方给予缔约另一方投资者的待遇，应不低于在相似情形下其给予任何其他缔约方或非缔约方投资者的待遇。……”

申请人对国民待遇和最惠国待遇的诉求集中在保留地外的香烟销售。申请人强调，其作为 NPM，与 SPMs 之间存在差别待遇，因为格兰德河公司在保留地外的香烟销售不能与 SPMs 一样享受相应的豁免。

申请人声称，第 1102 条和第 1103 条应该以一种“宽泛的和救济的”方式来解释，以符合《北美自由贸易协定》第 102 条第 1 款的目标。申请人认为这两条规定不要求表明因国籍不同而受到差别待遇，或争议措施对外国投资者有过分影响，问题在于是否他们受到的待遇低于给予任何适当选择的同行竞争者。如果是，且如果这种差别待遇是不合理的，那么就违背了《北美自由贸易协定》的国民待遇或最惠国待遇。因此，申请人认为在这方面，“可分配份额修正案”是不合理的，多个州立法机关采纳这个方案使其受到非国民待遇。

申请人同时促请仲裁庭采纳 Pope & Talbot 一案中运用的三步分析法来分析：首先，确定可比的国内投资者和 / 或投资；其次，确认是否国内投资者 / 投资获得了更优惠待遇；第三，确认这种差别待遇在当时情形下是否合理。

针对第一步，申请人提出了其在保留地外销售烟草的诸多同行竞争者。针对第二步，申请人认为第 1102 条与第 1103 条赋予其享有给予任何美国同行竞争者的最优待遇。阿瑟认为作为原住民，相比较于其他投资者，其分销公司有不受争议措施管制的权利。针对第三步，申请人认为，如果差别待遇存在，被申请人有“战略责任”表明这种差别待遇是合理的。由于没有证据表明阿瑟受到差别待遇，因此仲裁庭也无需考虑这些论据。

2. 被申请人主张

被申请人以仲裁庭对保留地外销售无管辖权进行了反驳。被申请人同时指出，申请人要证明其违反了第1102条或者第1103条的相关规定，必须证明是由于外国投资者的国籍致使其受到了差别待遇。

3. 仲裁庭分析

仲裁庭认为，其对格兰德河公司以及其他两个申请人杰瑞和肯尼斯在保留地外的销售不享有管辖权，因此对与这些保留地外销售相关的国民待遇或最惠国待遇的诉求也没有管辖权。阿瑟在书面声明和庭审证词中也没有明确提出有关其保留地销售投资未获国民待遇或最惠国待遇的单独申请，但为了完整性，仲裁庭决定审查这些论证和证据是否可支持这样一种申请。仲裁庭认为，此处的可比较投资应该是在美国进行批发分销香烟，受当前州立法管辖的其他公司。关于这一点，仲裁庭着重考虑了第1102条或第1103条的“相似情形”。然而仲裁庭认为，无论阿瑟是何国籍，没有证据表明争议措施致使其受到的待遇低于相应的国内同行竞争者，因此仲裁庭认为其无需考虑该问题或就此做任何决定，从而驳回阿瑟关于被申请人违反国民待遇或最惠国待遇的诉求。

（五）《北美自由贸易协定》第1105条公平公正待遇

《北美自由贸易协定》第1105条规定了公平公正待遇问题，具体内容为：“1. 各缔约方应依据国际法，给予另一缔约方投资者投资相应的待遇，包括公平与公正待遇和全面保护与安全……”该条款表明，适用第1105条的控制性因素是国际法，“公正与公平待遇”与“全面保护与安全”并不是一个单独的或独立的概念，其内容由国际法确定。《北美自由贸易协定》自由贸易委员会2001年7月31对第1105条的有关解释为：

> B：依据国际法的最低标准待遇：
>
> 1. 第1105条第1款规定习惯国际法给予外国人的最低待遇标准即为给予另一缔约方投资者投资的最低待遇标准。
>
> 2. “公平公正待遇”及“完全的保护和安全”的概念不要求给予习惯国际法外国人最低待遇标准之外的待遇。
>
> 3. 违反《北美自由贸易协定》的其他条款或其他单独的国际协议

规定，不能认定为对《北美自由贸易协定》第 1105 条第 1 款的违反。

此外，需要强调的是，最低标准待遇必须给予“另一方投资者的投资”。第 1105 条不适用于个人投资者未获国际法待遇问题，除非该待遇影响所涉投资。

1. 申请人的主张

申请人诉称，美国不同州给予其的待遇违反了《北美自由贸易协定》第 1105 条给予公平公正待遇的义务，并列举了几种违反第 1105 条规定的形式。申请人主张第 1105 条的习惯国际法标准是随时代发展的，违反该条款并不要求国家有恶劣或恶意的行为，并引用被经常引用的 *Waste Management II* 案的概要进行说明：

> *S. D. Myers*、*Mondev*、*ADF* 和 *Loewen* 案都表明，公平和公正待遇的最低待遇标准受可归责于国家的行为侵犯，并对申请人造成伤害，如果该行为是专断的，严重不公正、不公平或异常的；或是歧视性的，使申请人面临区域或种族偏见；或缺乏正当程序，导致侵害司法适当性的结果，如司法程序明显违反自然公正，或行政程序完全缺乏透明度和公正性。①

申请人认为，美国第 1105 条的义务受到《杰伊条约》义务、涉及原住民的习惯国际法原则，以及国际人权条约和习惯人权法原则的加强，并提出以下五个方面有关依据第 1105 条可适用的习惯国际法义务标准：

（1）第 1105 条的本质是善意履行义务，不影响外国投资者进行投资时的合理期待。投资者基于东道国的明示或是默示的许诺进行投资，如果东道国违反该许诺时，则违反其义务。

（2）做出涉及投资决定的投资者“有权……享有其做出决定之管理环境的稳定性和可预见性。国家有义务保持透明的和可预见性的商业和管理环境。尽管没投资者可以期待管理环境始终不变，但投资者有权期待改变或改变的过程不是“武断的，歧视性的或不透明的”。

（3）按《北美自由贸易协定》第 102 条和第 1131 条适用的保护原住民经济权利的习惯国际法规则及普遍的人权规则，为公平公正待遇义务增加了重大内容。第 1105 要求被申请人采取“积极步骤，在实施影响原住民或其社区的措施前与原住民投资者协商”。

---

① Waste Management，Inc. v. United Mexican States，ICSID Case No. ARB（AF）/00/3，Award（30. Apr. 2004），¶ 98.

(4) 依照人权法和习惯国际法规则，无论是在法律上还是事实上，原住民投资者都不能被区别对待，如果国家的行为事实上造成了差别待遇，便有违其义务。

(5) 申请人认为各个州在实施“可分配份额修正案”时违反了正当程序和基本的程序正义。

概言之，申请人的诉求归纳为以下四个方面：

第一，被申请人未能为申请人保留地外的相关投资提供透明的和可预见性的管理框架。

第二，各州在没有征询申请人意见的基础上，实施影响申请人经营活动的措施，违背了第 1105 条针对“特定的或弱势的群体”的善意的和非歧视性的义务。

第三，申请人对北美“六部落领地”内的烟草销售，有不受被申请人 MSA 机制管制的合理期待，州政府没有权利根据国内法强制其缴纳托管资金的义务。

第四，被申请人未能确保所有的烟草公司尤其是第一部落（First Nations）烟草公司，获得选择是否面对侵权指控的平等机会，涉及拒绝司法。

2. 被申请人的主张

被请人不同意申请人对第 1105 条最低待遇原则的理解，认为该条只应该理解为保护外国投资者的财产权利，并不涉及有关个体或团体的权利问题。被申请人同时强调国家有为公共利益管理的自主权。针对申请人四方面的诉求，被申请人逐一进行了反驳：

第一，申请人第一个诉求涉及的是保留地外的销售，仲裁庭对此无管辖权。

第二，第 1105 条的语言并没有明确禁止歧视的内容，申请人也不能证明习惯法明令禁止对外国投资者实施事实上的区别对待。无论如何，争议的措施没有在外国的或国内的，原住民的和非原住民的投资者之间进行区别。积极与原住民社区协商也非国际法规则。《联合国原住民权利宣言》虽然要求征询原住民的意见，但该宣言并不能代表习惯国际法，且在联合国大会通过的时候，美国投了反对票。申请人的主张实质上是要求给予其特殊待遇，而这是与最低待遇原则相悖的。

第三，《杰伊条约》并不能使申请人大规模烟草贸易免除政府管制，且申请人援引的法律文献也未被广泛接受，或性质上只是劝告性的或政治性的。

第四，申请人的申请并未指控美国司法制度的不足，申请人在美国提起过多个诉讼，且经常胜诉。依据托管法实施的缴纳托管资金的要求并未剥夺申请人对该托管资金的所有权。

3. 仲裁庭的分析

仲裁庭认为，申请人的第一个诉求有关保留地外的香烟销售，仲裁庭对此不具有管辖权，因此驳回申请人的诉求。

对于申请人的第二个诉求，仲裁庭认为第 1105 条的表述并没有明确禁止对外国投资者投资的差别待遇，因此也不能依据习惯国际法主张这样一个规则。对外国投资的歧视待遇，不一定就是违反了最低待遇标准。如果《北美自由贸易协定》缔约方有意在第 1105 条中纳入非歧视性原则，那么其就会以与在第 1110 条第 1 款（b）项中规定一个合法的征收“以非歧视为前提”相似的方式作出规定。因此，无论是第 1105 条还是习惯国际法，都没有禁止对外国投资的差别待遇。

关于与原住民社区协商的义务，申请人的主张说服力不足，因为就算本案中存在征询单个原住民投资者的习惯规则，也很难把这项规则解释为习惯国际法最低保护标准的一部分。北美自由贸易委员会 2001 年的解释指出：“公平公正待遇与全面保护和安全的概念不要求给予习惯国际法关于外国人最低待遇标准之外的待遇”。*Glamis Gold* 仲裁庭①也指出：习惯国际法的最低待遇标准只是一个最低标准，是一个绝对的底线，低于这个底线的行为将不被国际社会接受。这个标准不因国家或投资者的不同而变化。因此，仲裁庭驳回了申请人第二个诉求。

针对申请人第三个诉求，仲裁庭注意到双方着眼于国际与国内法有关规则的不同解释，但仲裁庭实质上并不需要分析这些不同解释，更重要的是厘清这些国内和国际法规则对原住民投资者的保护是否包含在最低待遇标准的保护范围内。仲裁庭的结论是不包括。保护外国人投资的习惯法标准并不包括其他法律渊源对投资者的保护。一旦认可了其他法律渊源，第 1105 条便沦为滥诉的工具，也不符合北美自由贸易委员会对该条款有约束的解释。事实上，第 1105 条所确立的最低标准保护的是投资者的投资，而不是投资者本身。申请人未能证明其主张的权利属于《北美自由贸易协定》第 1105 条意义上的习惯保护标准范围。因此，申请人的第三个诉求被驳回。

针对第四个诉求，仲裁庭认为申请人并没有指责美国法院系统，而是

① Glamis Gold，Ltd. v. United States，8. Jan. 20 ¶ 615.

认为法律上并未确定烟草对任何人造成伤害，各州立法机构却通过托管法要求格兰德河公司缴纳托管资金以作为保留地外销售香烟的条件，从而构成了拒绝司法。仲裁庭认为，其对申请人从这个角度提出的主张无管辖权。由于申请人并未明确提出一个与阿瑟先生相关的独立诉求，因此有关阿瑟先生的第四个诉求也被驳回。

三、仲裁庭裁决

基于此前的分析，仲裁庭裁决如下：

（1）仲裁庭对格兰德河公司、杰瑞·蒙图尔和肯尼斯·希尔的仲裁申请没有管辖权，因为这些申请人在美国没有投资；

（2）仲裁庭对阿瑟·蒙图尔的仲裁申请有管辖权；

（3）小阿瑟·蒙图尔的仲裁申请所针对的被申请人的行为，没有违背《北美自由贸易协定》第 1102 条、第 1103 条、第 1105 条或第 1110 条的规定；

（4）驳回小阿瑟·蒙图尔的全部仲裁申请；

（5）双方当事人承担其各自费用，仲裁费用由双方各承担一半。

四、案件简评

本案是有关香烟管制引发的投资争端案件。本案中引发的一些法律问题值得关注，比如如何界定投资和征收，如何确定公平公正待遇等，因为这些问题关乎仲裁庭是否具有管辖权，关乎东道国是否违反条约义务。

1. 关于投资

一项活动或财产是否属于投资，通常是决定投资争端仲裁庭是否具有管辖权的首要条件，因此在实践中，多数仲裁庭把判断是否存在投资作为一个先决问题。在本案中，申请人主张其一些知识产权和合同上的权益属于投资，但仲裁庭依照《北美自由贸易协定》第 1139 条对投资的规定，认为格兰德河公司和其中两个当事人在东道国并未形成有效投资，因此驳回其仲裁申请。由此可见，在投资仲裁中，投资的认定极为重要。值得注意的是，近几年来仲裁庭在认定构成投资方面，整体上呈现扩大化趋势。

2. 关于征收

在投资争端中，征收的认定也是一个非常复杂的问题。本案中，阿瑟先生认为美国一些州不合适的执法行动，影响了 NWS 公司的销售，造成其投资价值很大一部分被征收。但仲裁庭并未支持阿瑟先生的主张，主要理由有两点：一是阿瑟先生并未失去对其投资的所有和控制，且其投资仍在盈利；二是征收涉及的是对投资者投资的全部或绝大部分，而不是投资的部分。这似乎表明，仲裁庭不认为东道国政府措施给投资者的部分投资造成损失的属于征收。这一现象值得关注。

3. 关于公平公正待遇

投资争端中的公平公正待遇问题非常复杂。公平公正待遇问题通常与习惯国际法中的外国人最低待遇标准问题相联系，但公平公正待遇是等同于最低待遇标准还是最低待遇标准外的新待遇标准呢？这个问题实践中一直存在争议。《北美自由贸易协定》自由贸易委员会 2001 年 7 月 31 日对第 1105 条的解释有助于理清公平公正待遇的含义，但由于公平公正待遇概念的模糊性与宽泛性，使得仲裁庭在对其进行解释时仍有相当大的自由裁量权。随着许多仲裁庭认可公平公正待遇的演进性质，一些新的判断要素被纳入对其含义的分析，比如合理期待、透明度、善意等，这也为公平公正待遇的认定增添了新的不确定因素。这也对未来东道国保障公共利益的政策空间带来了挑战。

因疯牛病而关闭边界的案件

The Canadian Cattlemen for Fair Trade

v.

United States of America

仲裁裁决 2008.1.28

一、案件事实

本案申请人为寻求公平贸易的加拿大牧民[①]，被申请人为美国。本案源于申请人与被申请人之间就被申请人对原产于加拿大的牲畜和牛肉产品实施的歧视性措施。申请人指出，北美自由贸易区的目的是经济一体化，但被申请人美国却在 2003 年 5 月 20 日对原产加拿大的牲畜和牛肉产品实施禁止和限制的歧视性措施。被申请人的歧视性措施包括：（1）2003 年 5 月 20 日至 2005 年 7 月 14 日，绝对禁止某些产自加拿大的牲畜和牛肉产品的运输、装运和销售；（2）绝对禁止某些来自加拿大的 30 个月以上的牛的运输、装运、销售；（3）绝对禁止所有源自加拿大的怀孕小母牛的运输和销售；（4）实行费用高昂、手续繁重和歧视性的认证程序；（5）禁止在美国运输和销售 30 个月以上的牛肉产品的运输和销售。

申请人指出，尽管已有美国农业部（USDA）动植物卫生检验署（APHIS）的证据，表明加拿大牲畜和牛肉产品是安全的，对美国构成疯牛病风险是微不足道的，但美国还是在 2003 年 5 月 20 日至 2005 年 7 月 14 日期间依据《动物健康保护法案》（AHPA）对来自加拿大的牲畜和牛肉实施禁令。在这 26 个月的期间内，申请人遭受重大经济损失。申请人认为上述持续的禁止和限制是没有意义的，特别是在一体化的市场内，加拿大的牛和美国的牛其实已混合在一起，从而形成了一个北美牛群。1999 年至 2003 年期间，390 万头活宰牛和 110 万头架子牛从加拿大运送到美国，超过 15

---

① 本案列举的申请人共有 109 名，参见 https://www.state.gov/s/l/c14683.htm。

万头的肉用牛从美国运往加拿大。仅 2002 年一年，超过 55 万头加拿大架子牛和小牛被出口到美国。由此可以得出结论，在 2003 年 5 月 20 日，在美国的饲养场有 20 万头活牛（live feeder）和种牛出生于加拿大。所谓“加拿大”或“美国”牛群，实际上就是一个北美牛群。

申请人认为，考虑到风险监管的科学、活牛和牛产品北美市场一体化、美国和加拿大相同的监管体制，以及加拿大的法规与世界动物卫生组织国际指南一致，美国对源自加拿大的牛及其牛产品的持续禁止是完全没有道理的。申请人认为该禁令违反了《北美自由贸易协定》第 11 章第 1102 条第 1 款给予加拿大投资者投资国民待遇的规定，造成申请人在加拿大与牛有关的投资遭受损失。基于上述原因，申请人依据《联合国贸易法委员会仲裁规则》和《北美自由贸易协定》第 1116 条和第 1120 条就此提出仲裁请求。

美国对本案提出管辖权异议，其陈述：虽然申请人认为他们有权依据《北美自由贸易协定》第 11 章规定争端解决机制进行索赔，因为尽管其投资不在美国境内，但却在《北美自由贸易协定》自由贸易区内。但美国没有义务依据《北美自由贸易协定》对申请人在加拿大的投资给予国民待遇，也没有义务进行与此相关的仲裁。

在本案中，双方当事人同意通过两个阶段程序进行仲裁，在程序的第一阶段，仅处理以下先决问题，即申请人所有涉及争议的投资均坐落北美自由贸易区的加拿大部分，且申请人没有在美国境内寻求、进行和实施投资，在这种情况下仲裁庭是否对申请人依据《北美自由贸易协定》第 1116 条规定提起的所谓美国违反《北美自由贸易协定》第 1102 条第 1 款规定的仲裁申请具有管辖权。双方当事人同意，如果仲裁庭对该管辖权问题的决定是否定的，那么申请人的所有诉求均将被驳回。

二、法律争议推理过程

由于本案的管辖权问题为先决问题，因此双方当事人首先围绕管辖权问题展开辩论。双方辩论的核心是《北美自由贸易协定》第 11 章特别是第 1102 条的适用范围，实质上也就是双方对适用范围解释的争论。仲裁庭在双方辩论的基础上进行了分析推理，并就管辖权问题作出裁决。

（一）申请人的主张

申请人认为《北美自由贸易协定》的目的是创造一个一体化的市场，第

1102 条规定一缔约方给予另一缔约方投资者国民待遇时，并未对另一缔约方投资者的投资位于何处提出要求，因此尽管其投资位于北美自由贸易区的加拿大部分，但美国仍然有义务给予其国民待遇。因此，申请人认为基于可适用的国际法规则，仲裁庭对其提起的仲裁申请具有管辖权。

具体而言，首先，申请人就上述主张而对第 1102 条第 1 款的解释得到《维也纳条约法公约》第 31 条的全面支持，该条规定条约应按其通常含义解释，并考虑条约的目的和宗旨；其次，按照《北美自由贸易协定》第 1102 条第 1 款规定的目的和原则解释，第 1102 条第 1 款的含义是清晰明确的：即申请人有权享有被申请人授予其美国竞争者的最优待遇；第三，对《北美自由贸易协定》文本起草历史的审查，可以确认该解释是基于《维也纳条约法公约》第 31 条规定的方法做出的。

同时，申请人称，被申请人对条约的解释方法是有缺陷的，其立场是不可靠的，因为被申请人的解释有以下几个问题：首先，其未能以《维也纳条约法公约》第 31 条和习惯国际法所要求的普遍方法解释《北美自由贸易协定》第 1101 条第 1 款和第 1102 条第 1 款；其次，其试图模糊本案的特殊性质；第三，被申请人的解释所依据的是不相关的理论和学术意见；第四，就《北美自由贸易协定》解释主张不可适用的主权原则；第五，对有关《北美自由贸易协定》解释的所谓缔约方共识是错误的；第六，试图构建不可持续的“法律清理”(legal scrub) 理论，以避免引用《北美自由贸易协定》第 11 章的相关规定。

此外，申请人认为被申请人忽视这样的事实，即申请人如何及为什么有权依据非歧视的许诺参与北美自由贸易区的。投资者参与的是一个一体化的大陆市场，这个市场是通过《北美自由贸易协定》建立的自由贸易区所确立的法律规则形成的。但申请人参与的市场随后却被美国实施的措施所干扰，这些措施与美国促进自由贸易区的竞争和非歧视义务相违背，也不符合《北美自由贸易协定》第 1102 条第 1 款规定。

总之，《北美自由贸易协定》条款的通常含义表明了被申请人措施的错误性。《北美自由贸易协定》第 1102 条第 1 款不仅是一个双边投资协定的义务，而且是《北美自由贸易协定》项下的义务，该义务要求美国为申请人在相似情况下提供非歧视性待遇，其对投资者投资何处以便获得保护未施加领土上的限制。如果条约的起草者意在《北美自由贸易协定》第 11 章的适用施加领土范围限制，则会明确指出，就如同在第 1106 条和第 1110 条中所做的那样。

（二）被申请人的主张

被申请人认为，仲裁庭对本案没有管辖权，因为美国在《北美自由贸易协定》中对申请人在加拿大的投资不承担义务，美国既没有责任给上述投资提供国民待遇，也没有义务就上述投资的诉请进行仲裁。被申请人称，《北美自由贸易协定》的规定应依据条约的目的和宗旨来解读，毫无疑问，《北美自由贸易协定》第 11 章的适用范围仅限于寻求在美国进行、正在进行或已实施投资的投资者，及其拥有或控制的投资。《北美自由贸易协定》缔约方无须对坐落在其境外的投资或未在其境内寻求进行、正在进行或已实施投资的投资者适用条约的规定。

被申请人指出，如果按照申请人对第 11 章适用范围的解释，《北美自由贸易协定》一缔约方每个国民如认为其业务受到另一《北美自由贸易协定》缔约方边境措施的不利影响，则有权作为一个投资者启动第 11 章的投资争端解决程序。这种解释是对《北美自由贸易协定》缔约方义务的严重背离。这将为外国国民的就其贸易争端规避国家与国家争端解决机制而向国家直接提起索赔创造通道，而这并非《北美自由贸易协定》的初衷。

申请人解释的前提是：首先，《北美自由贸易协定》各缔约方为私人解决跨境贸易争端创造了一个革命性的仲裁机制；其次，《北美自由贸易协定》缔约方意在扩大第 11 章的保护及至投资者在其母国有关的投资；第三，缔约方实际上能管理在其他缔约方境内设立企业的程序。实际上，申请人解释所依据的这些前提是站不住脚的，是错误的。申请人的整个论点是，这些措施属于《北美自由贸易协定》第 11 章第 1101 条规定的适用范围内，因为第 1102 条规定“在投资的设立、并购、扩大、管理、运营、经营以及销售或其他处置方面”给予投资者国民待遇，无论这些投资坐落在哪。但申请人既未能解释第 1101 条的含义是如何由其对第 1102 条第 1 款的解释所确定的，也未能首先说明这种解释是正确的。

被申请人认为，所有《北美自由贸易协定》缔约方都不认可申请人的错误解释。尽管申请人辩称，各缔约方对《北美自由贸易协定》条约意图的声明是不相关的也不可信的，但申请人的主张既未获得支持，也被所有相关当事方驳斥。这些当事方基于常识，认为缔约方对条约条款意图的共同和一致声明，就是对该条款含义的最好证明。《北美自由贸易协定》各缔约方均否认这样一种意图，即为其他缔约方投资者在其母国的投资提供国民待遇。

此外，尽管申请人宣称其诉求是基于《北美自由贸易协定》的目标和宗旨，但其从未提供任何证据证明：为其他缔约方投资者在其母国的投资提供保护是《北美自由贸易协定》各缔约方的目标和宗旨。由于缺乏直接证据，申请人促请仲裁庭得出这样推断，即基于《北美自由贸易协定》前言第102条普遍目标的语言，各缔约方具有这样的目标。但申请人未能在各缔约方期望通过协定实现经济一体化程度与《北美自由贸易协定》投资章投资者保护范围之间建立关联。基于所有上述理由，被申请人认为仲裁庭应该驳回申请人的主张。

（三）仲裁庭的分析

仲裁庭对双方当事人的主张及所提交的材料进行了全面分析。仲裁庭认为，《北美自由贸易协定》第11章的规定不像预想中那么明确和清晰。虽然申请人的立场并非轻率的，但其要求投资者与其投资分离，这对第11章的结构乃至《北美自由贸易协定》的整体结构带来冲击。仲裁庭认为第11章的“投资者”并非孤立的存在，而是与其投资相联系的，因为第11章的文本清楚表明：“投资”是在一缔约方投资者在另一缔约方境内所作的投资。在仔细审查第11章整体内容及一些关键条款后，仲裁庭认为，只有在《北美自由贸易协定》另一缔约方境内的外国投资者才能获得第11章的投资保护，包括国民待遇的保护。因为申请人承认其只是本国国内的投资者，所以其请求不能得到支持。对此，仲裁庭具体分析如下：

(1) **关于第1101条**。仲裁庭认为，第1101条规定第11章适用范围为一缔约方采取或维持的措施，主要涉及三类适用对象：(i) 另一缔约方的投资者；(ii) 在一缔约方境内的另一缔约方投资者的投资；(iii) 涉及第1106条（实绩要求）和第1114条（环境措施）时，则为一缔约方境内的所有投资。

在本案中，双方当事人对美国行为涉及《北美自由贸易协定》一缔约方采取或维持“措施”没有异议。本案的争议，主要围绕第1101条第1款和第1102条第1款中“另一缔约方投资者”术语的解释，以及该术语是否包括没有在另一缔约方境内实施投资、进行投资和寻求投资的投资者。

在第1101条涵盖的三类措施中，两类有关“投资”的措施明确有领土限制要求，即要求投资必须在“另一缔约国境内”。尽管第三类有关“投资者”，没有明确包含领土范围的语言，但仲裁庭认为“投资者”是无法在真空中确定的。第1139条定义了“一缔约方投资者”，其与第1101条中“另一缔约方的投资者”是不同的，该定义表明“投资者”仅为“投资”的投资者，这个投资者寻求、正在或已经投资，而这些投资对一缔约方来说属于“外国投资”。

因此，仲裁庭认为，第 11 章只能适用于在另一缔约方寻求投资、正在投资或已经投资的投资者，不满足这些条件，投资者不能享有第 11 章 A 部分的实质性保护和 B 部分的救济保护。

(2) **关于第 1102 条。**尽管第 1102 条通过第 1 款和第 2 款对“另一缔约方投资者”和“其投资”提供平衡保护，但该条实际上维护并强化了投资者与投资之间的必要联系。申请人认为第 1102 条第 1 款没有涉及领土限制的语言，但仲裁庭认为这种缺乏并非意味着没有领土范围方面的要求。如果按照申请人的主张来解读第 1102 条第 1 款，这就意味着要给予未在一缔约方投资的另一方缔约方投资者国民待遇，这就忽视了第 11 章的整体结构和内容。仲裁庭认为，在第 1102 条中唯一提到领土限制的是第 4 款，该规定适用于“投资者”，其目的是提供更大的确定性。其他仲裁庭也把领土限制要求解读在第 1102 条第 1 款含义中，如 ADF 案的仲裁庭就是如此解读的。

正如被申请人所言，对于投资者的规定有其独立意义。例如为“投资者”提供有别于“投资”的某些实质性保护，这在投资设立前阶段提供是非常重要的。相反的，如果《北美自由贸易协定》仅为有国内投资的投资者提供国民待遇保护，而不是对投资本身提供国民待遇，这就会造成《北美自由贸易协定》适用范围的不对称。

(3) **关于第 1103 条和第 1116 条。**申请人强调了第 11 章另外两个条款的规定，即第 1103 条和第 1116 条，以用来支持他们对于第 1101 条和第 1102 条的解释。仲裁庭认为，第 1103 条（最惠国待遇条款）在结构上和实质上都与第 1102 条相同。对其分析的结果，与对第 1101 条和第 1102 条分析的结果相同。

同样，通过对第 1116 条分析，仲裁庭也不认为第 1101 条有其他含义。第 1116 条规定一缔约方投资者可以代表自身提出索赔，与之相对应，第 1117 条则规定投资者代表其所投资或控股的企业提出索赔请求。申请人试图以第 1116 条来表明其第 1102 条第 1 款规定上的权利，但这没有多大意义。第 1116 条和第 1117 条的关注点都在“投资者”，它们并不反映平行的投资者 / 投资这样一个结构，且两者都依赖于第 1139 条有关“投资者”的定义。如前所述，这个定义表明投资者与投资并不是孤立的。第 1101 条清楚地提及“本章”包括A节的实质性规定和B节的程序性规定。第1116条和第117条都不包含领土限制语言。因此，仲裁庭认为第1116条没有为本案索赔提供依据。

(4) **有关第11章的其他规定。**仲裁庭认为，第11章的其他规定支持上述结论，即第11章仅保护寻求、正在进行和已经在另一缔约方投资的投资者，只在本国投资和仅遭受货物或服务损失的投资者并不受保护。这可以从三方面来看：首先，第11章关注的不是领土权本身，而是在于第11章范围所涵盖的活动之类型；其次，第11章其他规定直接或间接与第1102条或其保护的投资叠加或相互影响，从而揭示了第1102条对于投资者的保护的范围；第三，第11章A节其他实体性保护中提及领土的程度和第11章谈判历史，对第1101条和第1102条第1款的合理解读提供了检验性证据。具体如下：

(i) **第11章排除跨境贸易活动。**第11章其他规定确认，只有在外国投资的投资者，而非如申请人这样的从事跨境贸易的国内投资者，才属于第11章规定的适用范围。第1139条下的“投资”定义最能说明这一点，该定义适用第11章所有条款。该定义第(a)项至第(g)项列举一系列能被认为是投资的利益，从不同地域类型的证券到其他经济利益和资产，但并没有明确涉及地域问题。“投资”定义的最后两项表明，《北美自由贸易协定》第11章不是用来规定简单的跨境交易。(h)项讨论了交钥匙、建设和其他类型的合同利益，要求在一方领土内的经济活动投入资本或者其他资源，这种利益才能被认为是“投资”。“投资”定义第i项规定仅仅是由于跨境贸易货物或服务贸易，或贸易融资引起的金钱索赔义务，如果没有该定义此前列举的任何其他利益，则不构成投资。该定义的(j)项则排除了“任何其他金钱索赔”。换句话说，这些排除表明：仅仅跨境贸易利益不足以促发第11章的规定。一个隐含的要求是投资利益必须在东道国领土内。

(ii) **第11章的其他检验性规定。**第11章的其他规定，如第1111条、第1109条和第1114条也不支持申请人的主张。第1111条有关“特别形式和信息要求”规定东道国可以就外国投资者及其投资实施某些要求，进一步表明第11章包括第1102条仅仅有关外国投资者及其投资。第1109条有关“转移”的规定，尽管没有特别提起第1102条，但该条规定表明如果第1102条第1款意图包括国内投资者，那么该条的规定将会显著不同。第1114条有关“环境措施”的规定，同样表明该条规定是假定第11章的目的是鼓励外国投资。这些仅是部分例子，但这些例子表明，第1102条、第11

章适用的是在一缔约方境内投资的另一缔约方投资者及其投资。

(iii) **第 11 章 A 节其他实体性规定适用的领土范围和谈判历史。**仲裁庭认为，除前述提及的 A 节条款外，第 11 章 A 节的其他实体性规定也没有表明《北美自由贸易协定》各缔约方试图将第 11 章的保护扩大到国内投资者。第 11 章 A 节的一些投资保护条款聚焦于投资者和投资，其他一些条款聚焦于投资。这些条款的适用在有关领土范围要求的程度上是不一致的。申请人指出这样的事实，特别是在《北美自由贸易协定》最后起草阶段，“领土”的用语从第 1101 条和第 1102 条中删除了。考虑到这样的“法律擦除”发生在条约谈判的后期，在没有其他官方材料说明的情况下，仲裁庭认为难以从有关领土范围的语言中推断出什么。

(5) **《北美自由贸易协定》特别是其第 11 章的目标和宗旨。**关于第 1102 条的目的和宗旨，双方当事人已经进行了大量辩论。仲裁庭认为，申请人和被申请人对《北美自由贸易协定》特别是第 11 章的目标和宗旨的理解均不甚正确。仲裁庭认为《北美自由贸易协定》第 11 章不能简单被视为是普通的双边投资条约，首先其不是双边的而是多边的，其次第 11 章作为一个更大协定的一个部分，这就要求分析协定不同部分的相互关联。仲裁庭认为《北美自由贸易协定》第 11 章不能孤立的解读，其需要在更大的上下文背景下来解读。但同样仲裁庭认为，第 11 章的目标和宗旨是仅保护“外国投资者”。《北美自由贸易协定》寻求促进缔约三国间产业的经济一体化，但这一事实并不意味着边界已经取消。

三、仲裁庭裁决

基于前述对案件的分析和推理，仲裁庭认为，在本案中申请人所有争议的投资均坐落于北美自由贸易区的加拿大部分，且申请人没有在美国境内寻求、进行和实施投资，在这种情况下仲裁庭对申请人依据《北美自由贸易协定》第 1116 条规定提起的美国违反《北美自由贸易协定》第 1102 条第 1 款规定的仲裁申请没有管辖权。因为对案件没有管辖权，所以仲裁庭同时驳回申请人的所有其他申请。

四、案件简评

本案争议的焦点实际在于《北美自由贸易协定》是否对仅在母国投资

的投资者适用。答案显而易见,《北美自由贸易协定》仅适用于在东道国投资的“外国投资者”。因此,本案仲裁庭对申请人的申请没有管辖权,申请人败诉。尽管本案的案情较为简单,但在案件的审理过程中出现的一些法律问题仍值得关注。

(1)关于条约的解释问题。本案涉及如何对《北美自由贸易协定》第11章及其第1102条国民待遇的适用范围进行解释。由于这个问题关系到仲裁庭是否对案件具有管辖权这一“先决问题”,因此解释将决定案件成败。通常而言,条约应该按照有关条约解释的习惯国际规则进行解释,包括依照国际条约法公约有关规则进行解释,但当事人论证的方法和策略仍极为重要。由于当事人双方立场不同,因此解释方法有所不同。例如申请人坚持结合《北美自由贸易协定》序言、目标和宗旨来对条文进行解释,而被申请人则引用“后续共识”等其他资料来论证其对于条文的理解。仲裁庭就《北美自由贸易协定》第11章及第1102条的解释大体上认同被申请人的主张,最终使得申请人的仲裁申请被驳回。

(2)关于“后续实践”共识问题。在本案中,有关“后续实践”问题也是一个值得关注的问题。“后续实践”如何认定?各缔约方“后续实践”的共识如何达成呢?申请人认为所谓“后续”实践的共识,只能依据第2001条和第1131条,以通过自由贸易委员会对相关条款进行解释的方式做出。但被申请人认为对于“后续同意”,并非需要通过一个依据第1131条第2款的正式解释程序来达成。尽管在“后续实践共识”问题上,仲裁庭根据本案的特定情况认同被申请人的主张,但问题仍然存在,即《北美自由贸易协定》缔约方可以通过其他哪些方式达成这样的共识呢?是否有一些相对客观和同一的标准呢?

(3)关于投资和贸易问题。投资和贸易本是两类不同的问题,但在自由贸易协定下,两者又在一定程度上相互联系。在本案中,申请人实质上是因为贸易方面的损失而启动了投资争端仲裁程序,尽管申请人的主张未得到支持,但仲裁庭也指出,自由贸易协定的投资章与双边投资协定并不完全等同,自由贸易协定的投资章需要放到自由贸易协定整个文本中来考虑。这就对我们提出了一个问题,即在自由贸易协定(FTA)下,投资和贸易的分界是否确实清楚,未来是否会在规则适用上产生争议?

Glamis Gold 公司诉美国案

Glamis Gold，Ltd.

v.

United States of America

仲裁裁决　2009.6.8

一、案件事实

本案申请人为 Glamis Gold 公司（以下简称 GG 公司），被申请人为美国政府。GG 公司是加拿大一家上市公司，主要从事在美国和拉丁美洲勘探、开发贵金属的业务，1972 年根据加拿大不列颠哥伦比亚省的法律制度成立。GG 公司根据《北美自由贸易协定》（NAFTA）第 11 章中第 1110 条和第 1105 条，以投资者身份代表自己，于 2003 年 12 月 9 日向仲裁庭提出相应请求。案件的起源是申请人和被申请人之间在申请人位于美国加利福尼亚州（以下简称“加州”）的采矿运营计划（“帝国计划”）审查批准方面所发生的争议。

（一）案件背景情况

美国《1872 年采矿法》规定，“美国公民可以在属于美国的采矿地点对矿物自由进行开采和购买”。该法律给予美国公民在联邦土地上自由进行勘探开发和开采若干有价值的矿藏，并且无需支付任何税款的权利，也无需获得土地所有权。美国内政部土地管理局负责《1872 年采矿法》的实施。目前包括加州在内的 19 个州有可供开采的联邦土地，但联邦可撤回实施《1872 年采矿法》的联邦土地，相应地撤销这些土地上的矿藏开采申请。《1872 年采矿法》还承认可以同时适用州法律，其后来的实施规定还允许各州对公共土地设置更高的保护标准。该法没有直接关于环境控制方面的任何规定。20 世纪 60 年代以后，美国联邦和州政府层面陆续出台了有关环境保护、文化保护等方面的法律，影响矿藏开发申请。

1. 美国有关矿藏开发环境保护方面的立法

（1）美联邦层面

1969 年美国颁布了《国家环境政策法》(NEPA)，该法律要求对可能明显影响人类环境质量的活动准备一份环境影响评价（EIS）。它要求所有联邦机构用系统跨科学的方法计划和分析环境影响，包括要考虑到历史和文化的影响。环境影响评价（EIS）的核心是对可能给环境造成影响的活动提供一个替代性方案，环境影响评价草案（DEIS）可供公共评论和建议，然后会针对评论发布最终环境影响评价（FEIS）解答公众主要的问题。

出于对环境日益恶化的广泛关注，美国国会在 1976 年通过了《1976 年联邦土地政策管理法》，修改《1872 年采矿法》，试图平衡矿藏开发与环境保护之间利益冲突。《1976 年联邦土地政策管理法》规定，“在管理公共土地上，内政部需要采取必要措施阻止土地不必要或过度退化”。《1976 年联邦土地政策管理法》增加了加州沙漠保护区（CDCA），规定需要特别关注这个区域土地上的历史、科学、人类学、环境、生物和教育等资源，在这个区域的项目不得对这些资源造成过度损害，但是对于损害的标准程度并未定义明确。

此外，1980 年制定并于 2000 年和 2001 年修改的《美国采矿法下公共土地表面管理条例》(俗称《3809 条例》）规范土地管理局有关露天采矿活动的管理行为，其目的在于防止经《1872 年采矿法》授权的采矿活动对公共土地造成不必要或不当的损害，并就此与适当的州主管机关协调行动。对于超过一定面积的露天开采和在包括加州沙漠保护区在内的若干敏感地区内实施的开采项目，该条例要求采矿运营商事先获得开采批准。

（2）美国加利福尼亚州层面

加州也通过环境、公共健康和安全等方面的一些法律法规，保护公众免受在其境内进行的采矿活动的不利影响。《1970 年加州环境质量法》(CEQA）要求对可能具有环境不利影响的联邦活动出具一份环境影响调查报告（EIR)。《加州环境质量法》(CEQA）同加州立法保护着美国土著人民认为重要的土地，并且保护标准高于联邦标准。加州在 1975 年颁布了《1975 年露天采矿和复垦法》(SMARA)，要求对采矿后的土地复垦恢复到可以利用的土地，要求复垦的方式中可能包括回填，以及确保采矿完毕后有足够的财务保证复垦的进行。为了实现其职责，《1975 年露天采矿和复垦法》规定复垦政策需要不断审查和修改。根据该法，加州州矿藏和地质委员会制定了一系列有关复垦的标准。

2. 美国有关历史和文化保护的立法

《1966 年国家历史保护法》(NHPA）要求内政部建立国家史迹名录，涵盖对美国而言重要的历史文化地点，并成立了国家历史保护咨询委员会（ACHP)，在国家历史名录地点的宗教和文化价值方面与美国印第安土著部落保持联系，同他们一起评估计划中的联邦项目对美国印第安土著部落的影响。据此，国家历史保护咨询委员会（ACHP）会在联邦机构做出是否批准项目的决定时发表研究建议。《国家环境政策法》(NEPA）也要求考虑文化影响。此外，美国国会和州还通过了一系列保护印第安部落宗教场所和其他部落资源的法律。

3. "帝国计划"审查经过和相关诉讼

《1872 年采矿法》许可采矿的美国公民身份资格包括属于外国公司的美国子公司。因此，从 20 世纪 80 年代起，GG 公司通过其在美国的子公司获得加州部分联邦土地的采矿权。1994 年 GG 公司计划开展大型露天采矿项目，即"帝国计划"，于 1995 年 3 月 24 日提交运营申请。该项目区域集中于加利福尼亚沙漠延伸处的 Indian Pass，属于加州沙漠保护区（CDCA)，同时也符合纳入国家史迹名录的申请要求。此外，这片土地位于科罗拉多河西部，靠近印第安奎察部落的保留地，部落成员自古以来的传统就是在这块保留地进行文化和宗教传统的活动。该土地具有重要的人文和精神价值。

根据上述美国联邦和州有关矿藏开采的法律法规，"帝国计划"在获得实施许可之前需接受环境和文化方面的审查，由内政部土地管理局会同加州矿藏和地质委员会等机构共同负责进行，出具联合环境影响评价 / 环境影响调查报告（combined EIS/EIR，以下简称 EIS/EIR)，同时内政部土地管理局还负责与国家历史保护咨询委员会一起，就"帝国计划"对印第安奎察部落的影响与该部落进行协商。1996 年和 1997 年两份 EIS/EIR 草稿公布，引起社会各界对该项目环境和文化负面影响的极大关注。国家历史保护咨询委员会在 1999 年 10 月最终认定"帝国计划"会对 Indian Pass 的风貌、宗教和历史价值造成不可修复的损伤，建议美国内政部长"采取任何可用的法律手段"拒绝帝国计划。鉴于《1872 年采矿法》规定的相关采矿权和帝国计划会对历史资源产生不利环境和文化影响的认定，土地管理局无法很好地制定决策和确定法律责任，于是向内政部法律顾问寻求意见指导。时任内政部法律顾问 John Leshy 在 1999 年 12 月签发了一份名为"M 观点"的法律意见，建议土地管理局可以根据《1976 年联邦土地政策管理法》中的过度损害标准否决“帝国计划”。美国内政部长最终在 2000 年 10 月 27 日将 Indian Pass 从未来的采矿申请中撤回。土地管理局在 2000 年 11 月公布最终 EIS/EIR，选择不作为。基于最终 EIS/EIR、国家历史保护咨询委员会的建议和 Leshy 顾问的“M 观点”，美国内政部长在 2001 年 1 月否决了“帝国计划”。

在“M 观点”公布后不久，2000 年 4 月 GG 公司在美国地区法院对其发起诉讼。州地方法院认为 GG 公司过早诉讼，以不允许 GG 公司对正在进行的行政程序进行干扰为由驳回了诉讼，要求 GG 公司等到行政机关最后作出“帝国计划”的决定后再提起诉讼。2001 年 3 月，GG 公司再次起诉联邦政府。美国政府在随后发生了更迭。在 GG 公司与新的美国内政部官员会面后，新的内政部法律顾问 William Myers 在 2001 年 10 月签发了自己的法律意见，决定“土地管理局不可仅因为开采计划将对公共土地产生不可修复的重大损害而拒绝一个原本应该被批准的项目申请”。新的内政部部长 Gale Norton 据此在 2001 年 11 月撤销了对帝国计划的否决决定。GG 公司也撤销了对美联邦政府的起诉。土地管理局在 2002 年 9 月的“帝国计划”矿藏报告中确定基于 GG 公司“有效的既有权利”，批准“帝国计划”，并继续对最终 EIS/FEI 进行修改，以签发美联邦许可。

另一方面，由于“帝国计划”引发的环境和文化影响方面的广泛关注，加州开始考虑立法保护与印第安土著宗教场所有关的土地。就在美联邦政府开始准备向“帝国计划”授权的时候，加州矿业和地质委员会（以下简称 SMGB）在 2002 年 12 月 12 日发布“《1975 年露天采矿和复垦法》紧急规章”（以下简称 SMGB 规章），它要求加利福尼亚州所有露天金属采矿进行“公共普遍利益的即时保留所需要的”回填。该法规在 2003 年 5 月 30 日永久生效。2003 年 4 月 7 日加州还通过了参议院法案 22 条（以下简称 SB22），修改了《1975 年露天采矿和复垦法》，其内容与 SMGB 规章相同，只是适用范围进行了缩小，规定位于加州沙漠保护区和距离美国印第安土著宗教地点一英里内的采矿项目需要“进行完全回填，使被采矿地区恢复至采矿之前的风貌”，否则加州主管机关将不批准复垦计划。

GG 公司在 2002 年 12 月 9 日请求土地管理局暂停所有正在进行的批准“帝国计划”的工作。

（二）案件程序

2003 年 12 月 9 日，GG 公司向解决投资争端国际中心提交仲裁通知，请求根据《联合国贸易法委员会（UNCITRAL）仲裁规则》第 3 条和《北美自由贸易协定》第 1117 条和第 1120 条和第 1122 条发起仲裁，认为美国联邦和州政府的若干行为违反了美国在《北美自由贸易协定》下第 1105 条（最低待遇标准）和第 1110 条（征收和补偿）的义务，请求不低于 5000 万美元的赔偿（compention），美国支付仲裁程序所需要的所有费用。2004 年 11 月 12 日申请人与被申请人指定仲裁员。仲裁庭于 2009 年 6 月 9 日作出最终裁决，认定美国联邦和加利福尼亚州对“帝国计划”实行的措施并没有违反其在《北美自由贸易协定》第 1110 条和第 1105 条规定的义务，判决美国胜诉最终驳回申请人的全部仲裁请求。

二、法律争议推理过程

本案中仲裁庭审理了程序和实体方面的法律争议。有关程序方面的争议为被申请人提出的管辖权异议，实体方面的争议则围绕着被申请人是否违反《北美自由贸易协定》第 1110 条和第 1105 条进行，接下来将分别介绍。

（一）有关管辖权方面的法律争议

被申请人在 2005 年 4 月 8 日提交了答辩陈述，其中有两点管辖权异议，仲裁庭分别针对这两点管辖权异议请求进行裁决。

1. 有关案件适宜性的异议

（1）被申请人的主张

被申请人主张，要提起《北美自由贸易协定》下的请求，申请人必须证明其已经因所谓的违反行为“遭受损失或损害”，习惯国际法也要求一项被质疑的措施必须事实上影响申请人的财产权利。SMGB 规章和 SB22 都不适用于申请人，因此“仅仅通过”一项征收措施，或者其相应的适用威胁，并不足以提起一个可以进行审理的征收请求。被申请人认为在黄金开采的情况下，确定措施实际适用的时间非常重要，因为在 2002 年 12 月 12 日 SMGB 规章通过之后，黄金价格出现波动。由于在 SMGB 规章通过前的三天，GG 公司请求土地管理局暂停所有正在进行的批准帝国计划的工作，并且之后也没有进一步要求内政部继续对该项目进行批准工作。没有内政部土地管理局关于“帝国计划”的最终决定，加州帝国郡不可能对 GG 公司的复垦计划进行审查，因此不可能适用 SMGB 规章和 SB22。

总之，被申请人认为仲裁庭应该选择一个所谓征收的日期，以计算该日期的经济影响，由于该日期不能先于一项措施适用于申请人的时间，并且这些措施并没有被适用，因此仲裁庭对于申请人根据第 1110 条提出的请求没有管辖权。

（2）申请人的主张

申请人同意以下观点，即通过一项仅可能产生未来剥夺投资价值的措施并不足以支持有关征收的请求，但是申请人认为其遭受的不仅仅是对其财产权利的威胁，加州的措施事实上已经剥夺其权利的价值。申请人认为土地管理局和帝国郡在 6 年多的时间里没有对其申请采取任何进一步的行动，实际上，联邦政府 2001 年 1 月不合法地拒绝其项目申请已经实际剥夺了该公司的投资价值。这个否决决定以及加州后续生效的措施阻止了“申请人对其财产的唯一经济上可行的利用”。根据国际法和美国国内法，“当一项措施在其生效时禁止财产的所有经济上的利用时，申请人在对该措施提起质疑前无需获得许可”。总之，由于美国内政部坚决拒绝给予采矿批准，申请人不能进行矿藏开采，其投资价值已经被剥夺，仲裁庭应驳回被申请人的异议。

（3）仲裁庭的分析

仲裁庭在分析之前，首先设定一个前提，即要认定征收，必须确定美国政府行为违反了《北美自由贸易协定》第 11 章，并且该行为导致了损失或损害。《北美自由贸易协定》第 1117（1）条的用语表明，征收或国有化威胁并不足以提起征收请求，政府的行为必须直接或间接地剥夺了投资者的财产权利。许多国际仲裁庭也认同这个观点[①]。这里问题的核心在于申请人所质疑的加州措施是否在其提交仲裁请求的时候已经实际损害申请人的财产权利。仲裁庭通过回答四个问题来进行分析。

首先，加州措施将适用于“帝国计划”这一点是不是明确的？仲裁庭认为，“帝国计划”满足 SB22 和 SMGB 规章的适用要求，并且作为此类立法所规范的采矿种类，“帝国计划”在其审查过程中很可能受此类立法的

① Mohtadi v. Islamic Republic of Iran，Iran-US Cl. Trib.，Case No. 273，Award No. 573-271-3，¶¶ 53-54（1996）. Pobrica（Int'l Cl. Settlement Comm'n 1953），Amended Final Decision，¶ 2. See also Mariposa（U.S. v. Pan.），American and Panamanian General Claims Arbitration 577（1933）；Malek v. Republic of Iran，Iran-US Cl. Trib.，Case No. 193，Award No. 534-193-3（1992）；Tradex Hellas S.A. v. Republic of Albania，ICSID Case No. ARB/94/2，Decision of Jurisdiction（24. Dec. 1996）；and Starrett Housing Corp.v. Iran，Interlocutory Award No. ITL 32-24-1，4 Iran-U.S. C.T.R. 122（19. Dec. 1983）.

影响。

其次，申请人是否本应采取任何其他行动来完善其申请？虽然被申请人提出申请人在其与内政部或土地管理局的沟通中可以积极一些，但仲裁庭认为这些并不是申请人所必需采取的行动。

第三，如果申请人等到土地管理局的最终决定，该决定是不是一个否决决定？这方面的审查是出于一种争议，即申请人应该等到正式拒绝其采矿请求的决定作出后才能提起仲裁申请。仲裁庭要考虑这种行动是不是无意义的，并不是申请人提起第 1110 条仲裁请求所必需的。仲裁庭分析了申请人所提交的现有计划，其只包括部分回填计划，土地管理局和帝国郡适用加州措施必将否决该计划。

第四，在计划被否决之后，申请人是否还有其他途径可以成功再申请对帝国计划的可盈利运营？仲裁庭认为，没有足够的证据表明未来可行的选择，尤其是科技的发展和金价的提高，不会使帝国计划变得有盈利。但是，正如申请人所主张的那样，加州措施对其投资产生了严重的影响，以至于在这些措施通过之日产生了征收的效果。申请人及时和充分地提出了请求。仲裁庭可以评估，由于可能的征收，帝国计划是否在征收日（2002 年 12 月 12 日）对于申请人而言已经无价值可言。从这方面来讲，对于案件适宜性的审查直接转向了任何征收分析的起始审查，即评估被质疑措施的经济影响。

仲裁庭认定申请人的请求是明确的，适宜仲裁庭进行审查。

2. 有关案件时效的异议

（1）被申请人的主张

被申请人认为《北美自由贸易协定》第 1117（2）条对申请人提交仲裁申请设置了一个三年的期限①。申请人在其仲裁通知中分别提到了三个使其遭受损害的联邦政府行为：国家历史保护咨询委员会在 1999 年 10 月 19 日作出的建议，内政部法律顾问 John Leshy 在 1999 年 12 月 27 日签发的“M 观点”，以及土地管理局在 2000 年 11 月 17 日公布最终的 EIS/EIR。而申请人提交仲裁的时间是 2003 年 12 月 9 日。因此以上三个发生的时间距离提交仲裁的时间都超过了三年时限。被申请人认为 2000 年 12 月 9 日之前发生的能够构成《北美自由贸易协定》第 201 条意义上“措施”的行为都可

① 第 1117（2）条规定：“一投资者不得以第 1 款所述企业的名义提出索赔请求，如果自企业首次获悉或应当首次获悉据称的违反义务以及企业遭受损失或损害之日起，时间已经超过三年。”

以排除仲裁庭对申请人根据这些行为提出的请求的管辖权。

（2）申请人的主张

申请人认为，要进行时效方面的抗辩，被申请人必须证明每一个发生在三年前的具体行为构成申请人请求的单独而确切的基础。申请人认为被申请人所提到的三个行为并不是其请求的基础，只是其进行事实陈述所引用的背景情况，被申请人也同意这点。申请人的请求是基于 2001 年 1 月 17 日内政部否决“帝国计划”的决定。

（3）仲裁庭的分析

仲裁庭指出，《北美自由贸易协定》第 1117（2）条规定了如果自投资者知道或应当知道违反义务及后继损害之日起超过三年，投资者不可以提出请求。但是，仲裁庭也注意到，该条没有简单地对请求提起之日前规定一个固定明确的三年期限，而只是说“自企业首次获悉或应当首次获悉据称的违反义务以及企业遭受损失或损害之日起”三年。仲裁庭同意之前其他仲裁庭的观点，认为如果不是在同一时间知道所有事件（知道违反义务和损害）的情况下，应该以这些事件的后发生者为准来计算三年期限。

此外，仲裁庭还认为，解决这个问题还需要审查申请人是否基于被申请人所举的行为提出自己的请求。仲裁庭同意双方的观点，即基于在第 1117（2）条时间范围内的事件提出的请求可以引用之前的事件作为“背景事实”，这些“背景事实”本身并非是请求的法律基础。仲裁庭认为申请人请求的依据应依据其申请陈述，仲裁庭审查了申请人提交的材料，认定申请人没有在其仲裁通知或后续材料中基于被申请人所列的早期行为提出请求，因此驳回被申请人的管辖权异议。

（二）有关实体方面的法律争议

1. 申请人基于《北美自由贸易协定》第 11 章第 1110 条提出征收补偿请求

申请人基于《北美自由贸易协定》下第 11 章第 1110 条向被申请人提出征收补偿。《北美自由贸易协定》第 1110 条第 1 款为“征收和补偿”，其规定：任何一方不得直接或间接国有化或征收或以同等方式国有化或征收投资者在另一方领土内的投资（以下简称为“征收”）。除非：（a）为了公共利益；（b）在非歧视基础上；（c）依据法律正当程序和本协定第 1105 条；（d）依据本条第 2—6 款给予赔偿。

申请人主张被申请人实施的联邦措施和加州措施实质性地损害了其作

为“帝国计划”投资者的经济权益，从而构成“征收”，违反了《北美自由贸易协定》第1110条。而要确定申请人在“帝国计划”中的经济权益是否受到实质性损害，仲裁庭必须评估美联邦政府和加州政府单独或联合采取的立法和行政措施所产生的影响。

申请人首先主张，美联邦政府对“帝国计划”的延迟和暂时不予批准造成了征收的发生。而仲裁庭则认为，联邦政府起初虽然不予批准“帝国计划”，对申请人造成了一些困难，但该不予批准在短时间内就被撤销了，并没有构成第1110条下的征收。因此，仲裁庭否认申请人的这一主张。申请人接着主张，美联邦政府延迟和暂时不予批准给了加州政府时间对帝国计划强加立法和行政措施，从而加速了征收的发生，仲裁庭认为这归结为加州措施的影响。出于必要，仲裁庭把关注焦点转向了SB22和SMGB规章（两者统称为“回填措施”或“加州措施”）。因此，仲裁庭通过分析，在加州措施实施后，“帝国计划”本身的经济价值是否急剧减少来衡量申请人所享有的“帝国计划”的经济权益是否受到了实质性损害，以最终确定该措施是否构成“征收”违反《北美自由贸易协定》第1110条。

关于“帝国计划”的价值，申请人认为有以下五个因素共同造成“帝国计划”的价值急剧减少，即回填成本、辛格矿井的价值、黄金价格、金融担保的提供方式和时间、贴现率。在评估加州措施（回填措施）实施后“帝国计划”是否保有价值的过程中，仲裁庭先是采用了申请人提供的价值评估方法，并结合被申请人的反驳逐一审查、分析以上五个因素，从而对申请人的价值评估方法作了相应调整，得出：加州回填措施实施后，“帝国计划”的价值超过了2000万美元，为明显的正值，即加州措施并未导致“帝国计划”的价值急剧减少。因此，仲裁庭否定了申请人的主张，认为联邦和加州政府的措施并不构成《北美自由贸易协定》第1110条下的征收，最终驳回了申请人的请求。具体过程如下。

（1）有关回填成本的争议

加州措施要求尽可能完成所有矿坑的回填，且要求铺展剩下的材料堆、修整外部轮廓使其高度不超过25英尺。这一要求所需的费用对于确定“帝国计划”的价值是否被大大减少从而构成第1110条项下的征收至关重要。根据申请人的估算，项目结束时总回填费用将达到9850万美元，而被申请人估算整个回填所需费用大约5540万美元，双方估算值相差约4300万美元。

如此巨大的差异源于双方对以下子因素的不同看法。（a）每吨的回填成本——无论是申请人主张的 35.3 美分，或被申请人主张的 25.5 美分——这一子因素的重点在于矿坑回填的适当方法，即加州采矿规章是要求用废石一层一层仔细紧实地回填矿坑，还是可以用“矿顶倾倒法”简单地从矿坑边缘倾倒材料进行回填。（b）设备整修的成本：申请人主张“帝国计划”中所购买的卡车在整个回填过程中需要整修两次，每次整修需要 770 万美元，而被申请人认为仅需整修一次。（c）回填材料的合理膨胀系数：含矿物质材料（从“帝国计划”中获取，构成回填材料的 79%）和废石（构成剩下的 21%），申请人认为这两种材料的膨胀系数都为 35%，而被申请人认为前者 23%，后者 18%。（d）需要运输的总吨数，这一子因素也与上述子因素相关，还需考虑到回填的恰当时间和堆浸垫是否需要铺展等。

最终仲裁庭评估得出合理的每吨回填成本为 28.44 美分，设备维修成本为 770 万美元（即仅需维修一次），回填材料的合理膨胀系数为 30.2%，所需运输的回填材料总吨数为 19530 万吨（比申请人估算的少 3190 万吨）。

具体如下：

A. 每吨的回填成本

a. 申请人的主张

申请人主张每吨的回填成本为 35.3 美分，被申请人主张的 25.5 美分低估了回填的实际成本。理由如下：

申请人的专家 Behre Dolbear 提出，“估算东部矿坑回填成本的基本依据是，从矿坑处装卸和拖运废料然后放置到废料堆的费用等同于对废料进行再处理然后放回原位的费用”。申请人主张，这两项操作“在本质上是一样的，只是顺序相反”。因此，Behre Dolbear 根据《1996 年“帝国计划”的最终可行性研究》，其中规定采矿每吨的总平均成本为 44.2 美分，从中减去 8.9 美分的钻井和爆破成本，得出每吨的回填成本为 35.3 美分。申请人称，这是一个“自底向上、充分详细的成本估算”。

另外，申请人称 8.9 美分的钻井和爆破成本是根据 GG 公司“详细成本信息”得出的，后者“同样也是自底向上的数据”。申请人说明到，这些估算值还低于土地管理局（BLM）公布的每吨的预计回填成本 40—50 美分，该预计成本还出现在土地管理局向帝国计划出具的《最终环境影响报告》（EIS/EIR）中。

此外，申请人称其对每吨回填成本的估算实质上是与其 2003 年 1 月 9 日内部评估所得的 25 美分相一致的，因为该 25 美分“不是经过精确计算所得的数据”，它不包括重新铺展堆浸垫的费用、增加的采矿设备使用费或任何行政费用。

申请人认为被申请人低估了每吨回填成本的一个重要原因是，加州措施要求矿坑的回填要精心设计，以免日后地表长期下沉形成水洼。这就需要从地表以上对矿坑进行处理，即用卡车运输废料然后将其放入坑中并用机械一层一层地压实。而被申请人忽略了这一点，他们提出的矿顶倾倒法会增加膨胀系数，使得矿坑中的废料无法避免地下沉，造成大片洼地。申请人称矿顶倾倒法不能满足加州的监管规定，如果不要求采矿者回到采矿所在地支出额外费用完成二次回填和修整，就无法阻止长期的下沉，也会影响到自然排水。申请人称，就连被申请人聘请的采矿专家 Norwest 在其 2007 年的报告中也承认，加州相关规章要求回填要经过精心设计以防止地表积水和长期沉降。申请人认为，回填材料必须被放到坑中，然后用机械压实。因此，申请人称被申请人估算的 25 美分低于回填的实际成本。

b. 被申请人的主张

被申请人主张每吨的成本为 25.5 美分。理由如下：

被申请人称申请人“自顶向下”的计算方法高估了回填成本，因为他们忽略了采矿挖掘过程中没有、而回填过程中却大量存在的便利因素。例如，被申请人称，在回填过程中，装载卡车将下坡行驶，相比挖掘过程中的上坡行驶，下坡更快、更省油、设备磨损也更少。被申请人还称，卡车运行距离的缩短也是节省复垦成本的一个因素，因为根据矿顶倾倒法，卡车不必反复行驶到坑底，而是可以从坑的边缘倾倒材料。

此外，被申请人称 35.3 美分的估算值比 GG 公司同期 2003 年 1 月 9 日内部评估所得数值高了 41%，是不合理的。

被申请人估算帝国计划的回填成本依据的是 Norwest 的“自底向上”的方法。Norwest 称，其分析和估算十分详尽，涵盖了所有相关的成本，包括但不限于：“设备的类型和尺寸、设备的操作和维护成本、人工劳动成本、税收、其他间接费用等”，从而得出每吨回填成本为 25.5 美分。被申请人还指出，其估算还参考了两个来源：首先，是申请人 GG 公司同期 2003 年 1 月 9 日内部评估的每吨成本为 25 美分，这一数据与 Norwest 估算的 25.5 美分接近。第二，卡车队伍生产力的相关数据，就平均而言，帝国计划中的卡车队伍在回填过程中的生产力要比采矿过程中的高 25%。被申请人称，用申请人一方 Behre Dolbear 估算的每吨 35.3 美分减去 25% 的“生产力调整”就会得到每吨 26.6 美分，这一数据同样与 Norwest 估算的 25.5 美分接近。

对于申请人提出的其估算的每吨回填成本还低于土地管理局 2000 年《最终环境影响报告》中列明的 40—50 美分，被申请人称，土地管理局的分析依据是 1997 年 10 月 Sage Engineering 公司总裁迈克尔 · 史密斯所做的分析，被申请人认为史密斯先生在估算“帝国计划”的各类成本时所用的是 Newmont Mining 公司提供的比较成本数据，但这些数据未经证实毫无支撑，因此被申请人称该分析缺乏严谨性，不值得信赖。而被申请人坚持认为，该方估算所得的两个矿坑回填成本 5530 万美元与 GG 公司在 2003 年 1 月 9 日内部估算所得的复垦成本是相吻合的，后者在符合加州措施的条件下估算值为 5110 万美元。

关于每吨的回填成本取决于是否必须精心设计回填，被申请人称，SMGB 规章中的回填设计要求并不像申请人声称的那样要求完全设计好，并一层一层地压实。被申请人坚持认为，《加州回填规章》第 3704.1 条必须同第 3704 条（b）款联系起来解读。后者规定：“如果回填要求是以资源保护为目的（如农业、渔业、野生动物栖息地和荒地的保护），则填充标准应符合相关资源保护的要求。”Norwest 称，正如 Behre Dolbear 引用的那样，第 3704.1 条仅要求精心设计回填工程、修整轮廓和恢复植被以防止造成水污染、非自然地形特征（以便于促进排水）、地表水洼，并确保回填的斜坡稳定，并没有规定例外。因此，被申请人称，“并不需要机械压实来满足以上任何要求”。根据 Norwest 报告，“帝国计划”中的地下水在地表以下 720 英尺（或者说是在 880 英尺深的矿坑底部以上 160 英尺）；因此，矿坑回填将远高于地下水位，对其没有影响。Norwest 还称，长期的沉降也不用担心，因为回填材料堆积有 25 英尺高，沉降的程度不足以引起矿坑表面积水。

被申请人进一步主张，矿顶倾倒法从来都只是为西部矿坑和辛格矿坑所计划的，无论是申请人还是其聘请的专家 Behre Dolbear 都未在这两个采矿计划中主张过采用前面提及的“繁复的回填要求”。被申请人称，申请人主张的加州规章只要求对东部矿坑从下往上一层一层地压实而不要求压实另外两个矿坑是不合逻辑的。被申请人认为，矿顶倾倒回填的方式是一个通常且成本较低的选择。Norwest 指出有一些矿坑在过去几年中已经成功使用了这种方式进行回填。

c. **仲裁庭的裁决**

仲裁庭评估的每吨回填成本为 28.44 美分。理由如下：

仲裁庭注意到双方使用不同的计算理论计算出各自的评估值。申请人基于《1996 年最终可行性研究》通过“自底向上”的差分方法将每吨开采成本减少到 44.2 美分，这包括每吨 8.9 美分的爆破成本。相反，被申请人利用“自底向上”的方法分析评估每一部分的成本，再组成回填每吨的成本。仲裁庭不赞同回填废石料的成本就等于回填废石料的运输成本；因此，仲裁庭认为“自底向上”的分析能更好地计算出一个准确的数值。

对于“自底向上”的分析方法，仲裁庭认为，虽然被申请人没有完全计算回填相关的全部成本，但其分析大体上是正确的。特别是，仲裁庭不认为被申请人提出的以下节约成本的评估是正确的：如采用矿顶倾倒法、卡车在下坡运行时更有效率或者减少了卡车运输量。

仲裁庭对双方提供的有关回填规定和加利福尼亚州采矿实践中是否要求对回填材料进行特别处理以及分层堆积夯实或者露天矿井是否可以采用矿顶倾倒法的证据，作了认真的考量。申请人提供了权威证据表明使用矿顶倾倒法会造成地表下沉引起排水问题，但是被申请人提供了有说服力的证据表明只要在回填规定的限制范围内适当使用矿顶倾倒法进行回填是没有问题的，且事实上该方式已经被多个矿井所使用。而仲裁庭认为被申请人所举的例子中，采用矿顶倾倒法的 American Girl 矿井并不在加利福尼亚州，联邦矿区作业计划的提议也在回填政策发布之前就制定了，因此这些例子没有完全的说服力。

仲裁庭认为，虽然被申请人“自底向上”的评估方法大体上是正确的，但仍然存在不正确的地方。比如其忽视了矿顶倾倒法对个体价值成本的减少。因此，被申请人“自底向上”所得的评估值是打过折扣的。最终，仲裁庭评估的每吨回填成本为 28.44 美分。

B. 设备整修的成本

a. 申请人的主张

申请人主张回填预计需要两次设备整修，每次整修成本为 770 万美元，共计 1540 万美元。理由如下：

申请人称，要完成回填工程，需要对设备进行两次整修：一次是在回填活动开始时，因为到那时卡车已投入帝国计划使用 8 年；另一次是 4 年后，即轮廓修整开始时。申请人称，“帝国计划”所用的卡车是在其 Picacho 采矿项目结束时沿用而来，因此该卡车（在回填开始前）已投入使用总计长达 11 年（5 万小时）；所以，他们才要求在任何回填活动开始前先对卡车进行整修。对于第二次整修，申请人称铺展堆浸垫至少需要 2 年，这就要求额外的设备整修。

申请人称，卡车运输过程中下坡和上坡的成本都十分昂贵，因为对设备造成的磨损都是一样严重的。申请人用采矿安全标准来支持自己的观点，该标准要求卡车下坡时运用复杂精细的刹车系统，并控制车速以免造成重大事故。申请人称，这些安全要求使卡车必须安装下坡控制装置以减缓车速，因此也并不代表可以节约上坡成本。

申请人对被申请人提出的“设备可以运行到出现故障”提出异议。申请人主张，对设备实施一些预防性维护是有必要的，这样可以防止设备出现重大故障，从而拖延工程进度、增加工程成本。申请人称，由于在回填工程开始时设备是已被使用过的，那么它在投入使用 13 年（回填开始前的 11 年加上铺展堆浸垫至少需要的 2 年）后将没有剩余价值。

b. 被申请人的主张

被申请人主张申请人要求其支付两笔设备整修款无法律依据，只认可第一次整修。理由如下：

对于申请人要求支付的两笔设备整修款（每笔 770 万美元，共计 1540 万美元），被申请人认为，设备整修的成本应当完全排除，因为 GG 公司在其 2003 年 1 月 9 日所做的评估中没有涉及这些成本。

鉴于卡车在回填完成后未必需要整修，Norwest 将排除第二笔设备整修款，只认可回填开始前的那一笔设备整修款。首先，Norwest 认为在回填过程中设备运行到出现故障再进行维护虽然与传统的预防性维护相反，但这样可以使得矿井关闭后设备的剩余价值达到最小。其次，根据 Norwest 的计算，在连续 4 年的回填之后，设备的寿命仅消耗 47%。

c. 仲裁庭的裁决

仲裁庭最终将申请人评估的设备整修成本减少为 770 万美元。理由如下：

对于设备进行必要整修需要支付的款项，仲裁庭认为双方至少对上述第一笔 770 万美元都表示赞同。

对于第二笔 770 万美元是否必要，仲裁庭认为被申请人一方 Norwest 的观点很有说服力。首先，Norwest 认为，设备在“帝国计划”第 12 个年度（即 2014 年）将继续保持足够的工作能力，因此不需要额外的整修。特别是，被申请人也提供了强有力的证据表明回填 4 年后设备的寿命只消耗了 47%，所以设备不需要进一步整修。

综合上述，仲裁庭认为仅需第一次设备整修，因此将申请人评估的设备整修成本减少为 770 万美元。

C. 回填材料的合理膨胀系数

膨胀系数是采矿业的专有名词，指岩石和其他材料在移出地表后的膨胀度。膨胀系数越大，回填和复垦需要的材料总量就越大，因此将增加回填成本。双方都认同在各类文件记载美国中东部矿井和西部矿井 79% 的废石料都被归类为“碎石”，也都认同废石料的原始密度，但对废石料经过挖掘和移动后的膨胀系数存在争议。

a. 申请人的主张

申请人主张含矿物质材料（构成回填材料的 79%）和废石（构成回填材料的 21%）的膨胀系数都为 35%。理由如下：

申请人的专家 Behre Dolbear 根据《1996 年最终可行性研究》估算出膨胀系数为 35%。申请人解释说，西方国家工程选择 3050 磅每立方码的疏松密度（113 磅每立方英尺）来确定设备的生产力，并估算所需的设备数量和规模，然后用 153 磅每立方英尺的原始密度除以 113 磅每立方英尺的疏松密度得到的比值为 1.3539，即膨胀系数为 35%。

为了支撑这一计算结果，首先，申请人称《1996 年最终可行性研究》为帝国计划提供了明确的技术信息来源，因为“最终可行性研究是任何露天采矿计划的决定性文件，也是采矿业公认的整个帝国计划开发、构建、运作的蓝图”。申请人称，这份研究报告早在强制回填政策颁布的 6 年前就已起草，因此申请人没有理由高估或低估所需材料的数量，他们也完全做出了全部采矿成本的准确估算。

其次，申请人称 35% 的膨胀系数与采矿业普遍接受的平均膨胀系数 30%—40% 相一致。申请人称，尤其特殊的是，“帝国计划”中还额外包含了高膨胀性材料，如玄武岩，其膨胀系数高达 64%，再如片麻岩、片岩，膨胀系数都高达 67%。申请人还援引了 SMGB 执行官出具的报告，该报告认可了《加州回填规章》（第 3704.1 条），其中表述说：“行业报告显示（整体的）膨胀系数最高可达 40%”。

申请人的专家 Behre Dolbear 对 Norwest 根据 339 电子数据表确定的 18% 的膨胀系数提出异议。因为该表的疏松密度是 3060 磅每立方码，申请人称自己也正是根据这一疏松密度计算出了 35% 的膨胀系数。

申请人称，“帝国计划”很多早期文件中出现的速记符号“congl./gravel”并不像被申请人解释的那样代表松散碎石；而是用来描述坚固的黏合砾岩。正如工程地质学家 Purvance 先生证明的那样：“‘gravel’是我们经常使用的简化速记符号，但这种岩石从未被归类为碎石”。申请人称，只有高度黏合的材料，例如砾岩，才可以安全地支撑住该报告设计的坡度在 40 度到 50 度之间的露天矿坑，否则如果换作膨胀系数只有 15% 的松散碎石，坑壁就会倒塌。

关于被申请人主张的申请人曾多次估算帝国计划的膨胀系数为 23%，申请人称这一估算源于 1994 年 11 月 C. Kevin McArthur 的初步假设，那要比加州颁布新的复垦要求早很多年，而且在当时膨胀系数还不是一个关乎实质的因素。申请人坚持认为该 23% 只是一个假设值，在没有仔细审查文件的情况下被重复多次使用，与现在根据《1996 年最终可行性研究》并经过详细计算得出的 35% 截然相反，而且 GG 公司现今的各类文件也将该 23% 表述成“膨胀系数（假设值）”。

此外，根据申请人观点，至少有两份同时期的文件列出或暗示了 35% 的膨胀系数。首先，2003 年 1 月 9 日 GG 公司的评估显示，随着新复垦要求的公布，受干扰的土地将增加 20%，膨胀系数为 35%。第二，2003 年 12 月 2 日 James S. Voorhees 出具的一份备忘录也明确，膨胀系数为 35%。

最后，申请人认为土地管理局出具的《矿物报告》并未针对“帝国计划”中的岩石类型确定平均的膨胀系数。但作为代替，土地管理局确定了平均体积密度，即 12.92—12.96 立方英尺 / 吨，这实质上与 Behre Dolbear 计算所得的 13 立方英尺 / 吨相一致，也与 Behre Dolbear 所依据的《1996 年最终可行性研究》中的 153 磅每立方英尺（原始密度）相一致。

综合所述，申请人总结道，由于回填材料的体积和吨数是“回填成本增加的主要驱动力”，因此膨胀系数对于回填后的准确评估十分关键。申请人认为他们和被申请人采用的膨胀系数不同大大影响了对“帝国计划”的评估，大约相差 3900 万吨。

b. 被申请人的主张

被申请人主张含矿物质材料的膨胀系数为 23%，废石的膨胀系数为 18%。理由如下：

关于含矿物质材料的膨胀系数，与申请人的专家 Behre Dolbear 的评估不同，被申请人的专家 Norwest 是根据其不同组成成分——矿石、岩屑和碎石——的膨胀系数来计算其膨胀系数的。具体而言，Norwest 根据申请人在 1994 年 11 月至 2003 年期间的工程报告中反复使用的数据，即矿石的膨胀系数 30%、岩屑的膨胀系数 30% 以及碎石的膨胀系数 15%，然后计算加权平均数得出合理的膨胀系数为 23%。而且 Norwest 的这一评估值可以由土地管理局（BLM）2002 年评估的美联邦矿区项目的平均膨胀系数得到证实，该平均膨胀系数的评估值为 22.3%。

为了进一步支持其评估的膨胀系数，被申请人引用了两个参考文献：第一个是 Behre Dolbear 自己的专业报告，其中写道："根据 GG 公司介绍，美国中东部矿井和西部矿井中 79% 的废石料被归类为碎石。"第二个是联邦矿区项目的开采计划，其中写道："地面表层土与矿带之间的厚度在 40 英尺至 350 英尺之间，并且由大部分疏松的冲积碎石和少量坚固的火山岩组成。开采疏松的碎石层不需要爆破，但对于坚固的岩层要先爆破再开采。"

关于废石的膨胀系数，Norwest 认为根据其实践经验，GG 公司在"帝国计划"设计之初应用的膨胀系数是合理的，并且废石膨胀系数的加权平均数在被压实之前应当约为 18%。Norwest 赞同 18% 的评估结果。Norwest 援引了更多 GG 公司同时期的其他文件，这些文件中碎石的膨胀系数为 15%，同时 Norwest 声明："援引这些同时期的文件，就是证明 Norwest 没有独自确定联邦矿区项目中废石的主要成分和膨胀系数，Norwest 仅仅应用了 GG 公司自己的数据。"

此外，被申请人不赞同申请人依据的《1996 年最终可行性研究》。被申请人称，该研究只是确定了"装载效率"而并未对膨胀系数作出评估。具体而言，"装载效率"是对废石的疏松密度的测算方法，用于计算开采过程中设备的生产力从而确定所需设备的数量和规模，并未区分各种矿石、碎石和废石的膨胀系数。Norwest 解释说，根据《卡特彼勒性能手册》（Caterpillar Performance Handbook），物质密度在挖掘过程中存在三个阶段：一是原始密度（原状态时的密度）；二是疏松密度（一种相对较低的密度，适合装入卡车）；三是压实密度（在废石料经过重型设备压实后的更高密度）。被申请人认为 Behre Dolbear 只是在废石被爆破后的疏松状态下计算出开采过程中每一阶段的膨胀系数为 35%，但忽视了废石经过重型设备压实的状态。

因此，被申请人认为 Behre Dolbear 使用了过高的、不合理的、不变的膨胀系数来计算需要运输的回填材料的总吨数，从而导致申请人得出了一个过高的回填成本。

c. 仲裁庭的裁决

仲裁庭裁决联邦矿区项目开采出的所有石料（包括 79% 的含矿物质材料和 21% 的废石）的合理膨胀系数应为 30.2%。理由如下：

仲裁庭认为，造成膨胀系数争议的一个重要原因是申请人在联邦矿区项目早期反复模糊使用了"砾岩 / 碎石"（congl./gravel）的表述。砾岩是由其他材质（如沙、黏土）黏合形成的一种特有岩石。而碎石通常指因侵蚀造成的由疏松的、自然堆积的圆岩屑组成的比沙子大的碎石粒。

仲裁庭分析说，由于“砾岩 / 碎石”的问题，申请人评估含矿物质材料的膨胀系数为 35%，而被申请人评估为 23%；进而双方对废石的膨胀系数也存在争议，申请人评估剩余废石的膨胀系数也为 35%，而被申请人评估为 18%。

因此仲裁庭需要确定的是：含矿物质材料的膨胀系数和废石的膨胀系数。对于含矿物质材料的膨胀系数，存在三个不同值：Behre Dolbear 的 35%，Norwest 的 23%，BLM（土地管理局）的 22.3%。仲裁庭认为 BLM 的评估值具有特别重要的意义，不仅仅是因为该评估值是同时期作出的，更是因为该评估值是由非本仲裁的争议方作出的。仲裁庭强调没有任何一方质疑 BLM 报告的权威性。

经过对证据的考量，仲裁庭不认同申请人 35% 的评估值。Norwest 提供的 23% 的膨胀系数与 BLM 提供的 22.3% 是相当接近的，因此仲裁庭认为 23% 的膨胀系数更有说服力。但仲裁庭同时也对该 23% 的膨胀系数存在一些质疑。仲裁庭发现被申请人并未实际确定联邦矿区项目中各类矿井的大部分石料就如其声称的那样是松散碎石。相反，仲裁庭认为申请人提供了一项有说服力的证据，即这些石料很可能无法用于建造设计的坑壁。

膨胀系数的确定需要审查和鉴别各类石料的组成成分并分析每种成分在各个开采阶段的膨胀度。仲裁庭认为计算合理的膨胀系数是极其复杂的，简单的假设并不能保证其准确性。因此，仲裁庭并未被任意一方提供的膨胀系数所说服，而是对 Norwest 的评估值作了增加——增加被申请人评估值与申请人评估值差额的 60%。仲裁庭最后得出联邦项目开采的含矿物质材料的膨胀系数为 30.2%。

接下来，关于废石的膨胀系数，也存在两个完全不同的版本，即申请人的 35% 和被申请人的 18%。仲裁庭认为双方得出结论的过程过于简单，因此对双方的评估值均持怀疑态度。虽然仲裁庭认同含矿物质材料和废石之间存在差异，但是仲裁庭认为双方均未提供充分的证据说服仲裁庭赞成各自的观点。在裁决双方争议时，仲裁庭继续按照惯例尽可能作出最有利于申请人的评估。因此，仲裁庭采纳了申请人的观点即认定废石与含矿物质材料具有相同的膨胀系数，即废石的膨胀系数也为 30.2%。

综上所述，仲裁庭对联邦矿区项目中的废石和含矿物质材料均采用 30.2% 的膨胀系数。这样申请人需要运输的材料总吨数将减少 600 万吨。

D. 需要运输的总吨数

最后，正如前面所讨论的，《加州回填规章》不仅要求完成所有矿坑的回填，还要求所有的剩余材料都要铺展并修整轮廓使其高度不超过 25 英尺。除了废料堆，堆浸垫中也有许多剩余材料。那么根据双方争议，堆浸垫是应进行铺展和轮廓修整还是用其中的剩余材料来回填矿坑，这对于所需运输的回填材料的总吨数有着重要影响。

a. 申请人的主张

申请人主张废料堆中的材料完全足够完成回填，堆浸垫中的剩余材料应当进行铺展和轮廓修整以满足回填措施的要求。理由如下：

申请人称，"帝国计划"的挖掘阶段完成后，共有 8810 万吨的材料仍将保留在堆浸垫，其中，6720 万吨需要被移除以遵循 25 英尺高度的回填措施要求。按照每吨 35.3 美分计算，这一铺展和修整轮廓将会增加 2370 万美元的回填成本。

申请人对被申请人的专家 Norwest 主张的堆浸垫中的剩余材料可用于回填东部矿坑提出了异议。申请人的专家 Behre Dolbear 解释道，堆浸垫需要 4 年来进行过滤、漂洗和消毒，否则它不可用于回填、铺展或修整轮廓。根据申请人，在这 4 年过程中，东部矿坑完全将由废料堆中的材料进行回填。根据 Behre Dolbear 的估算，废料堆的松散体积大约有 459900 万立方英尺，与回填两个矿坑所需的 455200 万立方英尺十分接近。换言之，废料堆中的材料完全可以回填两个矿坑，然后堆浸垫中的材料就可以按照回填措施的要求进行铺展和修整，使其高度不超过 25 英尺。

b. 被申请人的主张

被申请人主张堆浸垫中的剩余材料可用于回填东部矿坑，而只用废料堆中的材料回填是一种低效率地处理剩余材料的方式。理由如下：

被申请人称，法律法规允许使用任何可用的剩余表土、废石和被筛掉的矿石进行回填。而 Behre Dolbear 假定东部矿坑将全部用处理过的、筛干净的废料堆中的材料回填，被申请人认为这是一种低效率地、昂贵地处理剩余材料的方式，因为大量成本将被花费在废料的过滤和筛选上，这样做毫无经济意义。且被申请人认为 240 万吨远达不到 25 英尺高，因此可以省去铺展和轮廓修整这一环节。

被申请人认为节约成本有三种方式：第一，不要完全使用废料堆中的材料回填东部矿坑，这样可以减少运输大约 2590 万吨，即需要运输的总量将由 Behre Dolbear 评估的 22720 万吨减少到 20130 万吨。被申请人认为即使是按照 Behre Dolbear 评估的每吨回填成本 35.3 美分，运输总量的减少也将使得回填成本减少 910 万美元。第二，由于废料堆和堆浸垫过滤留下的剩余材料都将少于 25 英尺高，这将节省额外的铺展和轮廓修整成本。第三，将这些成本推延到“帝国计划”后期将使得整个计划的价值增加。

c. 仲裁庭的裁决

根据加利福尼亚州的回填政策，申请人需要运输额外的 19530 万吨回填材料。理由如下：

对于需要运输的回填材料总吨数，仲裁庭认为双方均按照加利福尼亚的回填政策作了评估，且均评估出一个巨大的数值。双方对总吨数的争议主要是由于双方评估出不同的膨胀系数产生的（前面已经分析）。而一个新的争议点是，具体什么时间运输回填材料以及某些回填材料是否一定要运输。为了分析该争议点，仲裁庭花了大量时间回顾记录回填材料运输轨迹的图表。此外，仲裁庭根据各种回填方法重新考量了双方对上述问题的争议。

经过分析，仲裁庭认为被申请人提出的使用堆浸垫中的材料参与回填是可靠的。仲裁庭也认为申请人并未提供充分证据证明减缓东部矿井回填时间确实可以降低经济成本。因此，在申请人估算的总吨数 22720 万吨的基础上，不完全使用废料堆中的材料回填而也使用堆浸垫中的材料可减少运输 2590 万吨，此外将申请人评估的 35% 膨胀系数调整至 30.2% 也可以减少运输 600 万吨，那么最终需要运输的总吨数为 19530 万吨。

（2）有关辛格矿井价值的争议

双方的第二个争议焦点就是辛格矿井的价值评估：即回填措施实施后的评估报告是否应当评估辛格矿井的潜在开采价值。如果要评估，又应当使用什么计算方法和交易准则。要提及的一点是，双方一致认为辛格矿井的黄金储量为 500000 盎司。

A. 申请人的主张

申请人主张回填措施实施后的联邦矿区项目价值评估不应当包括辛格矿井的潜在开采价值评估。理由如下：

不采用通常使用的贴现现金流分析法，申请人的专家 Behre Dolbear 根据市场评估法（即通过与类似的矿业产权交易进行比较得出交易价格）计算出辛格矿井的潜在开采价值能为回填措施实施前的美联邦矿区项目价值增加 643 万美元。具体而言，Behre Dolbear 使用市场分析法得出获取每盎司黄金的成本为 25.71 美元。Behre Dolbear 认为最有可能开采出的黄金量为 500000 盎司储量的一半，即 250000 盎司。因此，按照 25.71 美元 / 盎司的价格进行评估，辛格矿井的潜在开采价值为 643 万美元。Behre Dolbear 将该价值包括在回填措施实施前的价值评估内。

Behre Dolbear 不赞同被申请人专家 Navigant 使用的加权计算法来评估辛格矿井的价值。Behre Dolbear 按照该计算法在不同交易中得出了不同的每盎司黄金获取成本，自 21.75 美元至 23.75 美元不等。Behre Dolbear 认为，在 Navigant 引用的与联邦矿区项目作比较的 6 个交易中，有 2 个交易的交易日期迟于回填措施的颁布时间；此外，只有 1 个交易的矿区与联邦矿区项目具有相同或者相似的开采及经营方法。由于逐一比较不同矿产交易情况是很难的，Behre Dolbear 认为可以从数百个矿业产权交易中得出一个平均值，根据该平均值作出判断。因此，申请人建立了自己的数据库进行分析。Behre Dolbear 解释道，矿产的不同发展阶段对价值评估的影响很大，而他们所使用的数据资料正是按照矿产的不同发展阶段分类的。

Behre Dolbear 还认为，Navigant 将辛格矿井的矿产归类为“矿储量”而非“资源储量”是错误的。Behre Dolbear 认为，在严格的回填措施颁布后，不会再有买家想购买联邦矿区项目。如果回填措施使得开采剩余矿产变得毫无经济价值，那么剩余未开采的矿产将不会给经营者带来任何更多的额外价值。因此，申请人认为将辛格矿井的潜在开采价值 643 万美元包括在回填措施实施后的价值评估中是错误的。

B. 被申请人的主张

被申请人主张回填措施实施前和实施后的联邦矿区项目价值评估都应当包括辛格矿井的价值。理由如下：

被申请人称，其专家顾问 Navigant 已经证实辛格矿井在回填措施实施后的评估价值还应包括两个不同的价值。一个是辛格矿井的矿藏价值，正如 Behre Dolbear 评估的约 643 万美元。另一个是开采辛格矿井带来的“附加值”或者说“策略附加值”，即开采辛格矿井使得东部矿井的回填推迟近 2 年时间，这可以节省回填成本约 600 万美元。虽然开采辛格矿井会产生更多的废石，但是这些废石可以用于回填东部矿井，且处理这些废石所需的成本不会超过推迟回填所节约的成本。因此，开采辛格矿井确实可以减少回填成本。

被申请人认为，使用贴现现金流分析法评估辛格矿井的矿产价值是符合通用的矿产行业评估规则的。被申请人指出，Behre Dolbear 也将潜在开采价值作为贴现现金流的一个考量因素。被申请人认为，争议的焦点是贴现现金流分析法是否能够准确地评估出回填措施对整个联邦矿区项目价值的影响大小。

被申请人认为，Behre Dolbear 在用市场评估法（即如前所述的交易对比）评估辛格矿井的矿藏价值时是基于假定辛格矿井作为一个独立的矿产可以被单独开采。而 Navigant 认为，该种假定是错误的，因为三个矿井的价值远远大于两个矿井（东部矿井、西部矿井）的价值加上一个独立的辛格矿井的价值。Navigant 认为，应用 Behre Dolbear 的评估方法不能把握经营和经济复杂状况，也不能评估出开采辛格矿井造成的回填成本。

此外，被申请人质疑 Behre Dolbear 基于数据库得出的交易价格。因为该数据库一直未实际生成过，申请人所依赖数据是不可靠的，被申请人的专家顾问和仲裁庭也均未能核实、查证申请人声称其用于比较的数据。被申请人还对申请人前后使用不同的评估方法提出质疑。在评估联邦矿区项目时，Behre Dolbear 评估了 7 年期间的交易情况，但是在以前的评估中只评估了 2—3 年期间的交易情况。此外，申请人声称其依据数百个交易情况作出评估，但在之前至少两次评估中，申请人只依据 8—11 个交易情况作出评估。

Navigant 自己也使用市场评估法将辛格矿井与 6 个同时期的极其相似的黄金矿业产权交易作比较，最后评估出辛格矿井中黄金的交易价格为每盎司 20.08 美元。Navigant 称，其计算结果与其他矿业产权价值相比是相似的且反映了一个平均水平。依据被申请人的评估，回填措施实施后联邦矿区项目的价值为 2150 万美元，其中东部和西部矿井为 910 万美元，辛格矿井为 1243 万美元（643 万美元的实际矿产价值和 600 万美元的“策略附加值”）。

C. 仲裁庭的裁决

仲裁庭裁定，回填措施实施后的评估报告中应当将辛格矿井 643 万美元的潜在开采价值包括在内，而 600 万美元的“策略附加值”不应包括在内，并且进一步开采辛格矿井将使得需要运输的总吨数增加 1870 万吨。理由如下：

在回填措施实施后的评估报告中，申请人认为一个潜在买家会评估和购买一个潜在开采价值未经证实的矿产。但是，仲裁庭不认同申请人的这一观点。仲裁庭认为申请人应当说明辛格矿井的潜在开采价值是应当都包括在回填措施实施前后两个报告内还是都不包括，而不是一个包括在内另外一个不包括在内。

换言之，仲裁庭认为，Behre Dolbear 在回填措施实施前的评估报告中包括了辛格矿井的潜在开采价值 643 万美元，那么他也必须将该价值包括在回填措施实施后的评估报告内。

对于被申请人提出的额外 600 万美元的"策略附加值"，仲裁庭认为，考虑到辛格矿井存在进一步开采后不再利用的可能，该数值应当大打折扣。此外，尽管仲裁庭也希望推迟回填能给联邦矿区项目带来更多利益价值，也非常感谢被申请人在申辩报告中将该利益量化，但是仲裁庭对推迟回填能带来的准确价值仍持怀疑态度，特别是被申请人并未就该价值提供充分说明。因此，仲裁庭将作出对申请人更有利的评估，即决定该 600 万美元的"策略附加值"不包括在回填后的价值评估内。

此外，站在更有利于申请人的角度，尽管被申请人辩称开采辛格矿井所造成的回填成本增加是微乎其微的，但仲裁庭认为，根据加利福尼亚州的回填措施要求，开采辛格矿井将使得需要运输的回填材料总吨数增加 1870 万吨，这显然会大大增加回填成本。

（3）有关黄金价格的争议

每盎司黄金的价格对"帝国计划"的价值评估是很关键的，因为该估值的依据是潜在可提取的黄金数量，而这个估值又决定了此项目的价值。虽然双方达成协议，在选定的征收日期（2002 年 12 月 12 日），黄金价格为每盎司 326 美元。但双方仍然为黄金价格是否与征收的发生相关有争议，或者，对是否存在帝国计划估值应考虑的"实物期权价值"成分有争议。因此，仲裁庭对这些问题进行了逐一探讨。

A. 申请人的主张

申请人主张，联邦矿区项目中不应该出现"实物期权价值"的评估。理由如下：

在计算联邦矿区项目中的黄金价格这个问题上，申请人的专家顾问 Behre Dolbear 使用的是评估之前 10 年平均值的传统方法。为了支持这种方法，Behre Dolbear 解释道："黄金价格的波动是非常大的，选择单一的某个单价去作评估是困难的。GG 公司是根据长期的价格规划来制定开采计划的。"

申请人用行业标准来支持 10 年平均值这一方法，即这是"评估金属矿业产权价值的最合理方法，尤其当该价值受到市场的重要影响时，而市场中的波动是不可预估的"。Behre Dolbear 解释说，这一方法不用考虑矿产品价格，因为在一种特有矿产存在的时期，矿产品市场会根据供给、需求和经济趋势有明显的变化，所以矿产品市场没有一个精确的价格指标。

申请人承认被申请人提出的两次估值使用的方法与他主张的方法有不同，申请人使用的是之前 10 年的平均值，被申请人使用的是之前 10 个月的平均值。这解释了无论如何在正在运行或者过去生产并且可以开始快速生产的项目里考虑近期价格是合适的。

Behre Dolbear 认为，10 年平均黄金价格应该接近每盎司 328 美元，这与 2002 年 12 月 11 日至 12 日的现货（spot prices）价格（分别大约为 324 美元和 326 美元）十分相关。因此，Behre Dolbear 使用 326 美元每盎司作为 2002 年 12 月 11 日至 12 日的代表价格，用来分析回填实施前和回填实施后的情况。Behre Dolbear 指出，此价格非常接近 BLM 在它 2002 年矿产研究报告中使用的 325.23 美元每盎司的黄金价格。

Behre Dolbear 指出，现在的黄金价格实际上在 2005 年已经上升到了平均 445 美元每盎司。另外，Behre Dolbear 估计，根据使用 10 年平均黄金价格方法，现在黄金价值的合理评估值应当是 337 美元每盎司。对于 2002 年至 2005 年这个期间，Behre Dolbear 将该价格并入现金流分析中，由于急剧上升的资金和运营成本，这段时间的估值仍然是负的 2380 万美元。Behre Dolbear 强调，只有在回填措施颁布前的评估价格才是一个公平的市场价格："本质上，这一估值是根据那段时间的信息作出的。不在那段时间的交易信息和价格与此评估无关。"

最后，申请人对被申请人的帝国计划中存在"实物期权价值"的主张提出质疑。申请人解释说，"帝国计划"工作开始于 1984 年，需要超过 12 年的数百万美元的投资，并且应当在项目许可之后、开采开始之前还需要一个 12 个月的期限。正如被申请人的专家 Navigant 所指出的，推迟项目建设直到黄金达到理想价格，这需要所有其他影响发展和经济的因素及项目价值与原来的经济方案保持一致。同时，在等待上述情况发生时，公司对所投资的资产并没有收益，并且成本还持续上升。

B. 被申请人的主张

为了评估帝国计划的价值，被申请人使用一种现货价格——2012 年 12 月 12 日的黄金价格来计算双方同意的征收日期当天的黄金价格。被申请人称，现货价格是"帝国计划"评估的合适价格，因为"黄金期货的价值与黄金现货价格有很高的关联性"。另外，被申请人认为，远期合同和期货可以使黄金矿业经营者锁定预期的期货价格，使得现货价格比 10 年平均价格更能代表期货价格。

被申请人认为价值评估的前提是着眼未来和基于期望值，申请人使用的 10 年平均黄金价格从根本上讲与这个前提不相符。被申请人也质疑 Brehe Dolbear 所宣称的观点——10 年滚动平均价评估法是决定黄金价格的准确方法，并且“在过去的几十年，其他所有类似矿业估价已经是这样做的”。被申请人指出，在由 Behre Dolbear 执行的其他两项评估中，申请人的专家实际上认可目前金属市场的重要性，因此赞同将 10 年的金属平均价格与矿产品近几个月的平均价格相结合来计算平均值。

尽管关于黄金价格的评估方法争议很大，但被申请人认为没有必要纠正 Behre Dolbear 的黄金价格假设，因为 2002 年 12 月 12 日的黄金现货价格也是 326 美元。

被申请人也提出，2006 年 9 月的黄金现货价格 635 美元每盎司在两个方面与帝国计划的估值有关：一是征收是否发生；二是从“实物期权”中来的“帝国计划”的附加价值。

首先，被申请人称现在的黄金价值对征收是否已经发生是很重要的。被申请人认为根据 2006 年 9 月的现货价格 635 美元每盎司，美联邦项目现在的估价应该是 1.59 亿美元，并且考虑到期货市场，甚至会有更高的价值。被申请人认为，这个事实表明，根据现在的黄金价格，“加利福尼亚州法规只会使‘帝国计划’的价值减少 7%”。

其次，关于“实物期权价值”，Navigant 认为，“GG 公司的开采权利是有价值的，因为他们可以推迟投资直到黄金价格达到盈利水平”。也就是说，鉴于黄金价值的波动，尤其是潜在的升值能力，申请人可以选择推迟投资直到黄金价格上涨。这是这个项目的内在价值。

被申请人最后对申请人使用 10 年滚动平均值 337 美元每盎司和矿业成本增加 85% 来评估帝国计划现在的价值表示反对。被申请人认为使用这种方法，“即使没有复垦要求，帝国计划到现在仍然处于负估值状态”。

C. 仲裁庭的裁决

尽管双方使用不同的方法，但对征收日期（2002 年 12 月 12 日）326 美元每盎司的黄金价格没有争议。虽然双方关于黄金现货价格的争论十分激烈，但这个争论并没有意义。理由如下：

仲裁庭指出，双方已达成协议用征收日期作为评估联邦项目价值的日期，即 2002 年 12 月 12 日。且双方还同意在此日期合适的黄金价格为 326 美元每盎司，无论是根据 10 年滚动平均黄金价（申请人主张的）还是依据该日的黄金现货价格（被申请人主张的）。

仲裁庭强调，为了其他目的，比如计算损失，需要精准地确定征收日期和该日期的黄金价格。因此，仲裁庭在现阶段唯一需要认定的就是征收是否已经发生，即“帝国计划”在上述申诉的征收措施之后是否仍然保持价值。因此，仲裁庭接受申请人主张（被申请人也接受）的征收日期和相关的黄金价格，以确定回填后“帝国计划”的价值。

仲裁庭还注意到，争议双方对于黄金现货价值的相关性有很多争议。仲裁庭认为，一个关于征收的请求是有关于被征收投资的公平市场价值。请求的价值取决于征收措施没有采取时投资的价值。双方对黄金现货价格的相关性进行了争辩。仲裁庭认为这是一个复杂的主张，但是考虑到自己的职责是审查申请人的估值，以确定根据申请人所主张的征收日的黄金价格，“帝国计划”是否被征收，因此无需考虑黄金现货价格与本争端的相关性问题。

（4）有关金融担保的争议

美联邦、州、地方法规要求矿业运营者公布金融担保从而“保证露天矿井经营者按照认可的复垦计划实施复垦”。矿业运营者要通过第三方提供足够资金确保其在联邦任何矿点采矿后会完成复垦。

通常可接受的金融担保工具有三种：保证担保、信托基金和不可撤销信用证。矿业运营者使用的最传统也是最便宜的担保种类是保证担保。然而，双方认为保证担保是非常不可行的，因为，至少在 2002 年，由于矿业项目可以预见的管制和运行的风险，以及 2000 年担保公司大规模的亏损，几家担保公司陆续破产。所以，对于申请人而言，这个争议的关键是，在缺少保证担保的情况下，哪种担保种类是可行的，以及不同担保方式的成本是多少。

因此，争议焦点之一即申请人是否可以提供信用证担保而非提供大量的现金担保，而这两种担保的关键区别就是，按照申请人的评估，现金担保的成本是 6107 万美元，信用证担保的成本是 4937 万美元，两者相差 1170 万美元。

除了金融担保的方式，争议焦点之二，即什么时间提供担保。申请人认为在“帝国计划”开始时就应当提供整个项目复垦成本的担保。而被申请人认为只需每年提供一次担保，其是对下一年度的担保。按照被申请人的评估，担保提供时间的不同也导致担保成本相差近 1200 万美元。

因此，仲裁庭首先要评估的是对申请人而言，信用证担保方式是否可行。其次，仲裁庭必须认定申请人是在项目开始时提供全部回填成本的担保还是每年对下一年度的成本提供担保。

A. 金融担保方式的争议

a. 申请人的主张

申请人认为其只能提供现金担保。理由如下：

申请人的专家 Behre Dolbear 及证人 Charles A. Jeannes 称，自 2001 年至 2002 年期间发生担保行业危机，传统的由担保公司提供担保的方式已经一去不复返了，因此只能提供 100% 可赎回的现金担保。基于这种担保环境，申请人认为它不可能在未提供可赎回现金担保（5000 万美元至 6000 万美元）的条件下获得信用证担保。为了支持自己的观点，申请人还提供了 2002 年一次监管听证会上的相关证词。

被申请人举例证明，加利福尼亚州的露天矿井未提供现金担保就获得了信用证担保，申请人认为这类矿产经营者获得的担保额度是不能与帝国计划需要的额度相类比的。其中大部分此类担保的额度都在 400 万美元以下，只有极少数超过 1000 万美元，最高的也未超过 1700 万美元。申请人认为上述例子并不能充分证明“帝国计划”需要提供的金融担保（5000 万美元至 9000 万美元）可以在不提供现金抵押的情况下获得信用证担保。

被申请人指出，三个大公司在未提供现金抵押的情况下获得了额度在 8000 万美元至 2 亿美元的信用证担保：Newmont 公司在 2002 年获取了 1.77 亿美元的信用证，Kinross 公司在 2003 年获取了 8720 万美元的信用证，Cameco 公司在 2003 年获得了总数为 2.03 亿美元的信用证。被申请人还指出 2006 年申请人的母公司 Goldcorp 在没有资金支持的情况下成功获取了大额的信用证。对此，申请人认为这些公司并未和 GG 公司处于同样的处境中。申请人也以同样的理由将自己与母公司 Goldcorp 进行比较，申请人认为 Goldcorp 比 GG 公司大得多。申请人还指出，同样也有大公司在未提供现金抵押的情况下不能获得信用证担保，比如 Rio Tinto（当时世界上最大最有经济实力的矿业公司），其位于怀俄明州的 Jacobs Ranch 煤矿就未能获得信用证担保。在未能获得煤矿复垦需要的 3 亿美元担保的情况下，Rio Tinto 只能从自己的资金中花费 3.03 亿美元去购买美国中长期国债来获得担保。

因此，申请人计算了第 8 个年度（即 2010 年）以后的回填成本，也评估了在项目开始时需要将多少资金存入有息账户以及如何获取这笔资金，得出：要确保项目回填、复垦所需的 8310 万美元的成本，那么 GG 公司在项目开始时需要向一个 3.2% 的有息账户中存入 6107 万美元，这是申请人评估的现金担保成本。申请人还称，以 8310 万美元的回填成本计算，使用信用证担保方式，最后得出的担保成本为 4937 万美元。

b. 被申请人的主张

被申请人主张申请人是可以在不提供现金抵押的情况下获得信用证担保的。被申请人计算的使用信用证担保的成本为每年 1%。理由如下：

被申请人的专家 Navigant 认为，银行提供信用证担保与银行发放贷款一样都是银行的标准业务，银行会评估客户的经济实力。Navigant 认为，申请人在 2002 年市值 10 亿美元，且其营运现金流量的记录中一直未发生债务，所以完全有理由相信银行能为其提供额度 5000 万美元的信用证担保。

被申请人称，没有书面证据可以证明申请人所称的近些年其都是以现金担保而未获得过信用证担保。被申请人引证了 SMGB 提供的加利福尼亚州矿业经营者名录，发现其中大部分露天矿业经营者获得超过 100 万美元以上金融担保的方式都是信用证担保或者保证担保，而不是现金担保。

对于申请人的反驳，被申请人指出，申请人的母公司 Goldcorp 在 2006 年只有 8% 的担保额度为 1.355 亿美元的未偿付信用证担保提供了现金抵押。对于 Rio Tinto 的 3.03 亿美元的现金担保，被申请人则认为那是因为 Rio Tinto 是一个煤矿，规范煤矿的法规禁止煤矿使用信用证担保作为金融担保方式。

最后，被申请人提供了 Jeannes 在听证会时的证言，证明申请人可以申请信用证担保。被申请人指出，Jeannes 在听证会上对于 Marigold 金矿解释道："Marigold 要是可以提供现金或者 100% 等价值的债券担保或者符合银行的信贷政策，就可以获得信用证担保。GG 公司很幸运，它的经济能力与需要偿付的债务相符"。

因此，被申请人计算得出使用信用证担保的成本为每年 1%。

c. 仲裁庭的裁决

仲裁庭认为，申请人是能够获得信用证担保的，现金担保不是唯一方式。理由如下：

仲裁庭指出，争议双方似乎同意传统上采矿业是依赖于保证担保的，但保证担保行业在 2001—2002 年陷入了明显的问题，无法再使用。因此，仲裁庭明确了一点事实，即矿业运营者在一般情况下无法使用保证担保，尤其是在申请人为其帝国计划寻求金融担保的时期。

仲裁庭还指出，被申请人的专家 Navigant 提出，一般人都会认为当一家公司无法获得保证担保时，金融市场可以为其提供信用证担保，只要该公司显示出足够的财政实力和专业水平。仲裁庭认为，金融业转而向采矿运营者提供另外一个新的产品如信用证，确实需要一些时间。但如果金融业未能够作出这种转变，那么就难理解了，因为金融业通常都能迅速填补一个有利可图的空白，比如无法提供保证担保造成的空白。

仲裁庭认为，基于相互冲突的证据，其无法判断金融业在 2001—2002 年有没有足够迅速地转而向申请人提供信用证。仲裁庭认为，申请人的理由并不足以反驳被申请人所举出的三个公司的例子。虽然申请人确实比一些提到的公司小，但却有着优越的资金实力，而且相比那些大公司，GG 公司所寻求的金融担保额度更小。

仲裁庭认定申请人未能证明其在帝国计划实施期间不能获得信用证。而相反地，被申请人则举出了有说服力的例证，即三个大公司确实在没有提供 8000 万美元至 2 亿美元现金担保的情况下获取了信用证，2006 年，Goldcorp 公司在没有资金支持的情况下成功获取了大额的信用证。

因此，鉴于这些依据，仲裁庭不认为申请人完全履行了证明其无法获得信用证担保的举证责任。仲裁庭认为，一些采矿运营者确实是能够获得信用证担保的，即使申请人在寻求金融担保的时候未能获得信用证，那么他以后也会获得。

B. 金融担保提供时间的争议

a. 申请人的主张

申请人认同加利福尼亚州法规在回填政策出来前是允许按每年度提供金融担保的。此外，它也都认同至少在某些条件下，美联邦法规也允许使用该种担保方式。但申请人主张按年度提供担保不适用于帝国计划，其原因是：第一，金融担保必须在整个项目的始终涵盖复垦要求，这个联邦规定只有在采矿项目的一部分开采而另一部分在某个时限内完全不开采的情况下才可以例外；第二，在现有的采矿规划中，帝国计划的大部分项目开采迅速；第三，上述两点争议没有实际意义，因为（i）申请人提交了一个运营计划，该计划要求申请人在项目开始时公布复垦需要的全部成本，申请人完全执行该要求；（ii）无论联邦或加州的规定如何，帝国计划应适用二者中更为严格的规定，即参议院法案第 22 条，该条规定一个矿业经营者需要在整个项目的始终提供完全涵盖复垦要求的金融担保。

申请人基于“帝国计划”回填需要的全部成本计算出要求提供金融担保的成本，其需要将该笔担保金存入一个有息账户中。这个金融担保成本是巨大的，因为矿业经营者要在矿井未产生收益时承担担保成本。

申请人承认，现存的环境下也允许矿业经营者仅为他们计划开采的部分矿井提供金融担保。申请人就土地管理局的相关政策作了解释:“如果整个矿业项目特别大或者持续时间长或者需要不同发展阶段，对未立即开采的区域可以不提供金融担保，提供金融担保的目的是确保被开采区域的复垦。”但是，申请人指出这些区域要求不得有任何采矿作业行为。

申请人称，上述例外对于“帝国计划”这样一个小型露天采矿项目是不适用的，“帝国计划”的大部分项目在一开始就已经动工开采。申请人指出，整个计划的三个露天矿井区域在第一个 3 年作业期内动工开采。被申请人提出，在第 7 年度（2010 年）至第 10 年度（2012 年）以及第 11 年度（2013 年），“帝国计划”整个矿区的开采作业才最活跃。申请人称被申请人的这个主张是“垂直分阶段法”，这种方法会增加金融担保的成本而减少收入，这种方法在加利福尼亚州从未被采用过。

申请人主张，在 1997 年 9 月递交给土地管理局的联邦矿区项目复垦计划中要求提供对项目全部开采的区域实施复垦需要的金融担保。特别是该计划规定“GG 公司将提供现金担保，现金担保的额度应该与复垦成本相一致”。因此，申请人辩称，即使按照加利福尼亚州的法规可以选择其他担保方式，但在其自己的复垦计划中已经认同了联邦法规的要求，即在整个项目始终提供涵盖复垦要求的金融担保。

最后，申请人承认在 2003 年之前加利福尼亚州的金融担保政策与联邦政策不一致，加利福尼亚州的政策允许按照单独每年开采区域计算担保的额度。但是该例外没有实际意义，因为在美联邦土地上的矿区项目必须遵守联邦的规定。并且，加州复垦政策的出台也消除了联邦和州的这种分歧，参议院法案第 22 条规定“复垦计划必须提供复垦要求的足额金融担保”。

因此，申请人主张其在帝国计划开始时就应当提供全部回填成本的金融担保。

b. 被申请人的主张

被申请人认为，申请人仅需要为下一年度的开采活动提供涵盖土地复垦要求的金融担保。

对于允许逐年提供金融担保的联邦例外规定这一争论点，被申请人引用了《3809 条例》，指出该条例特别是其中第 553 条，授权土地管理局批准为特定项目中的一部分提供金融担保。被申请人还引用了美国联邦第九巡回上诉法院在 Great Basin Mine Watch v. Hankins 案[①] 的判决，法官认为第

① Great Basin Mine Watch v. Hankins，456 F. 3d 955（9th Circuit，2006）.

552 条“仅要求土地管理局在批准前得到金融担保”，但不要求土地管理局在批准这一担保前计算出整个项目所需的全部复垦费用。

对于申请人所主张的以上例外并不适用于像帝国计划这样的紧凑型矿井，被申请人认为，挖掘活动后的回填需要很多年，并可能会一直延续到矿井失去其价值。“具体而言，对土地的干扰和相应的复垦成本将在第 7 年和第 8 年（开采两个矿井的计划下），或第 10 年和第 11 年（开采三个矿井的计划下）达到顶峰。”

最终，被申请人称以上两个争论点并无实际意义，因为“无论是 SB22 或是 SMGB 规章都没有任何规定禁止按年度提供担保”。根据被申请人，金融担保是否足以覆盖所有的复垦费用，与所有的担保金额是否必须在项目初始就提供是两个单独的问题。鉴于这一差别，被申请人称 SB22 和 SMGB 规章没有修改已有的加州法规第 2773.1 条，该条规定“所需金融担保金额应当按年度进行调整”。被申请人辩称 SMGB 指导方针不是“一般的指导方针”，而是 SMGB 按要求根据《1975 地表采矿和复垦法案》（SMARA）制定的。重要的是，被申请人称：“申请人引用的 2004 年版指导方针在 2003 年 SB22 和 SMGB 规章之后产生，该指导方针进一步强调 SB22 和 SMGB 规章不限制在加州适用年度担保。”

c. 仲裁庭的裁决

仲裁庭裁定，申请人提交了初步证据表明金融担保必须在任何采矿活动开始前全额提供，而被申请人并没有履行辩驳这一证据的义务。

仲裁庭特别指出，虽然被申请人提出很多论据来论证加州是允许提供年度担保的，但仲裁庭仍然不能确定这种更低要求的担保是否符合联邦法规。仲裁庭指出其并没有收到土地管理局官员有关这方面的陈述，而获得这种陈述完全在被申请人的能力范围内。

因此，针对以上关于金融担保的两点争议，仲裁庭认定对于申请人适用信用证担保，担保成本为每年 1%，且需要在任何采矿活动开始前为全部的复垦费用一次性提供金融担保。

（5）有关贴现率的争议

像“帝国计划”这样的投资，其估值必须考虑到一个事实，即投资涉及的活动和现金流量将跨越很多年。这个漫长的持续时间会增加风险的数量和种类，从而会干扰投资、减少预期收益。这种不确定性反映在贴现率，即将来的现金流量由于各种普通的或特殊的风险而被打折扣。贴现率是确定贴现现金流量（DCF）的一个因素，对于投资估值有着极大影响。

关于贴现率要解决的基本问题是，双方所得出的贴现率迥然不同：申请人的专家 Behre Dolbear 计算得出 6.5% 的贴现率，而被申请人的专家 Navigant 得出的 9.2%。造成这一结果有两个原因：其一，双方的计算方法不同，Behre Dolbear 运用的是“风险累积法”，而 Navigant 运用的是“固定资产定价模型”(CAPM)。其二，也是最关键的，Behre Dolbear 假定其根据风险累计法计算得出的 9.283% 贴现率是税前的，因此考虑到公司的纳税义务做出了调整，将贴现率降至 6.5%。

因此，仲裁庭在确定适合的贴现率时，需评估争议双方提供的两种计算方法，并需要特别所得结果是否需要进行税务方面的调整。

A. 申请人的主张

申请人主张利用“风险累积法”计算贴现率，且要扣除公司税。理由如下：

申请人的专家 Behre Dolbear 利用风险累计法计算得出贴现率。这个方法确定影响资产价值的各种风险因素，评定不同因素的风险级别，然后将它们合计得到一个主要的风险级别。Behre Dolbear 确定了特定采矿风险和全球风险两种风险。其中，关于特定采矿风险，Behre Dolbear 计算了 1% 的地质情况风险，1% 的开发风险和 1.5% 的运营风险，即总的特定采矿风险为 3.5%。关于全球风险，包括 3% 的市场风险和 0.75% 的国家主权风险，即总的全球风险为 3.75%。这两个百分比加上一个实际无风险利率 2.033%（美国国债收益的票面无风险利率除去了预期的通胀率）则得到最后的贴现率 9.283%。但 Behre Dolbear 称这个贴现率是基于税前标准，因此利用 Lerch 公式把该利率调整为税后利率 6.5%。

申请人主张贴现率 6.5% 是合理的，因为土地管理局在 2002 年的采矿报告中采用的贴现率为 5.5%。另外，申请人还引用了其同期 2002 年 4 月 28 日的估值备忘录，其中申请人在美国实施类似操作时适用的标准贴现率为 5%。

申请人称，被申请人运用固定资产定价模型来评估帝国计划的贴现率是不恰当的。根据申请人，固定资产定价模型是用来评估企业或者公司价值的，而不是评估单独的矿产。Behre Dolbear 坚称，像“帝国计划”这样的单独矿产需要采用累计法，将所有影响资产价值的风险因素都包括在内。

此外，申请人称，根据固定资产定价模型得出的利率是税前利率，不应该用于税后净现值分析。申请人称被申请人还错在将贴现率与 3% 的项目风险溢价相结合，而这 3% 的风险溢价并没有恰当的依据，它并非基于市场风险，因此不是税后利率。

因此，申请人在根据“风险累积法”计算得出的9.283%贴现率基础上，扣除公司税，将贴现率降至6.5%。

B. 被申请人的主张

被申请人主张用“固定资产定价模型”计算贴现率，且无需对其进行税收调整。理由如下：

被申请人的专家Navigant用固定资产定价模型方法计算得出了9.2%的贴现率，它认为这是评估帝国计划价值的标准方法。被申请人称，如果固定资产定价模型适用于评估单独的采矿公司，那么也应该适用于评估单独的矿产。Navigant还称，其固定资产定价模型分析中还考虑了许多项目特定因素。此外，Navigant还引用行业标准——9%到12%之间——来支持自己计算得出的贴现率。最后，被申请人指出，这一贴现率与Behre Dolbear税收调整前的9.28%贴现率“几乎是一致的”。

被申请人同意累计法是一个计算贴现率的好方法，前提是能提供充分的理由支撑。而被申请人称Behre Dolbear没有做到。被申请人还辩称，申请人在计算得出贴现率后扣除公司税是不恰当的。被申请人主张，贴现率“考虑的是将来发生的比预期更不利的风险”。因此，被申请人认为包含公司税“无意义”。根据Navigant报告，公司税不同于公司的其他开销。因此，项目所有人只有在缴纳了公司税后才可以使用现金流。从贴现率中扣除公司税而假设投资者的收益是在税前，是不对的。Navigant报告认为Behre Dolbear的混淆是源于他对Lerch转换公式的误读。

关于土地管理局和申请人同期文件中出现的贴现率，被申请人称它们与本案并不相干。被申请人坚称，“帝国计划”的公平市值不能用“一种普通的贴现率”来估算，比如申请人内部用于评估其美国采矿运营的贴现率。被申请人还称，也不能用土地管理局使用的无风险贴现率。根据被申请人的观点，必须用“基于特定项目分析得出的贴现率”来估算帝国计划的价值。

因此，被申请人主张合理贴现率应当是根据固定资产定价模型得出的9.2%。

C. 仲裁庭的裁决

仲裁庭支持申请人运用的“风险累计法”来计算贴现率，但不赞成对该贴现率作税收调整。理由如下：

仲裁庭对当事双方的前述抗辩理由进行了回顾，认为这些解释相互冲突，通过对记录的彻底审查，仲裁庭认为申请人未能充分解释为什么依照它的计算得出的是一个税前贴现率。另外，仲裁庭认为申请人没有充分解释为什么只考虑企业税，而不考虑其他税收因素来调整贴现率。仲裁庭进一步指出，申请人没有提供充分论据论证为什么公司税不同于公司的其他费用从而只扣除公司税。最终，虽然申请人扣除公司税的方法同 Behre Dolbear 之前的一次评估（Hellas 金矿价值的评估）相一致，但仲裁庭指出这并不意味着已经建立了正确的程序。仲裁庭因此否定了申请人对贴现率作出的税收调整。

因此，鉴于被申请人也同意申请人使用的累计法，除了税收调整，仲裁庭赞同申请人运用的累计法，以及申请人确认和量化的各类风险。仲裁庭还指出，取消税收调整后，Behre Dolbear 最初 9.283% 的贴现率与 Navigant 通过固定资产定价模型得出的贴现率是一致的。最终，仲裁庭接受申请人扣除公司税前的贴现率为 9.283%。

仲裁庭对于申请人在《北美自由贸易协定》第 1110 条下请求的最终结论：

在结合双方主张，对以上五方面逐一审查、分析后，仲裁庭对申请人提供的价值评估方法作了相应调整，最终得出加州回填措施实施后，“帝国计划”的价值仍然超过 2000 万美元，基于这一明显的正值，仲裁庭认为加州回填措施并未导致帝国计划的价值急剧减少。

因此，仲裁庭否定了申请人的主张，认为美联邦和加州政府的措施并不构成《北美自由贸易协定》第 1110 条下的征收，最终驳回了申请人的请求。

2. 申请人基于《北美自由贸易协定》第 1105 条主张被申请人违反公平公正待遇标准

申请人称美国联邦和加州政府的措施违反了《北美自由贸易协定》第 1105 条中公正公平待遇的权利。仲裁庭在处理这个请求时，首先确定公正公平待遇义务的范围和所保护的具体内容，接着分析相关记录来决定根据公正公平待遇国家应该承担什么责任。最后，仲裁庭分别和从一个整体上评估联邦和加州的措施，以裁定它们是否违反了该标准，以及申请人是否已经证明美国联邦和加州政府的措施违反了第 1105 条款。

(1)《北美自由贸易协定》第 1105 条第 1 款的法律标准

A. 确定第 1105 条标准的渊源

争端双方的立场分歧主要针对申请人的以下主张，即除了那些明确依靠习惯国际法做出的决定外，仲裁庭还可以依赖那些根据条约用语进行自主解释的仲裁庭的决定，这些解释可能反映或不反映习惯国际法。被申请人称第 1105 条的公平公正待遇只能参考习惯国际法的最低待遇标准。作为国际习惯法，这个解释源于“国家出于法律义务或法律确信，普遍一致的行为”。被告重申仲裁庭不能创设国际习惯法，只有国家可以创设国际习惯法。

a. 申请人的主张

申请人同意第 1105 条下的公平公正待遇标准是习惯国际法中的最低待遇标准，但它认为有许多原则是非常“基本的”，在全世界是普遍通行的，不论根据国际习惯法还是根据所谓的自主条约解释来审视这个观点。这些原则包括善意行为、正当程序、公开透明、公正和免受武断的保护。

针对被申请人主张的平等公正待遇只能根据习惯国际法，而不能根据一般的国际法进行解释，申请人引用了 Mondev 案，Pope & Talbot 案，Loewen 案和 ADF 案的裁决，认为并没有规则规定公平公正条款只能根据国际习惯法，而不能根据国际法的通常渊源来解释。申请人同意自治法和国际习惯法标准之间有所不同，这个标准在《北美自由贸易协定》第 1105 条中被阐明为习惯国际法对待外国人的最低待遇标准。但是，它主张这两种渊源对国家行为的要求都是一样的。申请人因此称习惯国际法和国际法之间的争论并不必要。申请人认为标准一般都相同，经合组织的公约草案已经解释，美国也接受，在其双边贸易协定中引入了经合组织草案的内容。一些案件如 Occidental 和 CMS 的仲裁庭认为，争议中的条约标准同国际习惯法的标准没有什么不同。

最后，申请人重申《北美自由贸易协定》中的国际习惯法标准已经受到那些要求公正公平待遇的双边投资协定的影响。双边投资协定的法律体系表明习惯国际法有国家实践和法律确信这两个要素。申请人引用了 Mondev 案的裁决，表明大多双边和区域投资协定都一致规定给予外国人公平公正待遇的条款，且大多规定了充分安全保障的条款。在这一非常广泛的基础上，东道国不停重复自己对待外国人投资要遵循该类条款的义务。

b. 被申请人的主张

被申请人主张习惯国际法要有国家实践和法律确信这两个要素，国际仲裁庭的决定并不能证明习惯国际法，因为它们不构成国家实践。被申请人引用了美国联邦第二巡回上诉法院有关区别习惯国际法的主要渊源和次要渊源的观点来支持自己的结论：“权威的主要渊源是法庭应独立依赖用于作为前提的国际习惯法。然而次要渊源多是提供国家实践的证据，目前为止只是依赖于对国家过去实践的事实性的准确描述，而不是依赖于对未来趋势的预测和更好规章的提倡。”[①]

被申请人称《北美自由贸易协定》自由贸易委员会在2001年7月31日的解释（简称为委员会解释）已经很明确：第1105条的要求是国际习惯法的最低标准待遇，不多也不少。被申请人因此认为投资者不得主张第1105条公平公正待遇标准不同于习惯国际法，或高于习惯国际法。被申请人认为委员会解释发布后，ADF案和Mondev案等众多仲裁庭裁决都支持了委员会的这一解释。因此被申请人认为，任何仲裁庭，如果其将条约中的公正公平待遇标准解释为习惯国际法之外的标准（即自治标准），那么这种解释不符合《北美自由贸易协定》缔约方的意图，也不符合《北美自由贸易协定》缔约方通过委员会解释指示和限制仲裁庭对该用语的解释方式。

被申请人认为参考仲裁庭的相关司法实践，一个风险在于众多国际投资协定的大多公平公正待遇条款中不包括对国际法的任何参考。被申请人承认，一些协定确实类似于第1105条。但不意味着所有公平公正条款都一样。被申请人引用了联合国贸易报告对公平公正待遇的研究，该研究认为在一个投资安排中公平公正待遇规定并不自动包含对外国人的最低待遇标准，还指出不同双边投资协定中至少有四种不同的公平公正待遇条款，具体规定存在实质性的区别。

c. 仲裁庭的裁决

仲裁庭认为，所有缔约国对于《北美自由贸易协定》都无歧义，对此仲裁也无异议，且第1105条公平公正待遇原则将参考习惯国际法中的最低外国人待遇标准来理解。自由贸易委员会（FTC）明确称，根据其2001年7月31日颁布的有效力的《北美自由贸易协定》解释，“第1105条第1款规定国际习惯法中最低外国人待遇标准即本条约项下另一缔约国投资者的最低待遇标准”。

因此，本案要解决的问题是：习惯国际法中的最低待遇标准要求一国如何对待另一国的投资者？这与1926年Neer诉墨西哥案[②]中确定的内容相同？还是申请人已经证明这个标准“有所发展”？如果发展了，申请人向仲裁庭提供了哪些证据以确定该标准的范围？仲裁庭认为应当由原告来承担举证责任。

仲裁庭认为习惯国际法包括国家实践和法律确信，通过极少数权威资

① U.S. v. Yousef，327 F.3d 56，93，99（2d Cir. 2003）.

② Neer v. Mexico，4R. International Arbitration Awards，60. 15. Oct. 1926.

源得以证明：条约的批准、政府的声明，条约的实践（如双边贸易协定范本）和一些诉求。仲裁庭同意被申请人的意见，认为仲裁裁决不构成国家实践，因此不能创造或证明习惯国际法。但如果它们涉及对习惯国际法的审查，则可以作为对习惯国际法的说明，而不是作为条约基础上的解释。

仲裁庭指出它找到了两类考察公平公正待遇标准的仲裁裁决：一类旨在定义习惯国际法；一类旨在考察自治用语并发掘条约用语的细微差别。对这种分类而言，最基础的就是争端涉及的条约：诸如《北美自由贸易协定》那样的条约和自由贸易协定，必须参考习惯国际法最低待遇标准进行理解，这必然导致仲裁庭分析习惯；而那些包含了公平公正待遇条款的条约，或在习惯国际法基础上拓展而来，或本身就超越了习惯国际法，将使仲裁庭依据《维也纳条约法公约》第 31 条第 1 款的规定分析条约的语言和含义。确定习惯必然是一个事实调查，而如果运用自治标准，仲裁庭可能只根据条款解释规则关注语言和条约语言本身的细微差别，却不要求任何缔约国提供证明国家行为或法律确信的证据。这种方法无法帮助仲裁庭确定习惯。由于第 1105 条的公平公正待遇标准只是对国际习惯法的简要参考，仲裁庭发现运用自治标准的仲裁裁决对其毫无指导作用。申请人引用的各种双边投资条约（BIT）可能阐明习惯国际法，也可能不能；如果这些条约的基础跟国际习惯法最低待遇标准相同，那么对仲裁庭的分析会有帮助；但如果它们规定的保护措施跟习惯国际法规定的不同，那么将毫无帮助。仲裁庭不赞同双边投资条约体系已经“和国际习惯法趋同”的主张。仲裁庭认为，虽然一些双边投资条约可能与国际习惯法规定的要求相一致，但大多数双边投资条约还是被认为超越了国际习惯法，因此双边投资条约所要求的标准超过《北美自由贸易协定》缔约国之间协议的标准。

最终，仲裁庭决定只考察那些力图参考国际习惯法最低待遇标准的仲裁裁决（包括 BIT 裁决），而不参考任何自治标准。

B. 确定《北美自由贸易协定》第 1105 条标准的范围

申请人认为国际习惯法最低标准是一个不断发展演进的标准，并且主张其应该包括两方面的义务，即通过建立透明且可预见的法律商业环境来保护合法投资期待的义务，和免受武断行为影响的保护义务。争议双方围绕这些方面展开辩论。

a. 国际习惯法最低待遇标准是不是一个不断演进的标准

（i）申请人的主张。

申请人称，“最低待遇标准由习惯国际法规定，这个标准是基于普遍一致的国家实践和法律确信得以建立，是不断演变的标准”。申请人称《北美自由贸易协定》三个缔约方也接受第 1105 条是动态的。申请人引用了 Mondev 案的陈述，即“第 1105 条试图提供真正的投资保护措施，并且考虑到它的一般语言和国际法的进化特征，它具有不断演进的潜力”①。因此，申请人认为应当引入当前公平公正待遇标准作为最低待遇标准进行裁决。

申请人称，一个东道国的资源和发展水平在最低待遇标准对其适用方面都是不可或缺的。申请人主张，这点在确定投资者的合法预期时尤为重要。因此，对于资源相对广泛和机制相对稳定的国家，如美国，相较其他发达程度较低的国家而言，最低待遇标准的要求要高一些。申请人解释说，这不是因为公平公正待遇标准是一个“视情况而定的”标准，随着东道国对本国人和外国人待遇的不同而不同，而是因为标准的确切含义需要通过特定的适用环境来确定。申请人还称，具体的适用情况“有必要包括对东道国发展程度的考虑”。申请人引用了经合组织工作文件来解释这个概念：“这是一个‘绝对’，‘非视情况而定’的待遇标准，即适用的标准应该参考特定的适用环境来确定，这与‘国民待遇’和‘最惠国待遇’蕴含的‘相对标准’不同，后者参照给予其他投资的待遇来确定具体的待遇。”②

（ii）被申请人的主张。

被申请人主张，习惯国际法最低待遇标准既不是动态的，也不根据国家特定发展水平的不同而不同。被申请人同样引用了经合组织工作文件，强调其中的“绝对的，非视情况而定的待遇”。被申请人认为，申请人的标准将使最低待遇标准和每个案件被申请人的国内法律体系挂钩。被申请人认为这是不正确的，因为这个标准本身通过定义设定了一个最低标准：“国际最低待遇标准是一种习惯国际法规范，规范对外国人的待遇。规定了国家的一系列最低待遇原则，无论其国内立法和实践如何，国家在对待外国人及其财产时必须遵守这些原则。”

（iii）仲裁庭裁决。

仲裁庭发现，《北美自由贸易协定》缔约方同意公平公正待遇的最低标准跟 Neer 案裁决中表述的一样。“给予外国人之待遇，要构成国际违法行为，要求该行为离谱到引起公愤、或不诚实守信、或故意不履行义务，或该

① Mondev，Award，¶ 119.

② OECD，Fair and Equitable Treatment Standard in International Investment Law（OECD Working Papers on International Investment，2004/3），at 2.

行为是不适当的政府行为（虽然目前缺乏相应的国际标准，但只要任何一个正常人很容易意识到该行为不适当性的，则是不适当的政府行为）。”[①]然而，这个标准自 1926 年以来是否已经发生演进，各方对此尚未达成一致意见。仲裁庭认为有两种可能的演进方式：第一种，国际社会所认为的能够达到“离谱到引起公愤”标准的情形可能已经随时间推移发生了变化；第二种，最低待遇标准可能已经超过了其在 1926 年时的标准。

仲裁庭认为，大家对公平公正待遇标准适用于第一种情形的演进是有明确共识的，即国际上有关“令人吃惊”和“离谱到引起公愤”看法发生了变化。正如 Mondev 案仲裁庭指出的：像 Neer 案这样的仲裁裁决是在 20 世纪 20 年代作出的，当时个体在国际法律中的地位以及对外国投资的国际保护远没有后来那么发达。特别是，国际法中个体的实体性和程序性权利都得到了相当大的发展。鉴于这些发展，将给予外国投资的“公平公正待遇”和“全面安全保障”的含义限制于 20 世纪 20 年代（而非当今）用于规定外国人人身安全的术语，并不具有说服力。在当今看来，“不公平”或“不公正”并不需要与“离谱到引起公愤”或“异乎寻常”相等同。特别是，一缔约国对另一缔约国投资的不公平不公正待遇不一定要求恶意行为。同样，本案仲裁庭认为，如果将 Neer 案的标准运用到当今社会的情况，一些在以前不可能被认定为“令人吃惊”和“异乎寻常”的情形将会被认定达到了这个标准。

有关演进的第二种方式，即国际习惯法已经超越了 Neer 案中确定的外国人最低待遇标准，仲裁庭认为申请人所提供的证据并不能证明这种演进方式。习惯国际法的最低待遇标准只是一个最低标准。这意味着它是最基础、最底层的。这个标准不应因国家和投资者的不同而不同。第 1105 条所提供的保护必须与第 1102 条国民待遇区别开来。后者规定的投资者待遇是与其本国投资者享有的待遇相比的，因此根据各国具体实践的不同会有很大差异。而第 1105 条承诺的公平公正待遇不是动态的；它不能因国家间的不同而变化，否则它所提供的保护就不是最低限度的。

因此，虽然当今的情况可能比 20 世纪 20 年代更复杂多变，但审查程度是一样的。Neer 案的基本标准则今天仍然适用：一个行为要构成违反《北美自由贸易协定》第 1105 条习惯国际法最低待遇标准，那它必须足够异乎寻常或令人吃惊，即严重违背正义，明显武断，极度不公，完全缺乏正

---

① Neer v. Mexico，4 R. Int’l Arb. Awards，¶ 4（15. Oct. 1926）.

当程序，公然歧视，或明显缺乏理由，从而达不到国际公认的标准，构成违反第 1105 条第 1 款。仲裁庭指出，相比 Neer 案中的标准，各方已经对一个演进内容达成一致意见，即判定是否违反公平公正待遇标准不要求“恶意”，但如果出现“恶意”则可以确凿地证明违反了公平公正待遇标准。因此，一个异乎寻常或令人吃惊的行为也可以被证明是恶意的，这种恶意不是判定违反公平公正待遇标准所必需的。因此，判定是否违反国际习惯法最低待遇标准仍然像 Neer 案中那样严格；然而，作为国际社会，以前并不令我们吃惊的国家行为在今天完全有可能令我们吃惊。

仲裁庭认为，正如美国在 Pope & Talbot 案以及墨西哥在 ADF 案向仲裁庭提交的第 1128 号文件中解释的：“‘公平公正待遇’和‘全面安全保护’是第 1105 条第 1 款习惯国际法标准的例子……习惯国际法最低‘待遇’标准是一个比较含糊的保护伞性质的大概念，它包括了一系列规则，这些规则随着世纪变迁已经在特定的国际习惯法文本中得到了明确。”① 仲裁庭接下来依次审查申请人所主张的公正公平待遇条款所可能包括的义务。

b. 通过建立透明且可预见的法律商业环境来保护合法投资期待的义务

（i）申请人的主张。

申请人主张《北美自由贸易协定》在其序言中就写明要确保建立一个商业计划和投资方面的可预见体系，而该体系的一个内在理念就是投资者的“合法期待”。申请人称“合法期待”的原则虽然没有在第 1105 条中提及或在其他类似的投资条约中出现，但它是公平公正待遇标准的一部分，也是国际法所承认的诚实守信原则的表现和组成部分。申请人引用了 Tecmed 案的裁决 ② 支持自己的主张。该案中，仲裁庭认为《西班牙—墨西哥双边投资协定》要求缔约双方提供国际投资待遇，该待遇不影响外国投资者投资时考虑的基本期待。申请人还引用了 CMS 案，该案在分析和强调《美国—阿根廷双边投资协定》时，认为“毫无疑问的是稳定的法律和商业环境是公平公正待遇的必要因素”。申请人也引用了 International Thunderbird 案 ③ 和 Saluka 诉捷克案 ④ 的裁决来证明自己的主张。

---

① ADF Group，Second Article 1128 Submission of the United Mexican States，p.8（22. July. 2002），quoting Pope & Talbot，Fourth Article 1128 Submission of the United States，¶¶ 3，8（1. Nov. 2000）.

② Tecmed，Award，¶ 154（29. May. 2003）.

③ International Thunderbird，Award，¶ 147（26. Jan. 2006）.

④ Saluka v. Czech Republic，Partial Award，¶ 337（17. Mar. 2006）.

申请人还主张，众多解释双边投资协定和其他法律文件的仲裁庭都认为缺乏透明度、未提供预见性或者武断的措施都违反了给予公平公正待遇的习惯国际法义务，如 Waste Management 案、Tecmed 案和 ADC 诉匈牙利案[①]。

最后，申请人引用 1999 年联合国贸易和发展会议的报告来证明自己提出的公平公正待遇包括透明度义务的主张："透明度的概念至少在两个重要方面和公平公正待遇重叠。第一，公平公正待遇的概念理所当然地要求透明度。如果东道国将对投资者适用法律、行政决定和其他有约束力的裁决，那么公正性要求投资者在这些法律和裁决对其适用之前知悉它们。这个解释意味着如果投资条约没有明文规定透明度，但是规定了公平公正待遇，那么该条约默示包含透明度要求。第二，作为一个实际问题，如果外国投资者希望确定一个特定的国家的行为是否公平公正，该投资者必须知道有关国家行为的规则，因此法治环境的透明度程度将影响投资者评判在任何特定情况下国家是否给予公平公正待遇的能力。"[②]

（ii）被申请人的主张。

被申请人主张申请人没有证据表明国际法规则要求对外国投资者保持"合法期待"，习惯国际法最低待遇标准也并未包含透明度要求。理由如下：

被申请人认为申请人所援引的案例，没有一个可以解释"合法期待"如何成为了国际习惯法最低待遇标准的一部分。被申请人认为仅仅违反合同不能引起第 11 章程度上的请求，因为保护投资者合法期待的义务并不是国际习惯法的一部分。被申请人认为投资者必须证明其他方面例如拒绝司法，或者以歧视方式或非出于商业考虑的方式拒绝履行义务。被申请人认为如果合同中的期待都不能为违反最低待遇标准的请求提供基础，那么其他情况更不能作为基础。

被申请人称，申请人也没有提供任何相关国家实践来支持其论点，即根据国际法国家有义务向外资提供透明和可预见性的制度体系。申请人及其列举的例子未能证明此类规则是习惯国际法的一部分，或者此类有约束力的习惯国际法是如何演进的。被申请人解释虽然在国际习惯法最低待遇标准中有透明因素，但尚未形成一个独立的规则。

另外，被申请人称，申请人没有明确指出什么是其认为的国家为遵

---

① ADC v. Hungary，Award，¶ 424（2. Oct. 2006）.

② UNCTAD，FAIR AND EQUITABLE TREATMENT 51（UNCTAD Series on International Investment Agreements，1999）.

循所谓的国际习惯法而需要做出的行为。例如申请人引用 Tecmed 案和 Azurix 案，这两个案件提到了政府在制定规范外国投资的法律的透明度问题，但申请人没有主张被申请人未能适当地公布其法律法规。被申请人认为，如果申请人主张国际待遇最低标准要求国家就所有的法律法规事先向外国投资者提供足够的评议机会，这在法律中是不合理的。

被申请人认为《北美自由贸易协定》第 1105 条中没有一般的透明度要求，并明确否认透明度是习惯国际法的一部分。另外，美国和加拿大认为，除了《北美自由贸易协定》明确规定外，第 18 章包括缔约方关于其透明度义务范围的协议，这是"明示其一即排除其他原则"(expressio unius est exclusio alterius)。被申请人补充说《北美自由贸易协定》的缔约方不同意适用第 11 章下的投资者国家仲裁机制来解决关于第 18 章义务的争端。接着，被申请人质疑申请人所援引的用来证明国际习惯法最低待遇标准包含透明度要求这一主张的仲裁案件。最后，被申请人引用了 2004 年经合组织公平公正工作组的报告，该报告特别指出，"在最近一些案例中，仲裁庭对公平公正待遇有了一个相对较新的概念，但一般不考虑透明度这一国际习惯法标准"①。

(iii) 仲裁庭的裁决。

仲裁庭认为需要审查东道国是否作出过使得投资者(或投资本身)产生合理正当投资期待的特别承诺或保证，而事实上没有。理由如下：

如以上所述，习惯国际法建立的最低外国人待遇标准，即对第 1105 条第 1 款公平公正待遇标准进行解释所必须参考的标准，是一种绝对最低的标准，未达到这一标准的任何行为将不被国际社会所容忍。为了保证公平公正待遇这一绝对性要求，必须根据同等适用于国家和投资者的客观标准来判定是否构成违反。

仲裁庭指出了被申请人的一点主张，即使是合同中那些明显的期待也不足以作为违反最低待遇标准的基础。仲裁庭同意，仅仅违反合同，而没有违背正义或歧视，一般不足以构成对《北美自由贸易协定》第 1105 条的违反。相反，第 1105 条第 1 款要求评估国家是否对投资者做了任何特别保证或承诺从而引发了投资者的期待。

仲裁庭因此同意 International Thunderbird 案仲裁庭的观点，即合法期

① OECD, Fair and Equitable Treatment Standard in International Investment Law (OECD Working Papers on International Investment, 2004/3), at 2.

待与第 1105 条第 1 款下的审查相关，即审查东道国是否作出过保证或承诺使得投资者（或投资本身）产生信赖以及合理正当的期待。由于仲裁庭在之后裁定本案被申请人并没有做出任何特别保证或承诺引起申请人的“合理正当期待”，因此就无需确定与期待相悖的这些国家行为的程度或特征，而这些是构成违反第 1105 条所必须的。

c. 免受武断行为影响的保护义务

(i) 申请人的主张。

申请人主张给予公平公正待遇的义务包括免受武断行为影响的保护义务。首先，申请人引用了 S.D. Myers 案，该案仲裁庭称：“只有在表明投资者受到不公平或武断待遇，并达到了国际所不能接受的程度时，才可以认定违反第 1105 条”[①]。申请人还引用了 International Thunderbird 案，该案称低于国际标准的明显武断行为为第 1105 条所禁止[②]。申请人也引用了 LG&E 诉阿根廷案，该案仲裁庭称国家必须积极制定合理决策程序以避免武断[③]。

申请人引用《外国关系法重述（第三次）》对武断的定义：武断行为是不公平、不合理的并对外国人的既有权利造成严重伤害的行为，可能会构成征收[④]。申请人使用 Lauder 诉捷克案的裁决扩大了这一定义：一个武断的行为是没有理性、事实和法律依据的行为。申请人认为武断缺乏“程序公正”。申请人主张当政府行为“明显不公平、不公正、不正确或不可信”时，该行为就是武断的，违反了公平公正待遇标准。因此，当政府行为与其目标之间没有充分联系时，则存在武断，因为该行为不是建立在公平和充足的理由上且缺乏法律正当性。

申请人主张，在证明被申请人武断行事的时候，其无需证明争议中的特定措施违反了习惯国际法，它需要证明的是该措施依据的法律体系违反了“公平公正待遇中所蕴含的既定和广为接受的原则”。申请人引用 Occidental 诉厄瓜多尔案件，该案仲裁庭认为申请人没有必要证明未退还增值税违反了国际习惯法，而要证明法律和商业体系是否符合国际法下的

---

① Claimant's Reply Memorial，¶ 239，quoting S.D. Myers，Partial Award，¶ 263（13. Nov. 2000）.

② Id.，quoting International Thunderbird，Award，¶ 194（26. Jan. 2006）.

③ Counsel for Claimant，Tr. 47：9-15，citing LG&E v. Argentina.

④ RESTATEMENT（THIRD）OF FOREIGN RELATIONS LAW，§ 712.

稳定性和可预见性要求①。因此，申请人主张自己无需证明有关采矿复垦的习惯国际法规则，它只需要证明由于缺乏一个免受武断行为影响的法律和商业环境，东道国违反了公平公正待遇义务。

（ii）被申请人的主张。

被申请人主张没有任何证据表明第 1105 条对东道国施加了不能武断行事的普遍义务，仅武断性不足以构成对第 1105 条的违反。理由如下：

被申请人称申请人没能提供任何国家实践来证明第 1105 条对东道国施加了不能武断行事的普遍义务。被申请人认为，申请人所援引的仲裁庭裁决并没有认定那些貌似对某些当事方"武断"的决策过程足以构成对第 1105 条的违反，相反，这些仲裁庭一贯对行政决策表示高度尊重。

被申请人引用 S.D. Myers 案的裁决，主张国际仲裁庭对一国国内决定或措施只能进行有限的上诉审查，即"国际仲裁庭关于是否违反第 1105 条的裁决必须符合国际法通常对国内机关在其自己管辖范围内规范事项的权利所保持的高度尊重"②。被申请人称 International Thunderbird 案重申了这个观点，即国际仲裁庭的裁决并不是决定性的，否则仲裁庭会干扰一国国内法和政府行政的问题③。

被申请人称通常给予一国国内法和行政机构这种尊重不仅仅是由于权力的分立，这还源于一种承认，即这些仲裁庭不是做出此类裁决的最好选择，它们缺乏一国本国立法或行政机构所拥有的特定问题方面的专家，它们也没有全部的行政记录。被申请人发现美国和加拿大仲裁庭也认可这种尊重。例如，美国仲裁庭已经通过了相关标准，即除非申请人证明主管机构是"武断和变化无常的"，否则它们将支持该主管机构，并限制了自己的审查范围，规定不可用仲裁裁决替代该主管机构的决定④。又如，加拿大仲裁庭也给了管理者的自由裁量决策极大的尊重，对自己的审查权力作了限制⑤。

---

① Counsel for Claimant，Tr. 1714：13-1715：16，quoting Occidental v. Ecuador，Final Award，¶ 191（1. July. 2004）.

② Respondent's Counter-Memorial，at 230，quoting S.D. Myers，Partial Award，¶ 263（13. Nov. 2000）.

③ Respondent's Rejoinder，at 207，quoting International Thunderbird，Award，¶ 160（26. Jan. 2006）.

④ Respondent's Rejoinder，at 208，quoting 5 U.S.C. § 706（2）（A）（1966）.

⑤ Id. at 208-9，quoting Motor Vehicles Mfrs. Ass'n of the U.S.，Inc. v. State Farm Mut. Auto. Ins. Co.，463 U.S. 29，43（1983）（additional citations omitted）.

被申请人主张，北美自由贸易协定仲裁庭已经认定如果一个行为要因为武断而被判定为违反第 1105 条，该行为必须跨越一个很高的门槛标准。International Thunderbird 案仲裁庭认为，仅是行政机关的武断行为不构成对第 1105 条的违反[①]。S.D. Myers 也有相同的观点，即对第 1105 条的违反只在投资者受到不公正待遇，且这种不公正已达到国际社会不能接受的程度[②]。

（iii）仲裁庭的裁决。

仲裁庭裁决申请人已经充分证明根据国际习惯法最低待遇标准，东道国有义务保护投资者免受武断措施。理由如下：

仲裁庭认为以往的仲裁庭的确裁决一国特定程度的武断违反了其在公平公正待遇条款下的义务。事实上，武断性违背的是法治原则，而不是某一条法律规则，这种武断性不仅会使投资者震惊也会使仲裁庭震惊。它不是一种简单的武断性，必须是“低于可接受的国际标准的严重违背正义或明显武断”。

仲裁庭因此称，每一个《北美自由贸易协定》缔约方在第 1105 条公平公正待遇标准下都固有一项义务，即不对另一缔约方的投资者给予明显武断的待遇。仲裁庭因此认为申请人已经充分证明了他的主张，即根据国际习惯法最低外国人待遇标准，东道国有义务保护投资者免受武断措施（国家关于投资的决策 / 行为）；虽然申请人没有充分反驳被申请人的以下主张，即判定武断性远不止要求国家行为的违法性，而是要求该国家行为明显武断、不公、令人吃惊到不能被国际社会所接受。

最后，仲裁庭还就公平公正法律标准的范围做出了最终认定。仲裁庭认为，除了 Neer 案的基本标准也适用于今天这点外，申请人都未能满足其举证责任的要求。仲裁庭认为，某一国家行为构成对习惯国际法最低待遇标准的违反，如《北美自由贸易协定》第 1105 条公平公正待遇标准，要求它足够异乎寻常和令人吃惊，如严重违背正义，明显武断，极度不公，完全缺乏正当程序，公然歧视，或明显缺乏理由，从而达不到国际公认的标准，构成违反第 1105 条第 1 款。这样的违反可能表现为“低于国际标准的严重违背正义或明显武断”；或东道国为了吸引投资作出了特别保证或承诺，使

---

① Respondent’s Counter-Memorial，at 227-28，quoting International Thunderbird，Award，¶ 194（26. Jan. 2006）.

② Id. at 230，quoting S.D. Myers，Partial Award，¶ 263（13. Nov. 2000）.

投资者产生客观期望，而后东道国却予以否认。仲裁庭强调，尽管“恶意”经常用于判定是否违反习惯国际法最低待遇标准，也是判定违反的决定性因素之一，但并不是判定违反《北美自由贸易协定》第 1105 条第 1 款的必要条件。

（2）被申请人的行为是否违反《北美自由贸易协定》第 1105 条第 1 款的法律标准

双方针对联邦政府行动和加利福尼亚行为分别提出了事实主张，且其中的每一个行为都被具体化了。在对事实进行解释时，每一方都形成了一个事实框架进而得出了特定的法律结论。虽然这些结论还不是真正意义上的事实主张，而只是双方各自关于事实的论点，但至少表明了他们是如何展开事实陈述的，而且在某些情况下这些结论与事实主张是不可分割的。仲裁庭则遵循双方采用的分析模式，对每一个行为、对一套连续性行为单独进行审查，先审查联邦政府的行为，接着再审查加州的行为。然后，仲裁庭从整体上考察申请人受到的待遇来决定被申请人的行为是否违反了第 1105 条规定的公平公正待遇义务。

A. 有关美国联邦政府违反《北美自由贸易协定》第 1105 条的事实论点

从申请人讨论美国联邦政府行为导致违反了第 1105 条时，仲裁庭注意到三个论点：第一，申请人主张法律顾问 Leshy 的“M 观点”和后续的决定记录出乎意料、过于武断、缺乏透明度，否认了帝国计划的运营。第二，申请人主张联邦措施有意无故拖延批准帝国计划，并使其容易受到后来加州措施的影响。第三，申请人主张在政府对帝国计划进行文化审查时，受到了武断和不透明的审查程序。被申请人针对这三个论点进行了反驳。

（a）有关“M 观点”和决定记录的争议

（i）申请人的主张。

申请人认为“M 观点”和决定记录出乎意料、存在异常且过于武断，否认了“帝国计划”的运营。理由如下：

第一，以往既存的有关联邦土地进行采矿活动的复垦法律制度规定，若符合合理的谨慎运营标准，且在经济上有可行的缓解措施，即使会对文化造成影响也可以批准运营计划。现存的《国家历史保护法案》序言规定，一个计划若符合本法时必须被批准，即使发现它可能影响重要的文化资源，因此土地管理局不能停止或阻止帝国计划的实施。

第二，1998 年土地管理局的文件规定，根据《1872 年采矿法》，采矿者享有法定权利，当运营计划同《3809 条例》规定的内容相一致时，对运营计划的否定足以造成对权利的剥夺并应该提供赔偿。被申请人没有法律依据否认这一运营计划。

第三，法律顾问 Leshy 在美联邦土地上强加新的采矿标准明显不符合法律规定，其制造决定记录故意无视准据法，也违反了《加利福尼亚州沙漠保护法》曾给予 GG 公司投资的信赖。申请人希望土地管理局继续运用已使用多年的采矿法。

第四，被申请人的行为不透明且阻碍申请人事先知道所有规章制度和管理投资。对帝国计划的审查过程明显缺乏透明公正。这也不难理解回馈意见最终被推翻，因为它采用了公然违反行政程序的行为。

（ii）被申请人的主张。

“M 观点”与先已存在的法律一致，理由充分且公平公正。理由如下：

第一，对“帝国计划”的否决决策是基于采矿会引起过度资源损害。历史保护咨询委员会发现即使实施了回填措施，“帝国计划”也会对环境造成不可弥补的损害。美国内政部部长 Babbitt 是基于授权在“M 观点”后发布决定记录。在以往的项目中未发现有项目会对文化产生如此明显的不可挽回的影响，故内政部以往从未有机会决定拒绝采矿计划。

第二，对于申请人提出的主张，即“M 观点”的颁布没有事先发布或寻求公共通知和意见故该行为既不公正也不透明，被申请人指出美国法律并未要求对“M 观点”进行通知和评论。

第三，申请人没有确凿证据证明被申请人违反了美国法律以及习惯国际法最低标准。

（iii）仲裁庭的裁决。

仲裁庭认为将 1999 年“M 观点”作为一个单个决议看，并未违反《北美自由贸易协定》第 1105 条规定的国际习惯法最低待遇标准，被申请人履行了其在第 1105 条下的义务。理由如下：

仲裁庭对 1999 年的“M 观点”和后来的决定记录进行了审查，认为“M 观点”改变“过度损害”的定义，修改了数十年以来的制度，而申请人的合理期待是根据数十年来的旧制度产生的。因此，摆在仲裁庭面前的问题是“M 观点”的这种修改是否违反了习惯国际法。

仲裁庭认为国际仲裁庭不会就国内法律的细节作出论证或者辩驳。如果申请人或者任何一方认为法律顾问 Leshy 解释的过度损害的标准确实是不正确的，提出反对的最合理路径就是通过国内仲裁庭。仲裁庭只会考虑“M 观点”是否存在“司法不公、明显专制、不公平、缺乏正当程序、明显的区别对待或者缺乏证据理由”。仲裁庭认为“M 观点”不存在上述情况。

第一，“M 观点”不存在专制，因为它是按照土地管理局的要求制定的，此外它是对现存法律法规的进一步解释，是法律顾问 Leshy 权利范围内可以预见的行为。

第二，“M 观点”并不缺乏证据理由，因为 1999 年反馈意见包括 19 页的事实和法律分析，详述了事实和法律背景、奎察部落的宗教问题和第一修正案问题、“不必要或过度侵害”标准以及“过度损害”标准。

第三，“M 观点”的制定并未显示对某个投资者存在不公或者明显的区别对待，虽然它造成了帝国计划的推延，但是“M 观点”是普遍适用规则。是否存在一方不赞同 Leshy 的意见或者结论不是该问题的关键，“M 观点”并未违反国际法下的公平、公正处理的要求。

第四，正如仲裁庭在之前讨论的，下列情况才能被认定为违反第 1105 条的规定，即至少国家与投资者之间形成一种类似合同关系的关系，国家故意并且特别诱导投资者投资。仲裁庭未发现本案存在上述情况。申请人处于这样一种背景下，即露天矿井对环境的影响变得越来越敏感了。并且，虽然“M 观点”和决定记录造成的后果与投资者的期待不同，但是联邦政府并未作出专门的承诺去“引诱”申请人继续申请投资采矿。美国联邦政府并未向申请人保证会批准它的申请。

对于“M 观点”是否符合正当程序问题，仲裁庭认为，讨论美国国内程序法并不会有助于分析。按照国内法律的规定，被认定为违法的行为按照国际法律未必就会认定为违法，相反的情况也是正确的，即按照国内法律的规定被认定为合法的行为按照国际法律未必就会认定为合法。因此，仲裁庭必须考量的是习惯国际法最低待遇标准并判定法律顾问的行为是否为一种“完全缺乏正当程序的行为”。因为 1999 年的“M 观点”在 2001 年得到了迅速补救，仲裁庭认为在该问题上，不存在质疑。如果一项规定存在程序错误，但得到国内法律迅速有效的纠正，这个过程并不能表明“完全缺乏正当程序”。

(b) 有关美联邦措施的争议

(i) 申请人主张

美联邦措施造成了故意且不合理的拖延。理由如下：

内政部尤其是 Leshy 法律顾问有意拖延对帝国计划的审查长达四年之久，阻碍了该计划得到批准，并使其易于受到加州措施的影响。尽管申请人声称“蓄意拖延不足以违反国际习惯法……但它确实违背了正义”，申请人称武断行为"经常被描述为没有'正当'或'合法'理由的决定"，这与第 1105 条中的公平公正待遇标准不符合。申请人引用 Metalclad 案例称："未按照正当程序及时处理与投资者之间的事务，而投资者相信自己会受到《北美自由贸易协定》项下的公平公正待遇，这构成违反第 1105 条。"①

申请人称被申请人操作的随意性引起对国际义务的违反，虽然"M 观点"和内政部的决定在四年前已被撤销，可是被申请人也未提供任何理由或依据，继续拒绝批准帝国计划。

（ii）被申请人的主张

申请人运营计划的审批流程一直勤勉进行没有拖延。理由如下：

第一，针对申请人提出的拖延指控，被申请人列举了土地管理局、历史保护咨询委员会、联邦政府勤勉审查的证据，并未造成不恰当的拖延。

第二，内政部没有继续帝国项目的审批工作是因为它认为申请人已经放弃了该计划的审查请求。在 2002 年申请人得到土地管理局的有利报告后却放弃后续审批程序，转而提交仲裁通知。申请人自从提交仲裁要求后就从未询问审查计划的状态。这同申请人早期积极同内政部联系的行为形成了鲜明的对比。故申请人告知内政部有意图提交自己请求并正在寻求新的救济途径，内政部便合理地停止对帝国项目运营计划的后续审查工作。

（iii）仲裁庭的裁决

仲裁庭认同该项目审核与通常相比相对较慢，但很明显，此次审核涉及特别复杂的争议问题，涉及多方的利益，美国联邦政府的决策过程和审核必须非常小心细致。同时仲裁庭认为，行政主体在抗辩有关同一审查行为的仲裁时，不可能同时继续勤勉地对该申请进行审查。

最后，由于申请人认为，"蓄意拖延不足以违反国际习惯法……但它确实违背了正义"，因此仲裁庭认为，申请人的这种看法表明其并没有主张被申请人拖延审查帝国项目这一行为本身违反了第 1105 条。因此，仲裁庭决定在将美联邦和州政府行为一起评估时，单独考虑申请人有关于拖延问题的主张。

c. 有关美国联邦政府对帝国计划的文化审查和决定的争议

（i）申请人的主张

美国联邦政府对"帝国计划"的文化审查和决定过于武断且缺乏透明

---

① Metalclad Corporation v. United Mexican States，ICSID Case No. ARB（AF）/97/1，Award，（30. Aug. 2000）.

度。理由如下：

第一，对“帝国计划”的否决是差别对待。申请人主张，在“帝国计划”前后，同“帝国计划”有类似文化性质的项目都已获批准；并且“帝国计划”是第一个基于传统文化关怀而受到审查的项目，而这一概念本身尚有争议。

第二，历史保护咨询委员会的审查过程和以往不同，申请人认为这一审查是事先决定的，该委员会迅速终止协商和直接给内政部建议的举动不同寻常，其进行的公共听证和实地走访也不寻常，实地走访甚至是假象，并没有走访真正提议的采矿地点。

（ii）被申请人的主张

美国联邦政府对帝国计划的审查既不武断，也不缺乏透明度。理由如下：

第一，对于申请人所称的“帝国计划”遭到与此区域类似其他计划不同待遇的说法，被申请人主张“帝国计划”具有文化独特性。被申请人列举了四方面的特征，认为“帝国计划”所涵盖区域天然就是考古地点，尤其是在仪式和宗教用途方面，具有非常集中和明显的考古特征，这一区域对于印第安奎察部落特别重要。这种特殊性表明审查程序并不是武断的。对于申请人有关传统文化关怀概念的主张，被申请人认为这个新概念的使用十分恰当，花费适中且有利于申请人，申请人此前对审查区域的决定也没有意义，认同这一节约成本的做法。此外，有关传统文化关怀这一新概念的争议并不重要，因为在此概念之前的众多文化资源库已表明帝国计划对考古地点形成了威胁。

第二，对于申请人所主张的历史保护咨询委员会的异常审查，被申请人首先主张根据文化性质方面的调查结果，土地管理局要求历史保护咨询委员会提供咨询意见是符合《国家文物保护法》第 106 节规定的，而根据规范委员会审查工作的法规第 800 部分，委员会有权迅速终止协商并向内政部提供建议。申请人未证明历史保护咨询委员会有什么不法或不寻常的方式，申请人所依赖的证据只是该委员会普通员工 Stanfill 先生的非正式邮件，并且该员工并非决策者。其次，被申请人主张历史保护咨询委员会对帝国计划区域的实地走访并不是假象，由于特别文化资源保护区不允许有众多车辆穿行，历史保护咨询委员会没能在“帝国计划”拟议采矿地点实地走访以直接考察考古证据，但该委员会的确沿着印第安帕斯路走访，并参观了两个帝国计划所在区域的场所，通过实地走访，历史保护咨询委员会工作组更确定“帝国计划”会造成的直接不利影响。

被申请人强调申请人参与了审查过程，申请人在 1999 年 3 月的听证上直接发表对历史保护咨询委员会工作组的看法，在 1999 年 7 月 14 日与工作组和土地管理局代表会面并交换了信件。基于审查程度和各方的加入，历史保护咨询委员会的决定很难被认为是任意性的。

（iii）仲裁庭的裁决

仲裁庭总结了双方的三个主要争议点：第一，“帝国计划”虽然与其他矿区有所不同，但是事实上在文化特征这一点上不存在特别之处；第二，创新使用传统文化关怀区理论使得“帝国计划”被区别对待；第三，历史文物保护咨询委员会审核过程是不正常的。仲裁庭认为其任务是决定申请人是否充分证明了该机构的审核和结论存在不正当程序，例如区别对待或缺乏理由和证据，甚至违反第 1105 条规定的习惯国际法最低待遇标准。

对于第一个争议点，仲裁庭认为被申请人提交了充分证据证明帝国计划在文化层面的独特性，而申请人并未证明上述程序的不正当和文化特征的统一性。因此，仲裁庭认为被申请人不违反第 1105 条的公平公正待遇标准。

对于第二个争议点，仲裁庭注意到传统文化关怀这一概念的确从未被使用过，是专门用于帝国计划的。但同时仲裁庭认为被申请人提供了大量确凿证据证明奎察部落的文化敏感区域很大，需要一种新的节约成本的调查方法。这一新概念是由有授权的专家、土地管理局、国家历史文化研究办公室等合作得出的理论，这些专家的研究和建议都是精确的，仲裁庭认为被申请人所依赖的这些专家是有资格从事该工作的，他们提供了大量实证证据来支持他们的结论，因此被申请人创新使用传统文化关怀区理论并未违反习惯国际法最低标准要求履行的义务。

对于第三个争议点，仲裁庭从四个方面来认定其观点：Stanfill 先生的邮件；历史文物保护咨询委员会紧急终止协商；终止协商的理由；公开听证会和实地走访。仲裁庭认为被申请人提供的确凿证据表明 Stanfill 先生不是决策者，只是表达自己个人观点的成员之一。仲裁庭认为，申请人对上述观点的反驳理由是不充分的。有关终止协商及其理由，仲裁庭认为申请人并未证明历史文物保护咨询委员会的举动是明显独断的，缺乏公平的，未提供证据理由的行为。被申请人提供了大量证据理由表明全国范围内的协商程序都是不一样的。最后，在公开听证会和实地走访方面，仲裁庭认为被申请人提供了确凿证据表明在案件所处环境下听证会和实地走访是合理和必须的，而仲裁庭没有理由或者证据去质疑被申请人提供的证据。因此，仲裁庭认为被申请人的行为并不存在独断性且提供了充分的证据理由。

有关于“帝国计划”文化审查的问题，仲裁庭决定它将把这个问题作为申请人所主张的政府措施的一个部分重新进行评估。但就文化审查问题进行单独评估的话，仲裁庭认为并不存在明显违反第 1105 条规定的情况。

B. 有关加利福尼亚州政府违反《北美自由贸易协定》第 1105 条的事实争论

申请人主张加州措施即 SB22 和 SMGB 规章都是为了“帝国计划”而制定的，并且这些措施的草拟过于武断，缺乏透明度，具体规定与它们各自的目标之间没有合理联系，使得申请人的合理投资期待落空，这些行为违反了第 1105 条。

为此，仲裁庭分别评估了申请人关于加州措施的主张，并裁定这一系列措施是否违反（单独还是和联邦措施共同违反）被申请人在第 1105 条下的义务。

a. 有关 SB22 的争议

（I）SB22 是否专为“帝国计划”而制定

（i）申请人的主张。

申请人主张该 SB22 是为“帝国计划”量身定做的，其目标是使“帝国计划”在经济上不可施行。因此这个法案是带有歧视和任意性的。申请人引用了立法过程中各种备忘录进行证明，例如州长戴维斯否决该法法案的早期版本（SB384），参议院要求资源部“在 12 月召开立法会议时找到紧急立法以使这一对神圣美国土著资源的保护措施成为法律”，参议院自然资源和野生动物委员会撰写的法案总结称“这些法案的修改十分需要，可以阻止 GG 公司采矿计划”等等。最后，申请人指出，SB384 被否决是因为它不必要地扩大了规制范围，从“帝国计划”所涉区域扩大到了全州。申请人称被申请人甚至从未尝试过说明 SB22 对其他采矿项目的影响。

（ii）被申请人的主张。

被申请人主张 SB22 的颁布是为了清理加利福尼亚州的矿井这一远大目标而不是针对“帝国计划”。理由如下：

SB22 的颁布是为了保护原住民神圣的居住地免予遭受露天矿井采矿造成的不可恢复的损害。这是基于合法的依据制定的。该立法能够有效地减少在居住地因采矿项目产生的对居住地风景产生破坏效果的废石堆，奎察部落认为这些风景是最重要的资源，而“帝国计划”将对其产生不利影响，SB22 要求利用废石堆回填矿井是一种合理的途径“能减少因露天矿井开采对原住民居住地造成的破坏”。虽然“帝国计划”加快了 SMGB 规章和 SB22 的颁布，但加利福尼亚州针对的是全州的露天矿井而不是帝国计划。针对申请人所提出的各种立法备忘录，被申请人指出这些备忘录解释了该立法的主要目的：露天矿井开采技术会对地表造成上百年的严重破坏。另一封备忘录要求尽可能将矿井恢复至开采前的状态。经营者自己承担复垦成本虽然减少了经营者预期的利益，但是这不代表加利福尼亚州的政策不支持采矿项目。SB22 并未完全禁止 GG 公司采矿提案，只是履行复垦将增加回填成本从而减少经营者预期的收益。被申请人认为复垦政策是合理的，因为应当由采矿公司而不是加利福尼亚州的纳税人承担减低采矿作业造成的损失。

（iii）仲裁庭的裁决。

仲裁庭认为虽然“帝国计划”影响了 SB22 的立法过程，但要证明该法案针对“帝国计划”是一件复杂的工作。仲裁庭需要了解加利福尼亚州的立法机关是否在考量“帝国计划”之外的其他更多的项目，但确定立法意图也是一个难题。如果一个立法者发表声明，是很难判断其是代表立法机关讲话还是代表自己，特别是在该个人不是立法机关的成员时，更难判断其是否在代表立法机关发表讲话。此外，即使个人以“帝国计划”为例，那也可能只是作为一个例子，说明立法机关希望补救的损害。因此，不能说 SB22 是专门“帝国计划”制定的。

仲裁庭随后认为，其有必要考察立法史、加州采矿业的情况及一些个人的陈述。仲裁庭认为，本案有两种歧视的可能性，一是申请人的加拿大国籍身份，二是与国籍无关，“帝国计划”本身是一类产业。因为申请人未提出第一种可能方面的主张，因此本案的争议点是 SB22 在形式和效果两方面是不是一个通用规定？仲裁庭认为通用规定具有如下特点：不对地理区域和时间作出严苛限制的，不针对特定某一方而排除同一地域类似的其他所有人或者大多数人。仲裁庭认为，SB22 适用于若干潜在的矿井，即使现在没有存在，将来也会出现。

一封由加利福尼亚州政府发出的备忘录对仲裁庭来说是很重要的证据，该备忘录记载：SB22 并不是完全禁止 GG 公司的采矿申请，SB22 的实施会减少黄金矿井预估的少量利润，但无论如何都要要求采矿经营者尽可能复垦恢复至开采之前的状态。仲裁庭解释说，该段声明证明了加利福尼亚州的立法者关注的是由现在和将来的所有露天矿井，包括帝国计划对原住民居住地的潜在损害，通过立法来补救这些损害。

仲裁庭注意到目前 SB22 只对帝国计划产生影响，但是，仲裁庭是不能预测在未来该种情形是否一直保持至该规定失效的。综上所述，仲裁庭认为 SB22 并非单独针对帝国计划。

（II）SB22 的制定程序是否透明且可预测

（i）申请人的主张。

申请人同意被申请人所提出的 SB22 是以合法方式生效的主张，但对被申请人主张的合法即透明公开提出了异议。申请人认为程序合法但仍可能有很多不法影响，譬如违反国际法，尤其是公平公正待遇标准。申请人参与立法和制定过程并不一定表明程序的透明性，也不一定意味着程序不武断。申请人主张在美国，政府部门在制定新的法律法规时必须遵循两个首要基本原则：第一，必须就可能发生的法律变化向被规制群体进行公开通知并提供正当程序；第二，这些可能发生的变化必须与所称的合法政府立法目的之间存在合理联系。

（ii）被申请人的主张。

被申请人主张，SB22 是按照加利福尼亚州法律的要求通过的，申请人以及加利福尼亚州采矿协会都参加了立法程序，表明该法律的程序是公开透明的。SB22 在制定之前经过公众听证会讨论，并且按照加利福尼亚州《行政程序法》（APA）的规定颁布。被申请人认为，“使法律法规公开可获得，并在其通过之前为公众提供发表相关看法的机会，远超过国际法中大多数基于条约的透明度义务”。

（iii）仲裁庭的裁决。

仲裁庭认为，申请人认定的不透明是指，“除了外部程序上的不透明，还包括 SB22 的实际影响是将申请人从一个透明的可预见的法律制度中拉出来，这破坏了申请人基于该法律制度所做出的合理投资回报期望”。仲裁庭指出，《北美自由贸易协定》第 1105 条规定只有当政府在一种类似合同关系中用许诺这些期望来“诱导”投资者投资，政府一方才有责任。因此，仲裁庭开始认定申请人的合理期望是否因加利福尼亚州的特别承诺保证而“诱导”产生的。仲裁庭认为，被申请人提供了确凿的证据表明加利福尼亚州环境立法很频繁，特别是在矿产开采行业。被申请人提供了额外证据证明《露天采矿和复垦法案》计划的回填和复垦是必要的。仲裁庭认为，申请人未能有效反驳被申请人用以支持其未提供特别承诺保证主张的证据。

（III）强制回填要求是否武断

（i）申请人的主张。

强制回填要求过于武断，因为它不仅不能保护文化资源反而可能造成更严重的环境恶化。理由如下：

SB22 同保护文化资源的目的不一致，因此是任意的。申请人认为，“一旦把资源带出地面，如它是文化资源，那么它就被摧毁了”。申请人称，根据目前的环境影响报告评估，轮廓修整的要求不仅会增加对土地的破坏，还会破坏更多文物。另外，申请人还引用了 1990 年 Castle Mountain 项目环境影响报告以及 1999 年国家科学院 / 国家研究委员会的早期研究来主张，完全回填可能不会提高环境保护，反而会增加对环境的伤害。

（ii）被申请人的主张。

被申请人主张 SB22 与其目标合理相关且不会造成环境恶化。理由如下：

申请人认为，SB22 与其目的之间不存在合理关系的观点是毫无根据的。该规定的目的为保护文化遗产以及原住民的宗教习俗，避免这些被露天矿井开采作业造成不可恢复的破坏。被申请人解释说，帝国计划提交的开采计划表明其将留下 800 英尺深的矿井以及一英里长 300 英尺高的废石堆，这将造成该区域不可恢复的破坏。政府特别是立法机关一直都需要妥协各方利益。对于 SB22，立法机关已经尝试协调各方利益，既考虑对加州沙漠保护区原住民居住地的威胁，也考虑采矿公司采矿的权利。政策法规是妥协以及平衡各种政治因素影响下的各方利益的产物。

对于申请人辩称的强制回填事实上会造成更大的土地破坏，被申请人认为这是没有应用合理膨胀系数的结果，使用合理的膨胀系数不仅不会造成额外的土地破坏，而且事实上会减少复垦的成本。这不是一个法律问题。此外，被申请人认为，即使东部矿井实施回填会对土地造成更大的破坏，申请人并未证明该情况适用于加利福尼亚州的每一个露天金属矿井。被申请人认为 SB22 是一个通用规定，一项法案可能对某一特别项目产生不利影响，但这不代表该立法是独断的。被申请人辩称，立法机关为了实现其他目的而牺牲部分利益并不是不合理或者独断的。

（iii）仲裁庭的裁决。

对武断而言，仲裁庭认为不仅应存在武断的情形，即政府机关以仲裁庭不认同的方式行事或者仲裁庭觉得政府颁布的法律未解决该法律期望解决的问题，还应达到一定程度，即“明显拒绝司法，或低于可接受国际标准的显著武断”。仲裁庭认为，被申请人提供了确凿的证据证明 SB22 与其制定的目的是一致的、合理的，而申请人不能有效反驳这些证据。仲裁庭认同被申请人的观点，即政府必须在各方竞争利益之间做好妥协，如果要使每一方都满意或者解决每一个问题，立法将极为宽泛，毫无实际意义。SB22 是对利益冲突各方的需求和利益的妥协。

申请人认为，回填措施会造成更多土地的破坏。仲裁庭认为，即使该观点得到证实，也不能排除 SB22 的制定目标是保护原住民居住地的文化遗迹。仲裁庭认为，SB22 是通用规定，申请人并未证明受 SB22 影响的每个矿井回填后会破坏更多的土地。

综上所述，仲裁庭裁定申请人并未提供充分证据证明 SB22 是独断的，区别对待或明显武断。

b. 有关 SMGB 规章的争议

（I）紧急颁布强制回填要求是否使申请人的合理期待落空

（i）申请人的主张。

强制回填要求的紧急颁布史无前例且完全出乎意料。理由如下：

申请人称完全回填要求史无前例，因此过于武断，使申请人的合法投资预期落空。申请人指出，在 1975 年《露天采矿和复垦法》（SMARA）颁布后的第一个 25 年中没有过强制回填要求。在 2002 年 12 月前，加州对于任何大型的采矿项目都从未要求过完全回填和轮廓修整。申请人主张完全回填要求一直被认为无经济性，引用美国国家科学院的两个报告证明将被开采土地恢复到原来的轮廓不切实际、不恰当也不利于经济。申请人还引用证人 SMGB 行政长官 Parrish 博士的证言，后者承认 SMGB 规章与美国国家研究委员会的建议相悖。申请人还称，加州措施的异常性和不可预期性也在一个备忘录中得到了证实，该备忘录解释道，“这将是美国第一个该性质的规章”；且“这也是美国全境范围内第一个对金属矿提出的回填要求”。

（ii）被申请人的主张。

被申请人主张强制回填的要求合理且可预知。理由如下：

被申请人解释道采矿业是一个高度受管制的行业，任何投资者都可以预见到政策变更的可能，有些州实施了更为严苛的政策来减轻露天矿井开采的损害。

被申请人认为，证人 Parrish 博士同样证明了 SMGB 规章的合理性。并且该规章与 SMGB 要解决的问题合理相关，SMBG 有充分证据证明未被复垦的土地是不能被重复利用的，而复垦后的土地可以被重复利用，避免矿井变为矿井湖，对人类和野生动物形成威胁。被申请人再次引用 Parrish 博士对其问题的回答，说明 SMBG 并没有针对申请人或帝国计划的故意，

SMGB 也无意使加州所有露天金属矿在经济上永久不可行。

(iii) 仲裁庭的裁决。

仲裁庭认为，对于强制回填政策的颁布是否使申请人的合理预期落空，这要看加利福尼亚州政府是否对申请人作了特别承诺，承诺不会制定类似规定。仲裁庭认为，被申请人已经提供了确凿的证据证明加利福尼亚州政府未给予申请人任何特别的承诺与保证，申请人也未能就此提出有力辩驳。

(II) SMGB 规章的紧急性是否没有先例

(i) 申请人的主张。

申请人称，该规章制定的紧急性也不寻常，是史无前例的，且不恰当地针对了“帝国计划”。申请人称，紧急规章的制定必须包括对紧急性的具体描述，而且这种紧急性必须有实质证据支持，且所依据的所有技术报告也必须得到证实。这种紧急性不能是出于“权宜、方便、最大利益、一般公众需求或投机”。另外，若这种紧急性在当时已广为人知，那么 SMGB 也必须解释为什么不能依照一般程序通过该规章。

(ii) 被申请人的主张。

虽然该规章在 2002 年 12 月紧急通过，但是这完全符合加利福尼亚州《行政程序法》的规定。被申请人叙述了该规章的制定过程。被申请人还主张，申请人自己也参与了本次立法程序，因此 SMGB 规章的通过是公开透明的。此外，虽然 Parrish 博士提到“帝国计划”正好在那个时候处于联邦审批阶段，“帝国计划”是该规章制定的导火索，但他另外解释说“紧急颁布该规章是因为还有委员会未知的其他采矿项目在那个时候处于审批阶段”。因此，并未针对申请人。SMGB 制定该规章前考虑的问题是，是否在自己的权限范围内制定一项规定，确保州内未来的金属矿井遵守 1975 年《露天采矿和复垦法》的规定实施复垦。最后，被申请人指出申请人也认同 SMGB 规章是按照法律的规定公布的。因此，该规章被通过是合理的、公开透明的。

(iii) 仲裁庭的裁决。

仲裁庭认为，由于没有准合同关系，申请人不能形成这样的立法预期，即政府不会通过立法来实施限制。因此，问题的关键在于，州是否可以颁布紧急规章对相同当事人采取限制。这是否属于州的立法权限。

对于强制回填规章，最初的紧急情况是帝国计划一直处于审批中，美国政府期望禁止该项目，该规章的颁布正好实现了该目的。SMGB 承认该规章制定的附加目的是限制其他位于相同区域的项目，包括正在审批的项目或者未来可能存在的项目。至少，目前有一个项目是明确的，且对原住民居住地存在潜在危险，而其他存在潜在威胁的项目还未知。

仲裁庭指出存在一种可能，即先前的规定（无论是临时或紧急的）可能违反国际法，而后来的最终规定不违反国际法，例如临时规章对一类外国贸易作了限制，而后续制定的规定在未对该贸易不利的情况下解决了问题。如果该规章与后续立法紧密联系，那么很难判断这些法规单独是否违反国际法。就本案讲，仲裁庭认为申请人未证明初步或永久实施的规章缺乏事实依据和研究基础。

（III）SMGB 规章与其目标之间是否存在合理联系

（i）申请人的主张。

申请人基于两个理由主张 SMGB 规章的制定与所谓目标之间没有合理联系。

第一，SMGB 没有合理理由区分金属矿井和非金属矿井。

申请人解释 SMGB 只适用于金属矿的开采，因此只适用于加州 955 座矿井中的 8 座。但 SMGB 没有合理理由区分金属露天采矿和其他露天采矿的不同，无论是从安全或将来的修复出发，而且大多在《露天采矿和复垦法》规制下的矿井多数为非金属矿。申请人认为，如果州政府所关心的是安全及修复后供将来利用的问题，那么就无法解释为什么这个特别的条款不能适用于所有加州露天采矿。

第二，SMGB 没有进行科学研究以支持自己的结论。在质询阶段，申请人从 Parrish 博士处证实“SMGB 在制定这些规章时未准备或者依赖专门的、理论的实证研究、报告或者文件”。申请人也质询了 Parrish 博士关于 25 英尺高的复垦限制。Parrish 博士解释说该标准是由矿井复垦管理委员会（OMR）推荐的，并且是对在不破坏自然环境的条件下采用合理方式的一种妥协，但是该标准也不是基于研究得出的。最后申请人还从 Parrish 博士处证实 SMGB 未准备专门研究以证明仅要求回填金属矿井而不要求回填非金属矿井是正当的。此外，申请人指出，“很明显 SMGB 是应代表州长的资源部长要求，在未获得任何数据或者合理证据支持的情况下为制定强制回填规章提供了一个预设的武断的理由”。

（ii）被申请人的主张。

第一，SMGB 规章对金属矿和非金属矿的区分并不武断。SMGB 对金属矿井和非金属矿井区别对待有三个理由：委员会被专门请求重视金属矿井的影响；金属矿井和非金属矿井存在重要的和明显的区别；该规章的目的是解决一系列直接问题，而不是解决每个矿井的每个问题。被申请人总结道，SMGB 规章是对露天金属矿井不实施复垦的合理回应，规章中规定的复垦政策与制定该规章的目的是相符的。制定该规章的目的就是确保矿区在开采后可以被重复利用并不会对公众产生威胁，并且没有任何证据表明该规章的制定是不合理或者武断的。

第二，SMGB 规章无需科学和技术研究支持。被申请人认为 SMGB 虽然没有可依据的具体环境或专门研究报告，但这并不意味 SMGB 规章的制定是独断的，因为这些研究不是必需的，直接证据已经很充分了。SMGB 获得并审查了很多依据，包括来自该领域专家、专业组织、矿井复垦管理委员会等。被申请人还引用了 Parrish 博士的证言，即 SMGB 是基于《露天采矿和复垦法》的原则性规定作出考量的，该原则性规定就是将被开采土地复垦至可以被重复利用的状态，SMGB 研究的重点不是回填的技术标准，而是确保未来没有任何矿井处于未复垦的状态。

（iii）仲裁庭的裁决。

仲裁庭认为，SMGB 已经获得了充分的证据证明两种类型的矿井存在不同，经过权衡后，其将立法重心放在问题更严重的金属矿井上。仲裁庭指出有确凿的证据证明只有金属矿井的问题被提交给 SMGB，委员会按照规定单独对该问题作出处理。因此，只针对金属矿井而不针对非金属矿井，这不能证明制定该规定缺乏充分的证据理由。州政府不能颁布一个能解决所有问题的标准。

仲裁庭还认为，申请人并未证明 SMGB 制定规章需要依赖系统研究得出的结论。仲裁庭认为，Parrish 博士提供的证据表明委员会制定该规章完全可以实现预设目标，即“确保未来的矿井区域不再是未复垦的状态”。

c. SB22 和 SMGB 规章的关系

（i）申请人的主张。

申请人主张这两项加州措施联合针对“帝国计划”并使之无法实施，并设法避免补偿。为支持上述观点，申请人列举了美国资源部、SMGB 的一些工作、相关立法过程中的备忘录、加州州长有关于 SB22 的新闻稿和发言等进行证明。申请人认为这些证据足以令其做出前述结论。对于被申请人提出的申请人在本案中进行这种不利推断并不正确的主张，申请人认为“国际仲裁庭可以基于双方提供的证据或者未提供的证据作出推断或者假设”，并从四个方面进行了反驳：

第一，被申请人认为这些文件是在加利福尼亚州的控制下制定的，申请人认为在国际法下，内部政府组织结构不能作为理由，国际法规定国家应当对国家内部机构作的行为负责。

第二，被申请人认为如果任何可反驳的可信证据是错误的，那么一方是可以免于不利推断的。申请人认为这样会使当事方隐瞒不利的证据。

第三，申请人辩称被申请人并未就相关证据文件作出合理的解释。

第四，申请人辩称相关证据文件本身证明了“进行推断的合理性”。

(ii) 被申请人的主张。

被申请人主张这两项措施互相独立，是基于不同目标制定的。理由如下：被申请人否认 SB22 和 SMGB 规章是密不可分的。SB22 目的是为了保护神圣的印第安人居住地，该居住地是印第安部落的遗产；SMGB 规章目的是环境保护以及公众健康和安全的保护。Parrish 博士否认了 SMGB 和其他机构之间存在合作。

对于申请人的不利推断，被申请人主张，国际仲裁庭在采纳不利推断时要考虑多种因素，其包括：第一，一方所有或者控制争议文件；第二，一方已经提供任何证据反驳不利推断的结论；第三，一方提供了未披露信息的理由；第四，未披露的信息与推断的结论之间是否存在逻辑关系。被申请人辩称，本案中并不存在支持申请人要求作出不利推断的事由。被申请人还引用了很多官方证据支持该观点。

(iii) 仲裁庭的裁决。

仲裁庭认为，其无需决定 SB22 和 SMGB 规章的起草者是否共谋阻止“帝国计划”。即使仲裁庭将这两个措施视为“共同作用”，申请人也未向仲裁庭提供充分证据证明 SMGB 规章的制定是针对帝国计划的。该规章本身是通用规则，而且事实上它对另一个项目 Golden Queen 矿井也作了限制。

仲裁庭认为，既然其认定 SMGB 规章并非针对“帝国计划”，那么无需讨论 SB22 是否存在该问题。因为，即使 SB22 是针对“帝国计划”的，加利福尼亚州的这两个政策也未一起针对“帝国计划”。何况申请人并未证明 SB22 单独针对“帝国计划”。仲裁庭指出，其将否认申请人不利推断的申请。仲裁庭不认为申请人所提的文件提供了充分的证据以证明 SB22 和 SMGB 规章之间相互联系共同针对限制“帝国计划”的事实。

最后，仲裁庭还就整体考虑这些政策的问题做出了裁定。申请人向仲裁庭申请将这些政策作为一个整体看，评估整体对帝国计划的影响以及被申请人的行为整体是否侵犯了申请人获得公平公正对待的权利。仲裁庭认为基于单个规定不违反第 1105 条规定的事实，这些政策作为整体也是遵守该规定的。只有存在额外的特性时，这些规定作为整体才与单个规定相反，但是这个特性在整个案件中是不清晰的。仲裁庭认为，单个规定在符合第 1105 条规定时很难认定这些规定作为整体违反公平对待的标准，也未发现这些规定作为整体存在这样的意图，即美联邦和加利福尼亚州政府一起配合禁止“帝国计划”。仲裁庭认为，申请人未证明存在该意图。美联邦的政策和加利福尼亚州的政策虽然是一致的，但是仲裁庭认为申请人并未成功证明两者之间存在事实的联系和共同的目的。仲裁庭认为，这两种政策更多的是自己单独起作用的，这些政策单独作用不违反第 1105 条的规定，作为整体也不违反第 1105 条的规定。

仲裁庭指出，申请人并未证明这些政策作为一个整体低于习惯国际法最低待遇标准，不存在针对投资者的国籍，政府组织间也不存在腐败。虽然“帝国计划”加快了某些政策的颁布，但是这不代表单独针对该项目。州政府一方往往会为自己受到评判的行为商定并选择一个更高的标准。对州和联邦来说违反公平公正对待标准是完全没有必要的。

（3）仲裁庭对于申请人在第 1105 条下请求的最终结论

综上所述，仲裁庭认为没有证据证明美国联邦政府的措施和加州措施意图共同阻止“帝国计划”的实施。仲裁庭认为，美联邦政策和加州政策更多的是单独作用，且各自都不违反第 1105 条的公平公正待遇条款，作为整体也不违反，因此裁决否认申请人基于《北美自由贸易协定》第 1105 条提出的赔偿请求。

三、仲裁庭裁决

仲裁庭做出以下裁决和命令：

（1）驳回申请人根据 NAFTA 第 1110 条提出的请求。

（2）驳回申请人根据 NAFTA 第 1105 条提出的请求。

（3）命令申请人承担三分之二的仲裁费用，被申请人承担三分之一的仲裁费用。申请人和被申请人承担各自代理人的费用。

（4）驳回所有其他补偿请求。

四、案件简评

本案在以下两个方面有一定启示。

首先，本案在相当多的问题上较其他《北美自由贸易协定》项下的投资者—国家间争端做出细化及量化分析。例如本案中，申请人与被申请人就辛格矿井价值展开了讨论。无独有偶，双方还就征收赔偿金额的计算展开了讨论。虽然应当承认，基于不同的案件事实与背景，仲裁庭在决定是否构成征收及征收金额计算方法上存在差异，但随着中国企业走出去，特别是像到委内瑞拉等国家发展，将来中国企业可能将要面对更多的源于政府征收而起的投资争端，考察每个案件的具体计算方法对于今后我国及企业更好地应对此类争端具有重要实践意义。

其次，因自然遗产保护与国际投资相冲突而产生的案件可能随着投资仲裁案件的增多而呈现增加趋势。而当中东道国采取的旨在保护自然遗产的行为是否构成征收，则又是此类案件中最为棘手及引人关注的法律争议点。例如，本案就正是对上述问题做出检视的一个标志性案件。争论的焦点主要集中在：第一，东道国为保护自然遗产而承担的非国际投资义务能否成为对抗投资义务的理由；第二，东道国采取的限制措施，是否构成征收；第三，一旦发生争端，仲裁是否是解决争端的最佳方式？毫无疑问，东道国采取的旨在保护自然遗产的政策是否构成征收行为的认定，对于自然遗产的保护具有重要意义。因为一旦东道国的行为被确认为征收，东道国将面临对外国投资者的经济赔偿，这不但加重了东道国的经济负担，也与东道国保护自然遗产的初衷背道而驰。因此，在自然遗产保护过程中，间接征收行为的认定标准十分重要。① 这一问题也应成为后续研究相应案例及理论发展的重点。

① 郭玉军、马明飞：《论国际投资争端解决中的自然遗产保护》，《时代法学》2010 年第 1 期。

图书在版编目(CIP)数据

从 NAFTA 到 USMCA:投资争端解决机制:美国 NAFTA 争端解决胜诉案评析/伍穗龙,林惠玲,梅盛军编著. —上海:上海人民出版社,2021
(上海 WTO 事务咨询中心系列丛书)
ISBN 978-7-208-16367-6

Ⅰ.①从… Ⅱ.①伍… ②林… ③梅… Ⅲ.①国际投资-国际争端-研究 Ⅳ.①D996.4

中国版本图书馆 CIP 数据核字(2020)第 040705 号

责任编辑 王 吟
封面设计 零创意文化

上海 WTO 事务咨询中心系列丛书
从 NAFTA 到 USMCA:投资争端解决机制
——美国 NAFTA 争端解决胜诉案评析
伍穗龙 林惠玲 梅盛军 编著

出 版	上海人民出版社 (200001 上海福建中路 193 号)
发 行	上海人民出版社发行中心
印 刷	上海商务联西印刷有限公司
开 本	720×1000 1/16
印 张	16
插 页	4
字 数	262,000
版 次	2021 年 5 月第 1 版
印 次	2021 年 5 月第 1 次印刷

ISBN 978-7-208-16367-6/F·2626
定 价 68.00 元